위드 코로나
2022년
경제전망

위드 코로나
2022년
경제전망

백신 이후
경제를 바꿀
20가지 트렌드

경제 읽어주는남자　　김광석 지음

nomad
지식노마드

2022년
변화에 투자하라

　준비하지 않는 것은 실패를 준비하는 것이다. '보이지 않는 감염병'이 불균형을 가져왔지만, '보이지 않는 손'은 균형을 찾게 하는데 한계가 있다. 균형을 찾는 것은 우리 스스로 해야 할 몫이다. 경제 구조와 자산시장의 급격한 변화를 경험한 우리는 그 불균형을 확인했다. 누군가는 기회를 잡았고, 누군가는 고스란히 충격을 받았다. 그 기회는 준비된 자들의 것이었고, 그렇지 않은 자에겐 기회가 비껴갔다. 상대적 박탈감만을 느낀 줄 알았지만, 절대적 빈부격차가 현실이 되어 나타났다.

　하지만 영원한 것은 없다. 2022년에는 경제가 팬데믹 위기 이전 수준으로 돌아간다. 완전한 일상으로 돌아갈지는 예측할 수 없지만,

경제가 충격을 극복하고 이전 수준으로 돌아가는 건 예측 가능하다. 그래서 2022년을 경제가 제자리를 찾아가는 '회귀점Point of Turning Back' 으로 보는 것이다.

지나갔음에도 남아 있는 것들이 있다. 영화가 끝나도 몇몇 장면은 기억에 남고, 음악이 멈추면 감성이 올라온다. 책을 덮어도 지식이 남듯 말이다. 일시적인 변화들은 지나가겠지만, 구조적인 변화들은 지속될 것이다. 2022년에는 거대한 변화들이 전개될 예정이다. 경제 충격이 왔을 때 도입했던 완화적 통화정책이 멈추고, 테이퍼링이 단행되며 기준금리를 인상하는 등의 긴축적 통화정책으로 전환될 전망이다. 자산 가치 상승이 아니라 자산 버블 붕괴 우려가 등장하는 것이다. 또한 2022년 경제에는 디지털 화폐 전쟁과 반도체 신냉전 같은 굵직한 이슈들이 놓여 있다. 과거의 질서는 무질서가 되고 새로운 질서가 등장하는 것이다.

오늘을 살지만, 내일의 길을 준비해야만 한다. 단 내가 어느 곳에 와 있는지를 확인해야 한다. 그렇지 않으면 길을 잃고 만다. '준비된 나'를 만들어야 하는 것이다. 결론 부분에 카네기가 남긴 명언을 인용했다. "The world of great opportunity is available now, as it has always been, only for those with great vision(위대한 기회는 누구에게나 온다. 다만 미래를 전망하는 시야가 있는 자만이 그 기회를 잡을 수 있다. 이제 2022년 경제를 한 발 앞서 들여다보자)." 이 책은 2022년 경제를 전망하고 무엇을 준비해야 할지 그 생각의 단초를 제공할 것이다.

"경제를 모르고 투자하는 것은 눈을 감고 운전하는 것과 같다." 『경제 읽어주는 남자』를 통해 처음 남겼고, 매년 경제전망서에서 재인용 하는 문구다. 이 말은 반드시 재테크만을 이야기하는 것이 아니다. '나'에 대한 투자는 물론, 기업들의 신사업 투자와 정부의 공공 투자도 포함된다. 앞으로 어떤 경제 환경에 놓이게 되고, 어떤 위협이 있으며, 또 어떤 기회가 있을지 기민하게 살펴봐야 한다. 눈을 감고 운전하는 일이 없어야 하겠다.

책의 본문을 시작하기에 앞서 '먼저 읽어보기'로 시작한다. 왜 경제전망을 읽어야 하는지, 2022년 경제를 왜 '회귀점'이라고 규명했는지를 설명한다. 이어서 2022년에 펼쳐질 20가지 경제 이슈들을 기술한다. 20가지 경제 이슈들은 크게 3가지 영역으로 구분된다. 세계 경제의 주요 이슈 7가지, 한국 경제의 주요 이슈 7가지, 그리고 산업·기술 관점에서의 이슈 6가지로 구성했다. 끝으로 세계 경제와 한국 경제가 어떠한 흐름으로 전개될지를 분석한 경제전망을 담고, 가계·기업·정부가 각각 어떻게 대응해야 할지를 요약적으로 제안했다.

그동안 '경제전망 시리즈'에 보내준 독자의 관심이 나를 성장케 했다. 많은 질문을 만나면서 더 깊게 고민하게 되었고 수없이 다양한 입장에서 경제를 해석하며 더 나은 제안을 담기 위해 골몰했다. 매년 경제전망 도서를 발간하겠다는 약속을 지키고 이 책『위드 코로나 2022년 경제전망』을 통해 그 관심과 사랑에 보답할 수 있게 되었다.

한 해를 또 지나니, 장석주 시인의 〈대추 한 알〉이라는 시가 가슴에 더 크게 울린다. "저게 저절로 붉어질 리는 없다 / 저 안에 태풍 몇 개 / 저 안에 천둥 몇 개 / 저 안에 벼락 몇 개". 책상 앞에만 앉아서 글을 썼다면 못 이루었을 대추다. 폐업을 고민하는 가게 사장님의 호소와 시장 골목에서 고통을 호소하는 분의 말씀도 이 책에 담겼다. 강연 현장에서 경영 전략을 고민하는 경영자들이 준 질문은 현실 경제와 맞닿은 메시지를 담을 수 있도록 만들었다. 정부 자문회의에서 만나는 동료 자문위원의 조언이나 TV 토론에 함께 마주하며 평론하는 전문가들의 반론은 본서를 한쪽으로 치우치지 않게 도와주었다. 글은 혼자 썼지만, 책은 나만의 것이 아니다. 사랑하는 가족들의 지지와 동료 연구자들의 도움이 없었다면 발간될 수 없는 책이었다. 수많은 태풍과 천둥과 벼락을 담아 이 책을 발간하고자 한다.

"앞으로 경제가 어떨까요?"라는 일반 대중 여러분의 질문에 다가가 대답해 드리고자 한다. 연구자들만의 언어가 아닌, 대중 여러분께 쉬운 언어로 전달해 드리고자 한다. 경제 읽어주는 남자 김광석은 매년 경제전망 도서를 발간할 계획이다. 본서는 그 네 번째 도서다. 여러분들께서 갖고 계신 "앞으로 경제가 어떨까요?"라는 질문에 본서와 함께 다가가 대답드리고자 한다.

2022년
주요 경제 이슈의 선정

회귀점Point of Turning Back,
2022년

2022년, 다시 일상으로 돌아갈 시점이다. 삶이 온전히 일상으로 돌아가지 못할지라도, 경제는 위기 이전 수준으로 돌아간다. 코로나19가 세계 경제를 헤집어 놓은 2020년은 역사적으로 '포스트 코로나'라고 명명된다. 2021년은 '포스트 백신'이라고 정의될 것이다. 백신이 보급되면서 코로나19가 헤쳐 놓은 경제를 성큼성큼 되돌리는 시점이다. 2022년은 '위드 코로나'로 이름 붙게 될 해가 될 것이다. 백신 접종이 어느 정도 이루어지면서 정부는 점진적으로 방역 체계를 완화해 일상으로 복귀하는, 코로나19

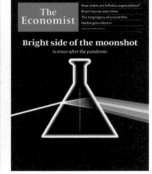

자료: 《TIME》(2021.1.)   자료: 《The Economyst》(2021.4.)

와의 공존을 선택할 것으로 보인다.

2022년은 '회귀점'이다. 세계 경제를 비롯한 한국 경제가 팬데믹 위기 이전 수준으로 돌아가는 시점을 뜻한다. 백신 접종을 목표치 이상으로 완료한 국가들을 중심으로 경제의 손실분 이상의 강한 회복세를 보일 것이다. 그렇다고 해서 경제 구조가 제자리로 돌아간다는 뜻은 아니다. 상처가 아물어도 흉터는 남아 있는 법이다. 이미 대전환이 시작된 세계 경제는 또 다른 균형을 향해 산업 구조를 변형시켜 나갈 것이다.

벽을 바라보는 기분이다. 코로나19라는 거대한 물음표는 작아지고 있지만, 다른 물음표들이 가득해졌다. 테이퍼링과 기준금리 인상은 어떻게 전개될 것이고, 어떤 영향을 불러올 것인가? 가파르게 상승했던 부동산 시장은 과연 잡힐 것인가? 극심해진 양극화 문제는 해소될 것인가? 치솟았던 원자재 가격은 어떻게 될 것이며, 인플레

이션 위협은 정말 올 것인가? 세계가
긴장하고 있는 디지털 화폐 전쟁은 개
인에게 어떤 영향을 미치는가? 메타버
스, 기후 리스크, 탄소중립, ESG, 한국
판 뉴딜 2.0 등과 같은 산업의 중대한
이슈들은 향후 어떻게 전개될 것인가?
이 책은 이러한 질문에 답을 제시하고,
2022년의 경제를 먼저 들여다볼 수 있

© Bumsuk Kim

는 망원경이 되고자 한다.

人無遠慮 必有近憂(인무원려 필유근우). 논어에 나오는 공자의 말씀
이다. 사람이 멀리 바라보고 깊이 생각하는 것이 없으면, 반드시 가
까운 데 근심이 있게 된다는 뜻이다. 코로나19의 혼란 속에서는 어제
오늘에 대한 걱정과 긴장감으로 멀리 내다볼 여유가 없었다. 2022년
경제가 뚜렷하게 회복된다고 하지만 모두에게 기회가 주어지지는
않는다. 또한 위협도 있다. 2022년 경제에 어떤 기회가 있고, 또 어떤
위협이 있는지 멀리 생각해 보자. '준비된 나'가 되어 보자.

2022년 경제를
먼저 들여다보라

　　　　　　　　매년 경제전망서를 내면서 그해를 하
나의 점Point으로 표현하고 있다. 점을 이으면 하나의 선이 되듯, 이

책을 통해 그 흐름과 추세를 들여다보았으면 하는 마음에서다. 『한 권으로 먼저 보는 2019년 경제전망』은 2019년을 '결정점Deciding Point'으로 표현했고 미중 무역전쟁이 격화하면서 경제 주체의 의사결정이 중요하다는 것을 설명했다. 『한 권으로 먼저 보는 2020년 경제전망』은 2020년을 '대전환점Point of a Great Transition'이라고 명명해, 경제 구조와 산업 전반에 걸쳐 거대한 전환이 시작됨을 강조했다. 『포스트 코로나 2021년 경제전망』은 2021년을 '이탈점Point of Exit'으로 표현했다. 2020년의 경제 충격으로부터 점차 빠져나오는 시점이라고 내다봤다.

2022년에는 경제가 온전히 제자리에 돌아온다는 기대도 있지만, 이미 시작된 변화의 서막이 어떠한 방향으로 전개될지에 대한 의문도 가득하다. "변화에 투자하라". 향후 경제가 어떻게 흘러갈 것인지, 그 변화를 들여다보는 데 투자해야 한다. 경제는 나와 관련 없는 것이 아니다. 나는 경제에서 살아가는 경제의 일부다. 경제의 주체인 것이다. 미국 땅에서 이루어지는 테이퍼링은 나의 호주머니에 영향을 준다. 정부의 재정정책과 통화정책은 나의 삶에 직접적인 영향을 준다. 나의 내일을 들여다보고, 준비해야 한다.

"국민 대부분이 가난하고 비참하게 산다면 그 나라를 부유하다고 말할 수 없다No society can surely be flourishing and happy, of which the far greater part of the members are poor and miserable." 경제학의 아버지, 애덤 스미스Adam Smith가 남긴 말이다. 정부의 정책 결정이 그 어느 때보다 중요해진 상황이다. 좋은 정책은 있겠지만, 늘 좋은 정책은 없다. 대내외 경제 환경이 급격히 변화하고 있기 때문이다. 철 지난 제도와 규제들이 기업들의 다년간 일궈온 사업화 결실을 막아서면 안 되고, 시장에 어울리지 않는 정책들이 서민의 내 집 마련 기회를 빼앗아가서도 안 된다. 어제의 표준이 내일의 표준이라 할 수 없다. 정부는 급변하는 경제 환경에 맞게 유연한 공공서비스를 제공해야 하며, 이를 위해 변화를 들여다보는 데 게을리함이 없어야 한다.

기업은 변화에 민감하게 대처해야 한다. 우물 안에서 고민하면 안 된다. 우물 밖에 나와 세상을 보라. 제품을 견고하게 만드는 데만 집중하지 말고, 고객이 어떤 제품을 원하는지를 관찰하라. 서비스를 개선하는 데만 빠져 있지 말고, 어떤 나라와 소비자로부터 서비스 수요가 있는지를 살펴보라. 정부는 어떤 정책 지원들을 마련해 주며, 주요 수입국들은 어떤 새로운 수입 규제를 도입하는지, 경쟁 기업들은 어떤 기술과 콘텐츠로 차별화된 서비스를 제공하려고 움직이는지도 지켜보아야 한다. 경영기획 전략, 사업 전략, 생산 전략, 마케팅 전략, 인사 전략 전 부문에 걸쳐 변화에 선제적으로 대응해야 한다.

가계도 마찬가지다. 나는 더 가난해졌는가? 아니면 부자가 되었는가? 계속 부유해질 수 있는가? 자신에게 본질적인 질문을 던져볼 시점이다. 재테크에 관한 관심이 증폭되었다고는 하지만 그 방법에 대한 고민이 덜 된 듯하다. 재테크는 소득 일부를 가치 상승이 기대되는 자산과 바꾸는 행위다. 주식, 부동산, 금, 채권 등과 같은 자산 가치의 움직임은 경제라는 큰 바구니 속 열매와 같다. 투자 대상의 가치는 경제와 연결되어 움직인다.

2022년
20대 경제 이슈

세계 경제, 한국 경제, 산업·기술적 관점에서 2022년 경제를 결정지을 주요한 이슈들을 도출했다. 2022년 회귀점에 다다른 경제에서는 어떠한 현안들이 내 앞에 등장할까? 20가지 주요 이슈들을 바탕으로 2022년이라는 산을 크게 그려보고, 이어지는 챕터들을 통해 각각의 나무에 올라가 보자.

우선, 세계 경제의 주요한 이슈들은 다음과 같이 7가지로 선정했다. 첫째, 백신 접종이 목표 수준으로 완료된 국가들을 중심으로 견고한 성장세가 나타난다. 다만 이는 선진국들만의 이야기다. 방역에 취약한 개도국들은 백신 확보가 늦어지면서 경제 회복도 지연된다. 이른바 선진국과 개도국 간의 불균형 회복이 전개된다. 둘째, 시중에 공급된 엄청난 규모의 유동성이 축소되기 시작하면서, 자산 버블 붕괴 가능성이 고조된다. 셋째, 세계 경제의 회복세가 원자재 가격 상승세를 견인한다. 넷째, 통화정책 기조가 전환된다. 완화의 시대가 가고 긴축의 시대가 온다. 테이퍼링과 기준금리 인상이 돈의 이동을 유도한다. 다섯째, 국제 통상 환경의 구조가 전환된다. 환경 규제를 강화하는 그린딜과 IT 산업에 대한 규제를 집중하는 디지털 보호무역주의, 글로벌 밸류체인GVC을 붕괴시키고 리쇼어링하는 움직임이 주요국을 중심으로 이뤄진다. 여섯째, 중앙은행이 발행하는 디지털 통화CBDC를 놓고 세계가 경쟁적으로 움직인다. 일곱째, 반도체 산업의 미래 가능성을 진단한 세계 열강들은 자국 내에 모든 밸류 체인을 완성하는 내재화 전략을 단행할 전망이다.

한국 경제의 이슈들은 크게 7가지로 선정했다. 첫째, 자산을 보유한 자와 그렇지 못한 자 간의 양극화, 즉 K자형 회복은 2022년 한국 경제의 가장 중요한 현안이 될 전망이다. 둘째, 재정 악화에도 불구하고 양극화 해소와 한국판 뉴딜 2.0 성공을 위해 집행할 슈퍼 예산안에 대한 기대와 의심이 공존한다. 셋째, 탄소중립 선언에 동참한 한국 경제는 친환경산업을 육성하고 순환 경제를 구축해 나갈 전망이다. 넷째, 저출산·고령화라는 중대한 현상은 2022년 통합 사회Integrated Society, 워킹 시니어Working Senior, 에이징 테크Aging Tech와 같은 거스를 수 없는 트렌드를 이끈다. 다섯째, 경제가 상당한 수준으로 회복됨에도 불구하고, 고용 회복은 지연되는 '고용 없는 회복'이 나타날 것으로 전망한다. 여섯째, 1,800조 원을 초과하는 가계부채가 한국 경제의 채무 리스크를 불러오고 있다. 일곱째, 2022년 부동산 시장은 매도 물량을 잠기게 만드는 정책 등의 영향으로 혼조세가 나타날 전망이다.

끝으로 산업·기술적 관점의 6가지 이슈를 선정했다. 첫째, ESG라는 새로운 경영 패러다임이 등장한다. 기업이 E(환경문제), S(사회문제), G(지배구조) 개선을 무시하면, 소비자로부터 외면받는 시대가 온다. 둘째, 메타버스 콘텐츠와 서비스가 전 산업에 걸쳐 확대 적용되면서 가상 경제가 펼쳐진다. 셋째, '소유'에서 '경험'으로 소비 패턴이 전환되고, 기업들이 구독 서비스 경쟁을 심화하는 구독경제가 온다. 넷째, 비대면이 이미 새로운 표준이 된 시대에 맞게, 단순한 전자상거래가 아니라 라이브 커머스와 같은 새로운 비즈니스 모델이 유통산업의 생태계를 변화시킨다. 다섯째, 정부가 약속한 스마트 시티 서비스가 2022년에 시작된다. 스마트 교통, 건강한 도시, 에너지 자립화, 초연결 도시 등과 같은 국민이 체감할 수 있는 서비스가 구현되기 시작할 전망이다. 여섯째, 혁신적인 HR 플랫폼이 도입되어 유연 근무 시스템이 확산하는 스마트 워크 시대가 온다.

2022년 20대 경제 이슈 도출

구분	20대 경제 이슈 도출
세계	① 위드 코로나, 백신 이후의 경제 시나리오
	② 인플레이션 공포인가, 버블 붕괴 위협인가
	③ 원자재, 슈퍼 사이클인가? 스몰 사이클인가?
	④ 긴축의 시대, 테이퍼링과 예고된 기준금리 인상
	⑤ 글로벌 통상 환경의 3대 구조적 변화: 그린, 디지털, 리쇼어링
	⑥ 디지털 화폐 전쟁
	⑦ 글로벌 '반도체 신냉전'의 서막
한국	⑧ 'K자형 회복'은 회복인가?
	⑨ 2022년 국가 운영 방향: 한국판 뉴딜 2.0
	⑩ 탄소중립(Net-Zero) 선언과 가까워진 순환 경제
	⑪ 고령사회… 거스를 수 없는 3대 트렌드
	⑫ 고용 없는 회복(Jobless Recovery)
	⑬ 채무 리스크 급부상, 불황의 그늘 가계부채
	⑭ 2022년 부동산 시장 전망: 잠김 효과(lock-in effect)
산업·기술	⑮ 새로운 경영 패러다임: ESG는 전략이 아닌 본질이다
	⑯ 메타버스, 현실을 초월한 가상
	⑰ 구독경제를 구독하라
	⑱ 온택트 시대, 라이브 커머스의 부상
	⑲ 2022년 눈앞에 그려질 스마트 시티
	⑳ HR 플랫폼이 열어놓은 스마트 워크 시대

경제 이슈별 주요 내용
세계 경제의 강한 회복세 속에서, 선진국과 개도국 간 불균형 심화
글로벌 유동성이 가져온 자산 가치 급등과 버블 붕괴 가능성 점화
국제유가, 철·비철금속, 식료품 원자재 가격의 동시적 상승세
글로벌 통화정책 기조, 완화에서 긴축으로의 대전환
환경 중심의 수입 규제, 디지털 보호무역주의, 핵심 산업 내재화 전략
디지털 통화(CBDC)를 놓고 벌이는 각국 중앙은행의 전쟁
반도체 열강들, 글로벌 밸류체인을 파괴하고 A–Z 국산화 추진
코로나19의 그늘, 양극화…. 상대적 박탈감에서 절대적 빈곤으로
국가채무 부담에도 양극화 해소와 뉴딜 사업 성공에 총력
탄소중립 실천 노력이 친환경산업의 성장을 가속화
통합 사회, 워킹 시니어(Working Senior), 에이징 테크(Aging Tech)
강한 경기 회복에도 고용 회복은 지연
1,800조 원이 넘는 가계부채, 총량적 규제 나선 정부
'공급 폭탄' 정부 선언에도 약한 매도세와 강한 매수세 지속
E(환경), S(사회), G(지배구조)를 목표하는 기업경영의 움직임
현실과 가상 세계를 넘나드는 초실감 콘텐츠·플랫폼·서비스 확산
'소유'에서 '경험'으로 소비 패턴의 전환, 구독 서비스 경쟁 격화
비대면이 새로운 표준인 시대, 전자상거래 이상의 비즈니스 모델 부상
스마트 교통, 건강한 도시, 에너지 자립화, 초연결 도시
시간과 장소에 제약 없는 유연 근무 시스템 확산

차례

1부 · 2022년 세계 경제의 주요 이슈

2부 · 2022년 한국 경제의 주요 이슈

2022년 세계 경제의
주요 이슈

위드 코로나,
백신 이후의 경제 시나리오

"같은 강물에 두 번 들어갈 수 없다." 고대 그리그 철학자 헤라클레이토스의 말이다. 강물은 계속 흐르고 있으니 결코 같은 강물에 들어갈 수 없다. '판타 레이Panta Rhei'는 변화한다는 사실을 제외하고 세상의 모든 것이 변화한다는 것을 강조한 그의 대표적인 사상이다.

2020년을 '포스트 코로나'로 규명했다면, 2021년은 '포스트 백신'으로 표현할 수 있지 않을까? 코로나19가 세계 경제를 헤집어 놓았다면, 백신은 코로나19의 종식 시점을 앞당기고 모든 것들을 제자리로 돌려놓는 역할을 수행할 것으로 기대한다. 이러한 의미에서 2022년은 회귀점Point of Turning Back이 될 것이다. 코로나19가 일상에서 경제, 사회 등 모든 것들을 바꾸어 놓았듯 백신은 또다시 우리가 처해 있는 환경을 뒤바꿀 것이다. IMF, OECD 등 주요 국제기구들은 향후 세계 각국의 경제가 코로나19 백신 보급에 따라 좌지우지될 것으로 보고 있다. 한국 정부는 2021년 2월 26일 백신 접종을 시작하며 2021년 11월 접종률 70% 도달을 목표로 잡았다. 백신 보급은 세계 경제에, 그리고 한국 경제에 어떤 변화를 가져올까?

글로벌 불균형
회복 진전

총성만 없을 뿐 백신 전쟁이 한창이다. 선진국들은 백신을 쇼핑하듯 확보해 나가고 있지만, 세계 100여 개의 개도국들은 구경조차 못 할 정도다. 선진국들은 많은 물량의 백신을 확보해 제약사별 백신을 비교하며 접종하고 있을뿐더러 상대적으로 예방 효과가 낮다고 평가되는 아스트라제네카 백신은 쌓아두고 있다. 반면 개도국들은 보건, 위생, 의료 시스템의 열악한 상황과 백신 전쟁에서 밀려나 코로나19 확산과 경제 침체를 바라볼 수밖에 없다.

세계 경제의 불균형 회복Divergent Recoveries이 전망된다. IMF는 이를 두고 단층선fault line[1]에 비유했다. 선진국과 저소득국 간에 격차가 확대되면서 벌어진 단층을 이룬다는 표현이다. 선진국들은 2020년 1~2분기 동안 경제 충격을 경험하고 이후 더딘 속도로나마 회복해 나가고 있다. 미국을 비롯한 주요국들은 백신 확보와 대규모 재정 정책을 통해 빠르면 2022년에 팬데믹 충격 이전 경제 수준으로 복귀할 것으로 보인다. 한편, 개도국들은 코로나19 확산이 상대적으로 늦은 2020년 2~3분기에 집중되었고, 백신 확보의 어려움과 취약한 인프라로 회복이 더딘 상황이다. 개도국들은 2022년까지도 팬데믹 이전 수준으로 돌아올 수 없을 것으로 전망한다.

선진국과 개도국의 불균형 회복 시나리오

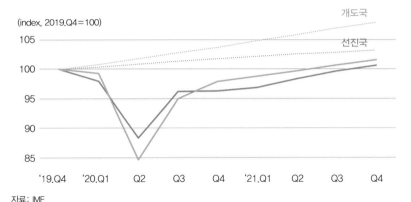

자료: IMF

주: 2020년 1월 기준 경제전망지표는 점선, 2021년 1월 기준 경제전망지표는 실선으로 표시.

---

1 지표면에서 단층면이 접하는 선을 단층선이라 한다. 단층운동으로 지층이 잘려진 곳에 이루어지는데, 단층절벽이 있을 경우에는 단층절벽의 하부와 지표면과의 교선을 가리킨다.

선진국과 개도국의 불균형 회복 시나리오

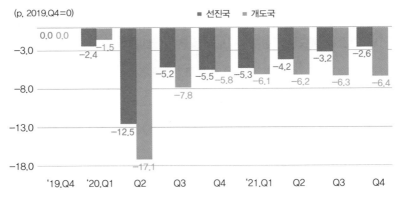

(p, 2019.Q4=0)   ■ 선진국 ■ 개도국

자료: IMF

주1: IMF의 2020년 1월 기준(코로나19 이전) 경제전망지표와 2021년 1월 기준 경제전망지표를 활용, 차감하여 계산함.
주2: 위 값이 0 이상을 기록하는 시점에 코로나19 이전 수준으로 회복됨을 의미.
주3: 개도국은 중국을 제외한 신흥개도국(EMDEs, Emerging Market and Developing Economies)을 기준으로 함.

선진국 중심의 통화정책 기조 변화와 개도국의 위기

경기 회복세를 반영하듯 시중금리가 뚜렷하게 상승하고 있다. 미국의 테이퍼링tapering 혹은 한국 기준금리의 급격한 인상 등과 같은 통화정책의 기조 변화가 일기도 전에 나타나는 현상임에 주목해야 한다. 특히, 장기 국채금리가 상승하는 모습은 시장에서 경제가 회복될 것이라고 보는 믿음이 형성되어 있다는 증거이기도 하다(더 자세한 내용은 「4. 긴축의 시대, 테이퍼링과 예고된 기준금리 인상」을 참조하기 바란다).

미국을 비롯한 주요국들은 완화적 통화정책의 보폭을 줄여나갈 준비를 하는 듯하다. 백신 보급이 성공적으로 이루어지면 유동성 공급 규모를 축소해 나가는 테이퍼링이 앞당겨질 수 있다. 2021년 상반기까지 코로나19의 경제 충격에서 빠져나오기 위한 완화적 통화정책이 지배적이었다면, 경제가 온전히 회복되는 2022년에는 그동안의 통화정책이 가져온 부작용을 해소하는 데 집중할 것이다. 경제가 정상적으로 돌아오는 과정에서 과잉된 유동성 공급으로 인한 자산 버블과 인플레이션 우려를 막기 위해 기준금리도 정상화해 나갈 것이다.

반면, 개도국들은 선진국들의 회복세를 지켜만 볼 뿐이다. 개도국들은 통화정책의 기조를 전환할 준비가 되어 있지 않다. 선진국의 통화 가치가 오르면서 개도국의 통화 가치와 격차가 벌어질 전망이다. 게다가 선진국들은 분산되어 있던 제조기지 등을 자국으로 이전하는 리쇼어링 정책을 중요한 정책 기조로 삼고 있다. 개도국들에 해외 직접 투자 유입이 급격히 줄어들면서 성장의 기회와 고용 창출력도 잃고 있다. 특히, 주요 원자재 수출에 의존하고 있는 신흥개도국들은 원자재 가격 상승이 소비자물가에 직접 영향을 미침에 따라 고물가에 허덕이기 시작했다.

터키, 브라질, 멕시코 등과 같은 신흥국들은 경제가 채 회복되지도 못했는데, 고물가 충격을 잡기 위해 기준금리를 인상해 나가고 있다. 2022년에는 많은 개도국들이 이러한 통화정책 딜레마에 처할 전망이다. 도산 위기와 신용 위기에 처한 신흥국 기업들이 선진국과의 금리 차로 개도국으로 유입한 자금을 회수할 가능성이 크고, 이에 따라 취약국들의 위기가 현실화될 수 있다.

'백신 여권' 확산과
보복적 해외여행

백신을 확보한 선진국들을 중심으로 '백신 여권' 도입이 추진되고 있다. 중국은 코로나19 백신 접종 이력 증명서를 먼저 도입했고, 스페인 등 주요국들도 디지털 백신 여권을 도입해 출입국 제한을 낮추고자 계획하고 있다. 국가 간 상호인증 합의가 관건이고 불균형이 심화할 우려도 있지만, 백신 보급에 성공한 국가들은 자국우선주의를 앞세워 백신 여권 제도를 서둘러 도입해 나갈 것으로 보인다.

백신 여권 도입으로 백신 보급에 속도를 낼 것으로 보인다. 많은 국가가 자국의 관광산업을 회복시키기 위해, 백신 접종이 완료된 해외 입국자들에게 2주 자가격리제도를 철회하기 시작했다. 주요국 정부는 필수적인 해외 출국자들에게 우선적으로 백신 접종을 시행해 나가는 모습이다. 한국의 질병관리청도 필수적인 공무 출장이나 파병 및 긴급한 경제활동이 요구되는 출국자에게 우선 접종을 시행했다. 비즈니스 목적이든 관광 목적이든, 억눌렸던 해외여행을 필요로 하는 사람들을 중심으로 백신 접종이 가속화할 것으로 예상된다.

그에 따라 항공, 여행, 면세점업이 점차 기지개를 켤 것으로 보인다. 인천공항에서만 약 1만 명이 직장을 잃었다. 매월 200만 명이 넘던 해외 관광객이 2020년 4월에는 3만 명 수준으로 급감했고, 2021년 1월 들어서까지도 8만 명에 불과한 수준이었다. 외국인의 한국 관광객 추이도 유사한 흐름이다. 여행업계 매출도 90%가량 감소했고, 항공업 밸류체인 전반이 무너지다시피 했다. 코로나19의 충격이 작용했던 주요 서비스업 중에서도 항공, 여행, 면세점의 서비스업 생산지수가 가장 급격하게 하락했다. 그러나 백신 보급은 이러한 상황을 반전시킬 것이다. 펜트업pent up 효과로 여행 관련 산업의 수요를 빠른 속도로 정상화시켜 놓을 것으로 전망된다.

팬데믹으로 가장 충격이 집중되었던 산업은 이른바 '대면 서비스업'이다. 항공, 여행, 면세점업 외에도 내수경제를 체감으로 보여

주요 산업별 서비스업 생산지수

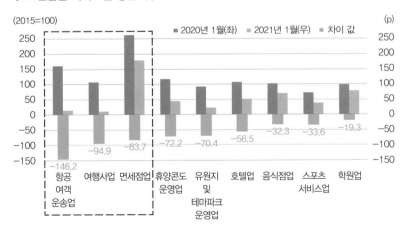

자료: 통계청

주는 집객 중심의 서비스업들이 그 충격의 대상이었다. 휴양 콘도 운영업과 유원지 및 테마파크 운영업의 생산지수는 각각 -72.2p, -70.4p로 상당한 충격이 있었다. 그 밖에도 호텔업, 음식점업, 스포츠 서비스업, 학원업도 이에 못지않은 충격을 받았다.

백신 보급은 코로나19의 충격이 집중되었던 산업들을 제자리에 돌려놓을 것으로 전망된다. 이미 다양한 집객 시설은 코로나19가 종식되었다고 느껴질 만큼 상당한 인파가 북적거린다. 방역수칙을 준수하며 이미 일상으로 돌아온 것이다. 국민의 상당 비중이 백신 접종을 완료하게 되는 시점에는 확진자 규모도 줄어들고, 사회적 거리 두기 단계도 완화될 것이며, 실물경제는 활기를 찾을 것이다.

경제 심리 회복과
일탈에서의 복귀

뉴노멀New Normal이 아니라 일탈Divergence 이었나? 코로나19가 세상에 구조적 변화를 가져온 줄 알았는데 사실 많은 변화는 원래부터 전개되고 있었던 게 아니었을까? 백신 보급으로 제자리에 돌아올 일들이 상당하다. 재택근무를 전략적으로 활용하는 일부 기업들이 있었지만, 사무실 근무로 복귀하는 기업이 대부분이다. 실리콘밸리도 판교밸리도 마찬가지다. 직원들이 복귀하면서 사무실이 확장되고, 실제 오피스 공실률이 떨어지기 시작했다. 백신 보급은 일탈로 일컬어질 이러한 변화들을 원래 자리로 돌려놓을 것이다.

백신은 무엇보다 경제 주체들의 마음을 제자리에 돌려놓을 것이다. 경제는 심리다. 경제 주체들이 어떻게 마음먹는지에 따라서 소비와 투자가 변화하기 때문이다. 즉, 소비의 주체인 가계가 어떤 마음인지에 따라, 생산의 주체인 기업이 어떤 마음인지에 따라, 내수경제가 활력을 찾거나 잃을 수 있겠다.

소비자심리지수와 기업경기실사지수가 코로나19 충격 이후 제자리로 돌아오고 있다. 2020년 4월 각 지표는 글로벌 금융위기 이후 가장 낮은 수준을 기록했고 이제는 뚜렷하게 회복세를 보인다. 코

소비자심리지수와 기업경기실사지수 추이

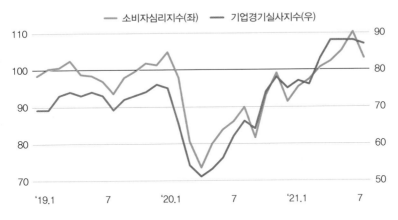

자료: 한국은행

주1: 소비자심리지수는 2003~2020년 중 장기평균치를 기준값 100으로 하여 100보다 크면 장기평균보다 낙관적임을, 100보다 작으면 비관적임을 의미한다.

주2: 기업경기실사지수 = 기준값(100) + 「좋음」 응답 업체 구성비(%) - 「나쁨」 응답 업체 구성비(%).

로나19가 장기간 지속됨에 따라 공포감이 아니라 익숙함이 되고 있다. 이미 알고 있는 불확실함은 더 이상 불확실성을 불러오지 않는다. 백신의 보급은 코로나19의 종식을 앞당겨 놓을 것으로 기대하고 있고, 이는 가계와 기업의 경제활동을 촉진할 것으로 전망된다. 특히 기업들은 불확실성이 높아 사내 유보했던 자금들을 활용해, 적극적으로 투자처를 찾고 신사업 진출을 단행해 나갈 것으로 보인다.

그 누구보다 경제 충격이 집중되었던 계층은 자영업자다. 2021년 상반기는 자영업 폐업이 집중되는 시점이었다. 직장인들이야 그만두고 싶으면 언제든 퇴직할 수 있지만, 자영업자들은 임차계약 기간이 있기 때문에 그러지 못한다. 팬데믹 충격이 집중되었던 2020년 4월부터 2021년 하반기까지 폐업이 어느 때보다 빠른 속도로 진전될 것으로 우려된다. 대면 서비스업에 집중되어 있는 자영업자들은 폐업 의사가 매우 높았다.

백신 보급으로 소비 심리가 크게 회복되기 시작할 경우, 창업 열기가 융성하기 시작할 것으로 기대된다. 퇴직 후 창업을 망설였던 베이비붐 세대들, 상당 기간 창업을 준비해 왔던 청년들, 이미 폐업하고 사업 전환을 시도할 자영업자들이 대거 몰릴 것이다. 이러한 창업 열기는 중소벤처기업부의 청년 상인 육성, 특성화 시장 육성, 폐업 점포 재도전 장려금 등과 같은 다양한 지원 프로그램들과 맞물려 시너지를 낼 수 있을 것으로 기대한다.

시나리오를 그리고
상황별 대응책으로 색칠하라

코로나19가 한 차례의 변화를 가져왔다면, 백신은 또 다른 변화를 가져올 것이다. 코로나19에 적절히 대응한 기업들은 오히려 기회를 잡지 않았는가? 역시 백신이 가져올 변화에 적절한 대응책을 모색할 때다. 물론, 백신 보급에 상당한 차질이 있거나 변이 바이러스 등으로 기존의 가정이 달라질 시나리오도 염두에 두어야 한다. 정부는 백신 보급에 따라 달라질 글로벌 경제 환경을 주시하고, 시나리오별 대응책을 강구할 필요가 있다. 기업들은 생산기지 이전이나 신시장 진출 전략 등에서 백신 보급 시나리오에 맞게 플랜 B만이 아니라 플랜 C, 플랜 D도 구상해야 한다. 일시적으로 내수경기가 급반등할 시점에도 유연하게 대응해 기회를 포착해야 한다. 가계의 창업, 취업, 재테크 전략도 코로나19 이전과 코로나19 이후 달라졌듯이, 백신 보급 이후 또 한번 변화해야 한다.

2

인플레이션 공포인가, 버블 붕괴 위협인가

인플레이션을 놓고 논쟁이 뜨겁다. 한쪽에서는 인플레이션 공포가 온다고 말하고, 다른 한쪽에서는 일시적인 일일 뿐이라 말한다. 미국 공화당 상원의원 릭 스콧은 기자회견을 통해 당장 인플레이션 공포가 온다고 주장했다. 우유가 5.5%, 빵이 7.4%, 주유비는 51%나 올랐다며 이는 서민 경제에 충격을 준다고 강조했다. 그러나 미국 연방준비제도Fed 제롬 파월 의장은 일시적인 현상이라며 당장 기준금리를 인상할 수 없다고 설명했다.

인플레이션
진단

인플레이션 논란은 왜 시작됐을까? 주요 원인을 찾고 각각의 원인이 일시적 요인인지 아니면 2022년까지도 장기적으로 지속할 요인인지를 판단해 보면 명확해질 것이다. 여기에서 인플레이션 논쟁을 종결해 보자.

첫 번째로 꼽는 인플레이션의 요인은 막대한 규모로 풀린 유동성 liquidity이다. 코로나19의 경제 충격을 극복하기 위해 세계 각국은 강도 높은 완화적 통화정책을 도입했다. 주요국들은 역사상 가장 낮은 수준의 기준금리를 도입하고 최대 규모의 양적완화를 시도했다. 유동성이 확대됨에 따라 돈의 가치가 하락하고 자연스럽게 물건의

주요국 중앙은행 정책금리 추이

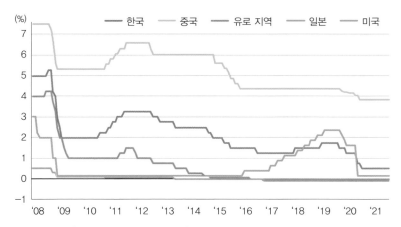

자료: 각국 중앙은행(한국은행, FRB, ECB, PBoC, BOJ)

가치가 상승한 것이다. 하지만 통화정책 정상화를 논하기 시작한 2021년 2분기부터 점진적으로 완화에서 긴축으로 기조 전환이 이루어지고 있다. 즉 인플레이션의 첫 번째 요인인 유동성은 테이퍼링과 기준금리 인상을 앞둔 시점에는 더 이상 인플레이션 장기화를 뒷받침해주지 못한다.

두 번째로는 수요견인 인플레이션demand-pull inflation이다. 즉, 2021년의 물가 상승은 세계 경기 회복 및 수요 증가와 무관하지 않다. 특히 백신 보급과 소비 심리 회복 등으로 여행 수요가 빠른 속도로 늘고 있다. 항공권, 렌터카, 숙소 예약 건수가 두 자릿수를 넘어 세 자릿수로 증가했다. 기업들의 적극적인 투자와 신산업 진출 등으로 에너지와 원자재 수요가 집중되었고 특히 각국 정부의 예산이 인프라 산업에 쏠리면서 원자재 수요가 폭발적이었다. 수요 초과로 인해 건축용 목재나 철스크랩 등의 공급이 부족해지면 비용이 상승하고 최종재 가격에 전가된다. 다만 이러한 일들은 코로나19로 억눌렸던 잠재수요가 폭발하면서 나타나는 보복적 소비와 보복적 투자일 뿐이다. 장기적으로 증가세가 지속하는 기조적 수요와는 차이가 있다. 이 또한 인플레이션 공포가 올 것이라는 근거가 되지 못한다.

세 번째, 비용 상승 인플레이션cost-push inflation의 성격도 함께 찾아왔다. 국가 간 이동 제한의 장기화로 주요 산업의 노동 인력 공급이 부족해졌다. 농어촌 지역이나 제조 및 건설공사 현장의 외국인 노동 인력 부족으로 정상적인 생산 활동이 불가능해지면서 인건비가 상승할 수밖에 없었다. 국제유가를 비롯한 원자재 가격 상승도 비용 상승 인플레이션을 뚜렷하게 설명해 준다(「3. 원자재, 슈퍼 사이클인가? 스몰 사이클인가?」챕터 참조). 또한 주요 지역에 전기 공급이 끊기거나, 화재 등의 재난 발생으로 2021년 상반기부터 차량용 반도체 대란이 발생했다(「7. 글로벌 '반도체 신냉전'의 서막」챕터 참조). 구인난과 인건비 상승, 원자재와 반도체 등의 중간재 가격 상승은 수입물가 및 생산자물가 상승으로 이어지고, 이는 소비자물가 상승으로 연결됐다. 이러한 일련의 비용 상승 요인들도 장기적으로 지속하는 현상이라기보다는 국지적으로 발생한 재난, 재해이거나 코로나19가 종식될 시 완화되는 비용 상승 압력들임에 틀림이 없다. 따라서 비용 상승도 인플레이션 위협이 올 것이라는 주장을 뒷받침해 주지 못한다.

마지막으로 기저효과base effect를 강조하지 않을 수 없다. 물가상승률은 460개 품목의 상품과 서비스의 가격 등락을 측정한 것이다. 소비자가 지출하는 주요 품목들의 현재 가격을 '전년 동월과 비교'해 등락률을 계산하는 구조다. 즉, 최근 4, 5, 6월 물가상승률은 2020년 4, 5, 6월의 가격과 비교한 것이다. 2020년 2분기에 어떤 일이 있었는가? 공장이 셧다운 되고 교통량·물동량·항공운송이 마비 상태였다. 국제유가는 선물시장에서 −37달러를 기록했고 한국을 포함한 주요국 물가상승률이 마이너스를 기록했던 시점이다. 그때와 비교한 2021년 월별 물가상승률 결과는 너무도 당연한 수치다. 몇 개월 동안 높은 물가상승률이 발생했다고 인플레이션 공포가 올 것이라고 시끄럽게 이야기할 일도 아니다.

'착한 인플레이션' 아닌가?
자산 버블이 문제다

실제 IMF의 선진국 물가상승률 전망치는 2021년과 2022년 모두 2%가 안 된다.[2] 한국은행의 한국 물가상승률 전망치도 2021년과 2022년 각각 1.8%, 1.4%다.[3] 목표 물가인 2%를 밑도는 수준이다. 오히려 2000년대 3.5% 수준이었던 물가상승률이 2010년대 이후 1%대로 내려온 걸 보면 구조적으로 디플레이션 우려가 나타나고 있다고 볼 수 있지 않을까? GDP 디플레이터[4]도 2019년 1분기부터 2020년 1분기까지 줄곧 마이너스를 기록하다가, 코로나19 충격 이후 소폭 상승하는 추세다. 그렇다면 오히려 '착한 인플레이션benign inflation'이라고 판단하는 것이 적절하지 않을까? 디플레이션 우려에서 벗어나 인플레이션을 유발하지 않을 정도로 만드는 상황, 즉 리플레이션reflation[5]인 것이다.

현재 자산 버블의 문제를 인플레이션의 문제와 혼동하는 듯하다. 소비자물가지수는 전월세 가격을 반영하고 있지만, 주택 가격을 비

---

2 IMF(2021.4.), 〈World Economic Outlook〉

3 한국은행(2021.5.), 〈경제전망보고서〉

4 생산자물가지수(PPI)와 소비자물가지수(CPI)뿐만 아니라 수출입물가지수, 임금, 환율 등 국민소득에 영향을 주는 모든 물가 요인을 포괄하는 종합적인 물가지수로써 GDP라는 상품의 가격 수준을 나타낸다고 할 수 있다. 생산자물가지수나 소비자물가지수와 함께 국민 경제 전체의 물가 수준을 나타내는 지표로 사용된다.

5 경제가 디플레이션(deflation) 상태에서 벗어났지만 심각한 인플레이션(inflation)을 유발하지 않을 정도로 통화를 재(re-)팽창시키는 것을 의미한다. 즉, 디플레이션을 벗어나 어느 정도 물가가 오르는 상태로 만드는 상황이다. 유휴자본과 유휴설비가 있고 실업이 급증한 경우, 상품의 생산과 유통을 확대시켜 경기를 진작하고 불황에서 탈출하려 할 때 감세나 통화량 증가를 적당히 조절해 심한 인플레이션이 되지 않을 정도로 경기 대책을 세우는 것을 말한다.

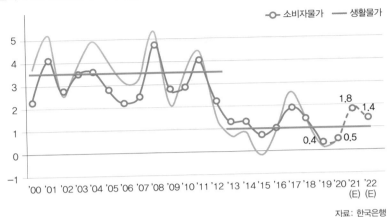

한국의 물가상승률 추이와 전망

○— 소비자물가 —— 생활물가

자료: 한국은행

롯한 자산 가치의 변화는 반영하지 않는다. 따라서 인플레이션과 자산 버블은 다른 문제다. 특히 인플레이션은 일시적인 일로 끝날 수 있지만, 자산 버블은 또 다른 경제 위기를 불러올 수 있다.

유동성(M2)은 2019년 이후 14.9% 증가했고, 가계부채는 10.3% 늘었으며, 주택 가격도 14.7%나 상승했다. 풍부한 유동성은 주택시장으로 쏠렸고, 매력적인 저금리 상황은 부채를 짊어진 채 부동산 투자로 뛰어들게 했다.

가격이 오른다고 무조건 거품이 있다고 표현하지 않는다. 소득과 경제 규모는 제자리 수준인데, 자산시장만 껑충 뛸 때 거품이라고 말한다. 실제 자산의 가치가 오르는 동안 실물경제는 그렇지 못했다. 경제 규모(GDP)는 2019년 이후 3.1% 성장하는 데 그쳤고, 취업자 규모와 가구소득(가처분소득) 증가율은 각각 1.5%, 1.4%에 머물렀다. 주택 가격 대비 소득 수준을 보여주는 PIRPrice to Income Ratio은 역사상 최고점인 17.8을 기록했다(중위소득가구 기준).

세계적으로도 자산 가치가 무섭도록 상승했다. 돈의 가치가 가파르게 떨어지면서 모든 자산의 가치가 오른 것이다. 특히 어느 국가를 막론하고 2020년 2분기부터 일제히 주택 가격이 올랐다. 세계 경제가 회복되고는 있지만, 부동산 가격 상승세에는 크게 못 미치는 상황이고, 이는 글로벌 부동산 버블로 나타나고 있다.

세계적인 투자은행 UBS는 세계 주요 도시의 부동산 거품을 경

코로나19 이전과 이후의 자산시장과 실물경제 변화

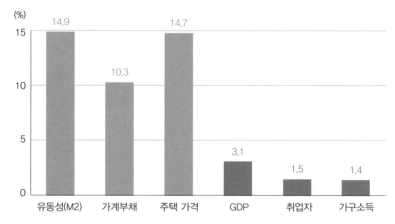

자료: 한국경제산업연구원(한국은행, 통계청, 한국부동산원 자료 이용 추계)

주: 각 항목은 코로나19 이전 수준인 2019년 대비 최근 시점 기준 증감률이다(유동성은 2021년 4월, 가계부채는 2021년 1분기, 주택 가격은 2021년 5월, GDP는 한국은행의 2021년 전망치, 가구소득은 2021년 1분기, 취업자는 2021년 5월을 기준으로 분석함).

고하기 시작했다. 글로벌 부동산 버블지수를 기준으로 독일 뮌헨(2.35), 프랑크푸르트(2.26), 캐나다 토론토(1.96), 프랑스 파리(1.68), 홍콩(1.79), 스위스 취리히(1.51) 등은 이미 거품 위험 경고등이 켜진 상황이다. 그 밖에도 캐나다 밴쿠버(1.37), 영국 런던(1.26), 일본 도쿄(1.20), 미국 LA(1.16) 등도 고평가라는 분석이다. UBS는 얼마나 거품이 있는지를 확인할 수 있는 잣대로 가구소득 대비 주택 가격Price-to-income, 임대료 대비 주택 가격Price-to-rent 등을 활용하고 있으며, 이를 이용해 추정해 보면 서울(1.54), 세종(1.54), 경기(1.49) 등의 국내 주요 도시들도 버블 위험 상황에 놓인 것이 확인된다.

글로벌 부동산 버블지수

(2020년)

자료: UBS(2021년 7월 2일 검색 기준)

주: UBS 글로벌 부동산 버블지수는 주택시장을 대표하는 5가지 변수(가구소득 대비 주택 가격(Price-to-income), 임대료 대비 주택 가격(Price-to-rent), GDP 대비 모기지 비중 변화(change in mortgage-to-GDP ratio), GDP 대비 건설 비중 변화(change in construction-to-GDP ratio), 지방 대비 도시 주택 상대가격 지표(relative price-city-to country indicator)를 가중평균해 산출하며, 이때 가중치는 OECD에서 권장하는 요인분석을 사용해 결정한다.

인플레이션과 버블 붕괴
가능성에 대한 준비

2022년까지 인플레이션 위협이 찾아올 가능성은 낮지만, 저소득층에게만 물가 압력이 작용할 수 있다. 소비자물가는 안정적일지라도 식료품 등의 몇몇 필수재 가격이 상승할 수 있는 것이다. 고용 회복이 지연됨에 따라 근로소득이 뚜렷하게 증가하기 어렵고, 시중금리가 상승함에 따라 이자 상환 부담은 가중될 것이기 때문에 저소득층에게 생활물가 상승이 상당한 고충으로 작용할 가능성이 있다. 특히, 겨울 한파, 설 연휴, 가축 전염병 등의 계절적 요인으로 일부 품목의 가격이 치솟을 수 있기 때문에 식료품 수급 안정을 위한 정책적 준비가 절대적으로 필요하다.

통화정책이 그 어느 때보다 중요하다. 통화정책을 정상화하는 액션은 '실물경제의 완전한 회복'을 전제로 해야 한다. 소득이 충분할 때 이자를 상환할 수 있지 않은가? 고용 여건이나 소득 수준이 개선되지 않은 채 기준금리가 인상될 경우 상당한 위협이 될 수 있다. 시중금리가 상승함에 따라 자산 가치가 하락할 수 있고, 반대로 이자 부담은 가중되어 거품이 꺼질 우려가 있다. 자산 버블 붕괴는 자산을 매도해도 부채를 상환할 수 없을 만큼 가치가 하락는 상황을 뜻하고, 금융 부실과 경제 위기로 연결될 수 있음을 인지할 필요가 있다. 따라서 기준금리 인상 속도를 매우 점진적으로 해야 하고, 시점도 서두르지 말아야 할 것이다.

버블 붕괴 대응을 위한 금융 상품 개발도 요구된다. 실수요자들을 중심으로 원금과 이자 상환 부담을 경감할 수 있는 주택 금융 상품을 개발하고 확대해야 한다. 담보로 잡힌 주택 가격이 대출금액 이하로 떨어져도 채무자가 주택을 금융사에 넘기면 더 이상의 책임을 지지 않는 상품을 '비소구 주택담보대출'이라 한다. '유한책임대출'이라고도 하는 이러한 주택 금융 상품을 마련해 주택 버블 붕괴에 따른 위험을 분산하는 공적 금융이 확대되어야 하겠다.

또한 2022년 버블 붕괴도 대비해야 한다. 자산 버블 붕괴 가능성을 염두에 두고, 여러 시나리오 중 하나로 전제할 필요가 있다. 버블 붕괴 시그널을 실시간으로 진단해야 하는 것이다. 주요국의 기준금리 및 테이퍼링 등을 비롯한 통화정책을 주시하고, 주요 거시경제나

주요국 주택 가격 상승률

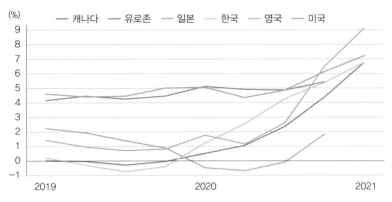

자료: OECD Stat 데이터를 활용해 계산
주: 분기별 주택 가격지수(House Price Index)의 전년 동기 대비 상승률을 계산함.

금융 부실 여부를 판단할 수 있는 지표를 관찰해야 한다. 채무상환 능력을 넘어선 과도한 빚에 의존하지 말아야 하고, 공격적 투자를 하기보다는 안정적 투자를 지향할 필요가 있다. 경제 패러다임의 변화를 이끌 유망 산업의 지수를 추종하는 ETF 상품과 같은 중장기·안정형 투자가 필요한 시점이다.

3

원자재, 슈퍼 사이클인가?
스몰 사이클인가?

 팬데믹 위기는 1930년대 대공황 이후 가장 큰 경제 충격이었다. 기술, 경제, 사회, 문화 등 이 시대 전반에 걸쳐 큰 변화를 가져왔으며, 원자재 시장도 예외가 아니었다. 2020년 2분기 코로나19의 경제 충격이 집중되면서 원자재 가격이 최대 60% 급락했다. 공장 가동이 멈췄고, 항공 및 해운 물동량이 급감했다. 사회적 거리 두기와 셧다운 조치 등으로 교통 및 이동량이 줄어들고 고조된 불확실성은 경제활동을 크게 둔화시켰다. 경제를 구성하는 모든 영역에 제동이 걸리면서 원유, 금속, 농산물 등의 원자재 수요가 멈춰 섰던 것이다.

 2021년 경기 회복의 신호들이 차츰 나타나고, 백신 보급이 시작되면서 원자재 가격이 급등하고 있다. 이전 책 『포스트 코로나 2021년 경제전망』을 통해 원유선물 ETF 등의 투자를 추천한 이유다. 한국은 원유뿐만 아니라 자원 대부분을 수입에 의존하는 자원 빈국이다. 다른 어떤 나라들보다 더욱 민감한 사안이 될 수밖에 없다. 슈퍼 사이클이라는 주장까지 제기되고 있는 만큼 원자재 가격의 동향을 파악하고 대응책을 마련하는 것은 매우 중대한 과제가 될 것이다.

원자재 가격, 얼마나 올랐나

2021년 원자재 가격이 심상치 않다. 가장 두드러진 흐름은 금속 원자재를 통해 확인할 수 있다. 산업의 쌀이라 할 수 있는 금속 원자재들은 건설, 기계장비, 인프라, 운송 등이다. 특히 구리는 '구리 박사(닥터 코퍼Doctor Copper)'라고 불릴 만큼, 경기가 하락할지 둔화할지를 보여주는 척도(선행지표) 역할을 한다. 구리는 2020년 3월 톤당 4,618달러에서 2021년 8월 24일 9,237선 달러까지 치솟으며 8년 만에 최고치를 기록했다. 그 밖에 알루미늄, 팔라듐, 니켈, 아연, 코발트 등의 산업용 금속 가격이 뚜렷한 상승세를 보이고 있다.

에너지 가격도 마찬가지다. 국제유가[6]가 코로나19 이후 가장 높은 수준을 기록했다. 운송수단이나 공장의 동력뿐만 아니라 합성섬유 등과 같은 원료용으로 이용되는 석유는 일상생활에 들어가지 않는 곳이 거의 없을 정도다.[7] 석유는 세계 무역 금액의 7%를 차지하는 부동의 1위 품목으로, 경제가 회복될 때 자연스럽게 수요가 늘어나는 원자재다.

WTI는 2020년 선물시장에서 배럴당 -37.6달러까지 떨어졌다가 13개월 만에 60달러 선을 넘어섰고, 2021년 8월 24일 65.64달러를 기록 중이다. 두바이유와 브렌트유도 비슷한 흐름이 나타나고 있다. 또한 농산물 가격의 강세는 불안하기까지 하다. 곡물 가격이 2014년 이후 최고 수준으로 상승했다. 옥수수는 2020년 저점에서 81.8% 올랐고, 대두나 소맥도 각각 67.4%, 51.8% 상승했다. 실물경제가 아직 회복되지 않은 상황에서 코로나19 이전 수준으로 치솟고 있어, 서민의 식료품 물가 상승으로 이어질 것으로 염려된다.

---

6 세계 3대 유종에는 WTI, 두바이유, 브렌트유가 있다. 각 유종의 명칭은 생산지역과 관련이 깊다. 먼저, WTI(West Texas Intermediate)는 미국 서부 텍사스와 오클라호마주 일대에서 생산되고, 브렌트유는 영국 북해에서, 두바이유는 중동에서 생산된다. 두바이유는 현물로만 거래되고 브렌트와 WTI는 현물과 선물 모두 거래된다. 현물은 시장에서 곧바로 거래되는 것이고, 선물은 정해진 시점에 정해진 가격으로 거래하겠다는 계약을 뜻한다. 선물 가격이 현물 가격을 이끌기 때문에 언론과 금융시장이 참조하는 시세는 주로 선물가다. 한국은 3가지 유종 중에서 두바이유를 가장 많이 수입해 두바이유 가격에 특히 민감하다. 산유국들이 분포되어 있는 중동지역에 정치·외교·종교적 분쟁이 반복되고 있어 국제유가에 상당한 영향을 미친다.

7 석유를 대량으로 활용하기 시작한 이후, 우리가 영위하는 시간은 석유에너지 시대라 해도 과언이 아니다. 1859년에 드레이크가 30배럴의 원유를 채취하는 데 성공하고, 이후 록펠러가 대량의 원류를 정제하기 시작하면서 석유에너지 시대가 열린다. 특히 엔진 산업도 비슷한 시간에 태동하면서 오일 산업과 조화를 이루며 함께 발전했다. 1876년 오토가 휘발유엔진을 개발하고, 1892년 디젤이 디젤엔진을 개발하면서 연소엔진을 이용한 자동차가 개발되었다. 이렇게 시작된 석유에너지 시대는 현재까지 이어져 엔진이 적용된 수많은 자동차, 선박, 비행기 등이 인류의 경제활동에 근간이 되었다. 석유는 산업, 가정의 에너지원으로, 석유화학공업의 기초 연료로 근대산업 사회 발전의 밑거름 및 지속적인 경제 성장의 원동력 역할을 한다. 옷과 신발에서 가구, 가전 등에 이르기까지 석유가 원자재로 사용되지 않은 곳은 거의 없다.

주요 원자재 가격 추이

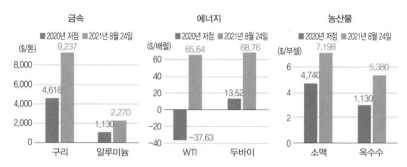

자료: 《Bloomberg》

주: 2020년 저점 기준일은 ( )에 표시. 구리(3.23), 알루미늄(4.6), WTI(4.20), 두바이(4.22), 소맥(6.26), 옥수수 (4.28).

주요 원자재 가격 추이

구분		2018년	2019년	2020년	2020년 저점	2021년 8월 24일
에너지	WTI($/배럴)	64.90	57.04	39.34	−37.63	65.64
	두바이($/배럴)	69.27	63.16	42.21	13.52	68.76
농산물	소맥($/부셸)	4.956	4.939	5.495	4.740	7.198
	옥수수($/부셸)	3.682	3.834	3.633	3.026	5.380
	대두($/부셸)	9.317	8.897	9.529	8.216	12.940
금속	구리($/톤)	6,545.0	6,020.3	6,197.3	4,617.5	9,237.0
	알루미늄($/톤)	2,114.4	1,812.7	1,731.8	1,130.0	2,270.0
	니켈($/톤)	13,186.4	13,969.7	13,860.8	11,055.0	18,895.0

자료: 《Bloomberg》

주: 2020년 저점 기준일은 ( )에 표시. WTI(4.20), 두바이(4.22), 소맥(6.26), 옥수수(4.28), 대두(3.16), 구리(3.23), 알루미늄(4.6), 니켈(3.23).

원자재 가격의
상승 배경과 전망

원자재 가격은 한꺼번에 상승했다. 거의 모든 원자재 가격이 일괄적으로 상승한 이유에는 통화정책이나 경기 회복과 무관하지 않다. 세계 각국이 역사상 가장 낮은 기준금리를 도입하고, 최대 규모의 유동성을 공급하는 과정에서 자산뿐만 아니라 거의 모든 물건의 가치가 상승했다. 즉, 돈의 가치가 하락하면서 돈을 주고 사는 (바꾸는) 거의 모든 것의 가치가 오른 것이다. 게다가 백신 보급과 경기부양책의 기대감, 그리고 경제 회복세가 동시에 작용하면서 전반적인 원자재 수요를 이끌었다. 결과적으로 코로나19 충격이 원자재 가격을 급락시켰듯, 팬데믹 종식의 기대감이 이를 다시 급등시킨 것이다.

원자재 가격이 일괄적으로 상승하는 현상 또한 매우 이례적이다. 원자재 가격 상승 배경이 제각각이기 때문이다. 먼저 금속 원자재 가격 상승의 가장 큰 배경은 인프라 정책이다. 구리는 전기와 열 전도성이 높아 친환경 에너지 발전 시설과 전력 시설 및 전기차 배터리 등에 쓰인다. 바이든이 파리기후협약에 재가입하고 친환경산업에 드라이브를 거는 것도 한몫한다. 희귀 금속인 팔라듐palladium은 자동차 배기가스 감축제로 사용되고, 백금Platinum은 친환경 수소를 생성하는 전해질 분해 과정에서 필수적인 역할을 한다. 산업용 금속 원자재 수요는 지속적으로 늘어날 것으로 전망된다.

원유 가격이 상승한 것은 경기적 영향과 일시적 요인들이 맞물려 나타났다. 국제유가 하락세를 막고자 석유수출국기구OPEC와 러시아 등을 포함한 OPEC플러스(+)가 산유량 감산에 합의하고, 실제 감산을 이행해 나감에 따라 공급과잉 문제가 해소되었다. 반면 수요는 크게 늘었다. 중국 경제는 이미 코로나19 이전 수준으로 회복되었고, 적극적인 산업정책들이 집중되면서 원유 수요가 크게 늘고 있다. 더욱이 2021년 연초 미국 전역에 불어닥친 한파로 난방용 기름 소비가 급증한 반면, 텍사스주의 석유업체들은 전기 부족 사태로 시설을 완전히 가동할 수도 없었다(국제유가 전망은 4부에서 더욱 구체적으로 다루기로 하겠다).

농산물 가격 상승세는 더욱 복잡한 요인들이 작용했다. 코로나19 장기화로 이동이 제한되었고, 외국인 일손이 부족해지자 농작물 생산에 차질이 빚어졌다. 세계 각지에 발생하고 있는 이상기후는 잦은 가뭄과 폭염 및 한파를 불러왔고 그 결과 안정적인 곡물 공급에 문제가 생겼다. 동아프리카와 서아시아 지역에는 메뚜기떼가 기승을 부리고, 라니냐La Niña[8]는 브라질, 아르헨티나 등 곡물 수출국들의 생산과 수출을 가로막았다. 이러한 시점에 전 세계 콩(대두)의 3분의 2를 수입하는 중국으로부터 수요가 급증하고 있고, 바이든 행정부가 바이오 연료 정책에 드라이브를 걸면서 옥수수와 대두의 수요는

---

[8] 적도 부근 동태평양의 해수면 온도가 평년보다 0.5℃ 이상 높은 상태가 5개월 이상 지속될 경우를 '엘니뇨(El Niño)'로 정의하고, 반대로 동태평양 해수면 온도가 5개월 넘게 평년보다 0.5℃ 이상 낮은 경우는 '라니냐(La Nina)'로 정의한다. 엘니뇨와 라니냐는 세계 곳곳에 홍수, 가뭄, 한파 같은 이상기후 현상을 일으킨다.

늘어날 전망이다. 식량 안보 경쟁이 시작되자 세계 각국은 식량 재고를 축적하기 위한 움직임을 보이고 있다. 아르헨티나는 옥수수를 비롯한 주요 농산물 수출 금지 조치를 단행했고, 러시아는 소맥 수출 쿼터제와 수출세를 도입했다. 세계 각국이 2021년 1월부터 파리 기후협약의 약속을 이행해 나감에 따라 지구온난화 등의 기후 문제가 완화될 가능성이 높아, 농산물 가격이 장기적으로 상승하기는 어려울 것으로 전망된다.

세계 이산화탄소 배출량 추이 및 감축 목표

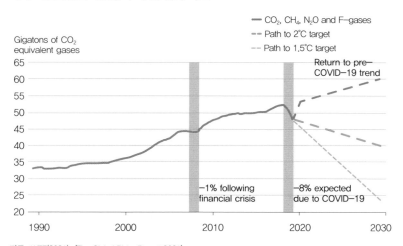

자료: WEF(2021), 〈The Global Risks Report 2021〉

원자재 슈퍼 사이클
vs. 스몰 사이클

슈퍼 사이클은 통상적으로 20년 이상의 장기적인 가격 상승 추세를 뜻한다. 원자재 슈퍼 사이클Commodities Super-Cycle은 국제유가, 금속, 농산물 등의 원자재 가격이 중장기적으로 상승하는 추세를 가리키는 용어다.

역대 원자재 슈퍼 사이클은 구조적인 원인으로 발생했다. 1차 슈퍼 사이클(1906~1920년)은 1917년을 고점으로 미국 경제가 부상하면서 원자재 수요 확대로 발생했다. 2차 슈퍼 사이클(1932~1947년)은 1941년을 고점으로 본다. 제2차 세계대전 및 한국전쟁에 따른 원자재 소비와 전쟁 후 사회간접자본 재건과 같은 구조가 원인이다. 1973년을 고점으로 한 3차 슈퍼 사이클(1972~1980년)은 1·2차 오일 쇼크에 따라 원유 공급이 급격히 부족해지고 대체재 수요가 증폭되면서 발생했다.

2000년대에 있었던 4차 슈퍼 사이클(2001~2016년)을 자세히 들여다보자. 2000년대 들어 중국이 사회주의적 시장경제socialist market economy를 도입하기 이른다. 2001년 WTO(세계무역기구)에 가입하고 국유기업의 민영화를 추진했다. 또한 환율제도를 개편하자 해외 직접 투자가 중국으로 집중되면서 대외 거래가 급격하게 증가했다. 중국은 두 자릿수로 성장하면서 세계 주요 원자재를 흡입하다시피 했다. 2012년 기준 중국은 세계 에너지의 20%, 철강의 43%, 알루미늄의 41%를 소비하기에 이른다.

국제 원자재 가격 추이

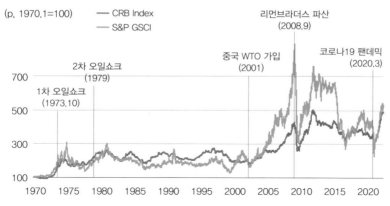

자료: 《Bloomberg》
주1: CRB Index = Commodity Research Bureau Index.
주2: S&P GSCI = S&P Goldman Sachs Commodity Indices.

    한편 인도, 브라질, 러시아 등의 신흥국들이 도시화를 진전시키며 제조업을 일으켰다. 사회 기반 시설을 확충하면서 다양한 원자재 소비가 늘었다. 그뿐만 아니라 신흥국들의 국민소득 증대로 중산층이 확대되면서 곡물 소비가 증가하고, 커피나 코코아 등과 같은 기호성 농산물 소비도 크게 늘었다.

    원자재 시장이 5차 슈퍼 사이클에 진입했다는 주장이 제기되고 있다. 골드만삭스는 코로나19 종식 이후 국제유가가 최대 배럴당 100달러까지 오를 수 있다고 전망했다. JP모건도 원자재 슈퍼 사이클이 새롭게 시작되었다고 분석했다. 그 원인으로 ①경기 회복 ②통화 확장 ③재정부양 ④달러 약세 ⑤인플레이션 우려 ⑥친환경 정책 요소들을 꼽았다.

역대 원자재 슈퍼 사이클과 비교해 보면, 최근의 원자재 가격 상승세는 상대적으로 일시적 요인들이 많이 작용했다. JP모건이 제시한 각각의 원자재 슈퍼 사이클의 근거가 구조적이고 장기적인 것인지, 아니면 일시적인 요인인지 판단해 볼 필요가 있다.

첫째, 2021년의 경기 회복세는 코로나19 충격 이후 기저효과의 경향이 강하다. 중장기적인 회복세와는 거리가 있다고 지적할 수 있다. 둘째, 통화정책도 한시적 요인이다. 2020년 각국은 최저 수준의 기준금리를 도입했고 대규모 양적완화를 단행했다. 그러나 경기가 회복세로 돌아서는 만큼 완화적 통화정책 기조의 둔화가 예상된다. 수년간 원자재 가격이 상승해 고물가 기조로 전환된다면 통화정책도 긴축적으로 전환되지 않겠는가? 셋째, 재정정책도 수년간 지속될 것이 아니라, 코로나19의 경제 충격을 상쇄시키기 위한 2021~2022년까지의 한시적 요인이다. 이후에는 각국이 재정 건전성을 회복시키기 위한 노력에 집중할 것으로 판단된다. 넷째, 달러 약세 기조도 통화정책의 기조가 전환될 시 변화가 있는 요인이다.

그다음 언급한 인플레이션 우려와 친환경 정책과 같은 요소들도 슈퍼 사이클이라고 진단하기에는 한계점이 있다. 전반적인 상품 가격의 상승으로 인플레이션이 우려된다는 측면에는 동의할 수 있으나, 지금의 현상은 리플레이션reflation이지 인플레이션이 현실화된 것은 아니다. 리플레이션은 디플레이션에서 벗어나 심한 인플레이션까지는 이르지 않은 상태를 뜻한다. IMF는 선진국들의 평균 물가상승률을 2021년과 2022년 각각 2.4%, 2.1% 수준이라 보고 상대적으로 안정적인 물가 상황에 놓여 있을 것이라 전망한다.[9]

친환경 정책은 상대적으로 구조적 요인에 해당하지만 여기에도 허점이 있다. 친환경산업에 필요한 산업용 금속들의 수요가 늘어나겠지만, 그만큼 공급이 집중될 수 있다. 경제 주체들은 동태를 보고 기회를 쫓아 움직이기 때문이다. 많은 기업이 늘어나는 수요에 적극 대응해 시장에서의 기회를 포착하려 움직일 것이다. 더욱이 친환경 에너지와 친환경 자동차가 많이 보급될 경우 국제유가의 하락을 예측할 수 있다. 국내외 자동차 기업들은 친환경차 보급에 집중할 것이며, 실제로 재규어와 랜드로버는 2025년까지 모든 자동차 생산을 전기차로 전환하겠다고 발표했다. 폐비닐을 이용해 고급 기름을 생산하고 폐플라스틱을 활용해 수소를 생산하는 등 이미 쓰레기를 에너지화하는 기술들이 상용화되고 있다. 특히, ESG 경영 열풍이 불면서 이러한 움직임은 향후 더 거세질 전망이다. 사실 원자재 가격을 결정짓는 가장 중요한 (가중치가 높은) 변수가 국제유가인 만큼, 친환경 정책은 오히려 원자재 가격지수를 장기적으로 떨어뜨리는 역할을 할 수 있다.

역대 슈퍼 사이클과 비교해 보면 슈퍼 사이클에 진입했다고 보기에는 다소 설득력이 부족하다. 주요 기관들이 주장하는 슈퍼 사이클에 진입했다는 근거들이 장기적이거나 구조적 요인이 아니라는 점

---

9 IMF(2021.7.), 〈World Economic Outlook Update〉

에서 그렇다. 그뿐 아니라 최근 원자재 가격이 급등하는 현상은 실질적인 수요가 늘어난 것이 아니라 투기적 수요에 따른 것이다. 각국이 확장적 재정정책을 이행함에 따라 일시적으로 경기 회복 기대감이 커진 것도 요인이다. 산업적 수요가 동반 증가하는지를 지켜볼 필요가 있다. 물론, 원자재 가격이 상당한 수준으로 상승할 것이라는 전망에는 동의한다. 하지만 슈퍼 사이클로 단정 짓기에는 허점들이 있다. 스몰 사이클에 더 무게가 실린다.

──────── 기본 개념 ────────

원자재 지수란?

국제 원자재 가격 동향을 파악할 수 있는 대표적 지수에는 CRB Index 와 S&P GSCI 등이 있다. 이 밖에도 짐 로저스가 36개 상품으로 만든 '로저스 인터내셔널 상품 지수RICI', 19개 종목으로 구성된 '다우존스-에이아이지AIG 지수' 등이 있다. 이러한 지수들을 통해 상승 및 하향 추세를 포함한 상품 시장의 성과와 정보를 얻을 수 있으며, 지수를 사용해 시장 전체를 볼 수도 있다. 또한 상품 선물 거래의 변화는 투자자의 태도와 행동에 대한 정보도 보여준다.

CRB Index는 미국의 상품·선물 조사연구회사인 Commodity Research Bureau(상품조사연구소)가 1957년부터 발표해 온 가장 오래된 지표다. 인플레이션 지표로 활용되기도 하고 원자재 펀드의 성과를 따질 때의 기준 지표로도 쓰인다. 지수를 구성하는 상품은 19개 종목으로, 4개의 집단으로 나뉜다. 첫째는 원유 제품으로 서부텍사스유, 난방유, 무연

휘발유로 이뤄진다. 둘째는 천연가스, 옥수수, 대두, 쇠고기, 금, 알루미늄, 구리로 구성되고, 셋째는 설탕, 면, 코코아, 커피가 포함된다. 넷째는 니켈, 소맥, 돼지고기, 오렌지주스, 은 등이다.

S&P GSCI는 미국의 증권사인 골드만삭스가 1970년부터 작성하고 있는 대표적인 국제 원자재 가격 지수로 원유, 천연가스, 밀, 옥수수, 커피, 알루미늄, 구리, 니켈, 금 등의 원자재 선물상품 종목으로 구성되어 있다. 2007년 S&P Standard&Poor's에 의해 인수되었다. S&P GSCI는 각 상품 부문의 세계 생산량을 기준으로 종목별 가중치를 두기 때문에 상품 시장 베타를 가장 잘 반영해 측정한다. 이러한 측면에서 세계에서 가장 높이 평가받는 원자재 가격 지수다. 이 지수는 원자재 가운데 에너지 분야가 금융자산 투자와 가장 반대로 움직이는 분야란 점에 착안해 구성됨에 따라, 에너지 관련 상품의 편입 비중이 높다.

원자재 스몰 사이클에
대응하라

이제는 자원 안보력을 높여야 한다. 차질 없이 원자재를 공급받을 수 있도록 하는 외교적 노력이 중대해진 것이다. 주요 원자재 공급 국가들과 자원 파트너십을 강화해야 한다. K-방역이나 K-문화콘텐츠 등을 활용해 교류의 장을 넓히고, 원자재 공급 국가를 다변화할 필요도 있다. 기업들이 원자재 구입 및 조달 과정에서 차질이 생기지 않도록 장기 공급계약을 확대하거나 상품 선물시장을 통해 가격 변동에 따른 위험을 분산하는 등의 대응책이 마련되어야 하겠다. 식료품과 같은 일부 품목의 물가 상승으로 서민들의 생계 부담이 가중될 수 있기 때문에 식료품 수급 안정과 같은 정책적 노력이 더욱 강조될 시점이다.

기업들은 친환경 인프라 사업의 증가를 예측하고 해외 건설사업에서 기회를 살펴 산업 수요에 맞는 자원개발사업 등의 영역을 다각화하는 전략도 고민해 봐야 한다. 한편으로는 모니터링 역량을 강화할 필요가 있다. 금리, 환율 등에 영향을 줄 국제 이슈들을 선제적으로 확인하고 주요 원자재 가격에 영향을 줄 변수들도 실시간으로 확인해야 한다. 주요 원자재 생산을 주도하고 있는 신흥국에 진출하고, 주요 기업들과 공동 사업을 영위하는 시도도 고려해야 한다.

가계는 원자재 투자를 고려할 수 있다. 국제유가나 주요 원자재 가격의 상승세를 반영한 ETFExchange Traded Fund(상장지수펀드) 혹은 ETNExchange Traded Note(상장지수증권)을 투자 포트폴리오에 반영할 수 있다. 특히, 구리, 팔라듐 등과 같은 친환경산업 관련 원자재는 중장기로 유망할 것으로 전망한다. 슈퍼 사이클보다는 스몰 사이클을 가정하고 원자재 지수에 투자하되 변화에 유연하게 포트폴리오 구성을 전환할 필요가 있다.

4

긴축의 시대, 테이퍼링과
예고된 기준금리 인상

'국면의 전환'은 '행동의 전환'을 요구한다. 오랜 기간 격한 훈련에 임했던 운동선수들은 중요한 경기를 앞두고 연습량을 조금씩 줄이고 컨디션을 관리한다. 도로가 만나는 지점에는 변속 차로가 있어 고속으로 달리던 자동차가 완만하게 감속하도록 돕는다. 이와 같이 새로운 국면에 진입할 때 점진적으로 행동을 전환하는 것을 테이퍼링Tapering[10]이라고 한다. 2013년 미국 연방준비제도 버냉키 의장이 "향후 몇 번의 회의에서 자산 매입을 축소할 수 있다The Fed might taper in

---

[10] 테이퍼(Taper)는 '폭이 점점 가늘어지다'라는 의미로, 기계에서 서로 상대하는 양 측면이 대
    칭적으로 경사가 있을 때, 혹은 비행기 날개가 끝으로 감에 따라 두께와 익현의 길이가 함께
    감소하는 형태 등에서 사용되고 있다.

the next few meetings"라고 발언한 이후 테이퍼링은 '양적완화 조치의 점진적 축소'를 뜻하는 경제학 용어로 사용되고 있다.

돈의 이동이 시작된다. 돈이 풀렸던 시대에서 돈이 거둬지는 시대로의 전환, 즉 완화의 시대에서 긴축의 시대로 전환이 시작된 것이다. 전 세계는 2020년 팬데믹 경제 위기에 대응하기 위해 유례없는 수준으로 기준금리를 인하하고 유동성을 공급했다. 2021년 들어 세계 경제가 뚜렷한 회복세를 보이기 시작했고, 이제 고물가(인플레이션), 자산 버블, 부채 누증 등과 같은 다른 경제 문제들을 마주하게 되었다.

2022년은 세계 경제가 코로나19 이전 수준으로 회귀하는 새로운 국면이다. 새로운 국면으로 전환하는 만큼 통화정책의 전환이 있을

수밖에 없다. 미국의 테이퍼링과 기준금리 인상이 예고되다시피 한 만큼, 긴축의 시대로 전환되는 시점에 그 경과와 파급 영향을 예의 주시할 필요가 있다.

통화정책, 기준금리, 양적완화, 테이퍼링, 시중금리, 장기금리, 단기금리

중앙은행이 경제가 건전하게 발전하도록 금융조정(돈의 양을 늘리거나 줄임, 기준금리를 인상하거나 내림 등)을 이행하는 것을 통화정책Monetary Policy이라고 한다. 참고로 정부(기획재정부)가 재정을 조정(세금을 걷거나, 세출을 늘림 등)함으로써 경기를 안정시키는 것을 재정정책Fiscal Policy이라고 한다. 중앙은행이 통화정책의 목표를 달성하기 위해 사용하는 대표적인 정책 수단Policy Means에는 기준금리 결정과 통화량 조절 등이 있다.

중앙은행의 통화정책 수단 첫 번째는 기준금리 결정이다. 중앙은행은 정례회의를 통해 기준금리를 인상할지, 인하할지, 아니면 동결할지를 결정한다. 통화정책의 중요한 부분을 차지하는 정책 의사결정인 것이다. 만약 금리가 하락하면 기업들이 저렴한 금리를 이용해서 적극적으로 투자하고자 움직이고, 투자가 늘어나면 양질의 일자리가 창출되어 고용이 확대된다. 늘어난 고용은 국민 경제의 소득 수준을 개선하고 나아가 소비를 진작시킨다. 소비가 진작되면 기업들은 더욱 적극적으로 투자하고자 할 것이다. 이러한 흐름을 '경제의 선순환 구조'라고 한다. 결국, 기준금리를 인하하는 결정은 경기를 부양시키기 위한 정책이다.

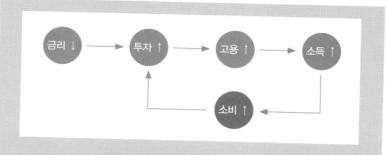

두 번째 수단은 통화량 조절이다. 중앙은행이 국채 매입 등을 통해 시중에 유동성을 공급하는 통화정책을 양적완화Quantitative Easing라고 한다. 양적완화란 중앙은행이 기준금리를 0%로 낮추고 추가적인 행동이 사실상 불가능할 때 시장에 직접적인 유동성을 공급하는 행동을 의미한다. 시중에 돈이 많아지면 돈의 가치가 떨어지므로, 기준금리 인하와 유사한 경로로 시장에 영향을 준다. 한편 양적완화 정책을 점진적으로 축소하는 것을 테이퍼링이라 하고, 이는 기준금리 인상과 유사한 경로로 시장에 영향을 준다.

중앙은행이 결정하는 금리를 기준금리 혹은 정책금리라고 한다면, 시장에서 결정되는 금리를 시중금리Money Market Rate라고 한다. 시중금리는 대차기간에 따라 장기금리와 단기금리로 구분할 수 있다.

통상적으로 장기금리는 단기금리보다 높게 형성된다. 돈을 지인에게 빌려준다고 생각해 보자. 내일 갚기로 한다면 이자를 받지 않을 수 있다. 하지만 만약 10년 후에 갚기로 한다면 상당한 이자를 요구해야 할 것이다. 10년 동안 지인의 채무상환 능력(소득 등의 채무를 변제할 수 있는 능력)이 변화할 수 있다는 면에서 위험risk이 크고, 다양한 방법으로 돈을 활용할 기회를 10년 동안 잃게 되기 때문이다. 즉, 기회비용

Opportunity Cost이 크게 발생한다.

장기금리는 중장기적인 거시경제의 흐름을 반영한다. 코로나19의 충격이 집중되었던 2020년에는 미국 10년물 국채금리가 0%대로 떨어졌고, 2021년 들어 세계 경제 회복이 뚜렷이 관측되면서 1%대로 상승했다. 2021년 하반기에는 델타 변이에 따른 불안감이 작용하면서 소폭 하락하는 추세에 있지만, 2020년과 같은 극도의 불확실성은 아니기에 1%대를 유지하고 있다. 반면, 단기금리는 기준금리 변화에 민감하게 반응한다. 2020년 팬데믹 경제 충격으로 기준금리를 0%대로 인하했고, 미국 2년물 국채금리는 0.1%대로 급격히 떨어졌다. 2021년 하반기 들어 통화정책 기조의 변화가 감지됨에 따라 0.2%대로 소폭 상승하는 흐름이다.

미국 장단기 국채금리 추이

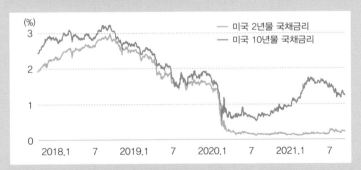

자료: FRED

테이퍼링
타임라인

　　　　　　통화정책 정상화는 곧 경제 회복의 자신감을 뜻한다. 2020년 2분기 미국의 실질 경제성장률은 -31.2%(전기 대비 연율)까지 떨어졌지만, 2021년 2분기에는 6.5%로 성장하면서 팬데믹 이전(2019년 4분기)의 경제 규모를 회복했다. 『포스트 코로나 2021년 경제전망』에서 경제 충격에서 벗어난다는 의미로 2021년 경제를 '이탈점Point of Exit'이라고 표현한 이유다. 2022년은 미국을 비롯한 주요국들이 팬데믹 이전 수준으로 회복되는 새로운 국면(회귀점, Point of Turning Back)에 진입한다. 이제 테이퍼링을 단행할 시점이 온 것이다.

　미국은 2020년 경제 위기를 극복하기 위해 유례없는 수준의 양적완화를 단행했다. 2013년 약 850억 달러의 자산 매입을 시도했었지만, 2020년에는 1,200억 달러 규모의 자산 매입 프로그램을 동원했다. 매월 국채 800억 달러와 MBS[11] 400억 달러를 매입한 것이다. 고속으로 달리던 자동차가 급브레이크를 밟고 멈추면 휘청하며 충격이 있듯, 2021년 하반기까지 실시해 온 양적완화를 단번에 멈춰 서면 시장에 엄청난 혼선이 온다. 즉, '테이퍼 텐트럼taper tantrum'[12]이 우려된다. 더욱이 완전고용을 달성하는 등 경제 회복의 중대한 진전이

11　주택저당증권(Mortgage Backed Securities)은 금융기관이 주택을 담보로 만기 20년 또는 30년짜리 장기대출을 해준 주택저당채권을 대상 자산으로 하여 발행한 증권이다. 자산담보부증권(ABS)의 일종으로 '주택저당채권 담보부증권'이라고도 한다.

테이퍼링 타임라인 전망

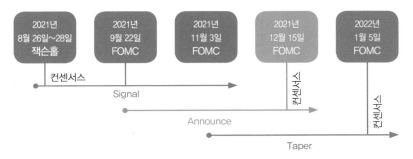

자료: 국제금융센터

있을 때까지 급격한 정책 전환이 어렵다.

　2021년 하반기 연준은 테이퍼링에 대한 논의를 진전시키고, 시
장에 혼선을 최소화하기 위해 시그널을 주기 시작했다. 2021년 연
내에는 테이퍼링의 시작 시점과 자산 매입 축소 규모 등을 공표할
것으로 예측한다. 2021년 말 혹은 2022년 초에는 테이퍼링이 이행
될 것이며, 매우 점진적Baby-step인 속도가 유지될 것으로 전망한다.
2014년에 이행된 테이퍼링도 자산 매입 규모를 매월 100억 달러씩
축소(850억 달러 → 750억 달러 → 650억 달러)했었다. 이와 유사한 속도
를 가정했을 때, 2022년에는 약 150억 달러(국채 100억 달러, MBS 50억
달러)씩 축소해 나갈 것으로 보인다. 매월 테이퍼링을 단행하기보다

12　선진국의 양적완화 축소 정책이 신흥국의 통화 가치와 증시 급락을 불러오는 현상을 말한다.
　　주로 미국의 양적완화 종료로 인한 기준금리 인상을 우려한 투자자들이 자금을 회수함으로
　　써 신흥국들의 통화 가치, 증시 등이 급락하는 사태로 긴축 발작(경련)이라고도 부른다.

테이퍼링 시나리오

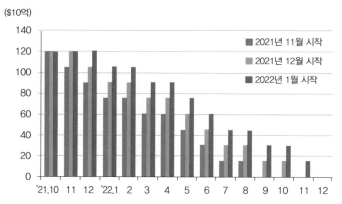

자료: 국제금융센터

주: FOMC 회의가 있을 때마다 양적완화 규모를 축소하는 Per FOMC Meeting 테이퍼링을 기준으로 함.

는 FOMC 회의가 개최되는 시점(총 8회)[13]에 있을 것으로 시장에서의 컨센서스_consensus_가 모아지고 있다.

2022년
기준금리 인상하나?

기준금리 결정은 돈의 이동을 결정하는 것이다. 금리는 돈의 가치를 뜻한다. 돈으로 물건을 사고 부동산

---

13 2022년 FOMC(8회): 1월 25일~26일 / 3월 15일~16일 / 5월 3일~4일 / 6월 14일~15일 / 7월 26일~27일 / 9월 20일~21일 / 11월 1일~2일 / 12월 13일~14일

이나 주식에 투자하기 때문에, 돈의 가치가 변화하면 나머지 모든 것의 가치가 변화하기 마련이다. 돈의 가치가 내려가면 상대적으로 모든 물건의 가치가 올라간다. 혹자는 잠실 아파트 가격이 수십 년 간 10배 올랐다고 하는데, 안 오른 건 또 뭐가 있는가? 어쩌면 잠실 아파트 가격이 오른 것이 아니라, 돈의 가치가 지속해서 떨어져 왔 던 것은 아닌가?

코로나19라는 '유례없는 수준'의 경제 충격을 경험하게 된 세계 각국은 '유례없는 수준'으로 강력한 통화정책을 동원했다. 즉, '유례 없는 수준'으로 가파르게 기준금리를 인하했다. 이는 곧 '유례없는 수준'으로 돈의 가치가 떨어졌음을 의미하고, '유례없는 수준'으로 자산 가치가 상승하게 된 배경이 되었다.

2022년에는 지금까지와는 다른 방향으로 돈의 흐름이 전개될 것 이다. 2022년에는 코로나19 이전 수준으로 경제가 회복되면서, 통 화정책도 다시 제자리를 찾아 정상화될 것이다. 이러한 의미에서 2022년 경제를 회귀점으로 명명한 것이다. 『포스트 코로나 2021년 경제전망』에서 "코로나19로 인한 실물경제 충격을 복구하는 데 상 당한 시간이 소요될 것으로 진단"하고, "(2021년까지) 지금과 같은 완 화적 통화정책의 기조를 유지해 나갈 것으로 전망"했다(p.81). 실제 2021년부터 경제 충격에서 빠져나오기 시작했다. 다만, 성급하게 통화정책을 정상화할 수 없는 여건이다.

기준금리는 시대적 결정이다. 기준금리 인상은 곧 완화의 시대에서 긴축의 시대로 전환되는 것을 의미한다. 시대에 대한 규명, 곧 국면의 전환이다. 즉 기준금리의 변화는 기조적 변화를 뜻한다. 지난달 인상하고 이번 달 인하하는 '이랬다저랬다' 하는 결정이 아니다.

2022년 미국 연방준비제도는 유동성 공급을 축소해 나가면서 기준금리 인상 시점과 속도 등에 대해 논의를 시작할 것으로 보인다. 미국 연방공개시장위원회FOMC[14]는 미국 경제에 '실질적인 추가 진전substantial further progress'이 보이는 때를 기준금리 인상의 기준으로 삼았다. 금융시장도 안정을 찾고, 실물경제가 온전히 회복되었다고 판단할 시점이 되어야 한다는 것이다. 특히 완전고용 목표the maximum-employment goal가 충족되어야 할 것이다. 그런데 최근 제롬 파월의 입장이 달라졌다. 인플레이션 현상이 일시적일 줄 알았는데, 예상외로 장기화할 우려를 제기했다. 중국의 전력난과 반도체 공급 대란, 신흥국의 코로나19 확산에 따른 원자재 수급 차질 등으로 2021년 '공급망 병목 현상'이 발생했고 이는 강한 물가 상승으로 이어졌다. 연내에 해소되지 못하고 2022년까지 장기화할 것으로 진단한 것이다. 물가안정을 통화정책의 주요 고려 요인으로 인식하기 시작한 미 연준이 기준금리 인상 시점을 앞당길 가능성이 높아졌다.

---

14 미국의 중앙은행인 연방준비제도 이사회 산하에 있는 공개시장조작 정책의 수립과 집행을 담당하는 기구로, 한국은행의 정책 결정 기구인 금융통화위원회와 유사한 조직이다. FOMC는 1년에 8번 정기회의를 개최한다. 매 회의 때마다 금융 상황에 관한 종합적인 분석과 함께 통화 공급량, 금리 조정 여부를 결정하고 연방준비제도 이사회가 추진해야 할 금융정책의 기본 방향을 제시한다.

백신 접종률, 델타 변이 및 돌파 감염 등과 같은 예측할 수 없는 변수가 존재하지만, 현재 기준에서는 미 연준이 2022년 하반기에 두 차례 정도 기준금리 인상을 단행할 것으로 전망한다. 한국의 경우 2021년 하반기에 탄탄한 경제 회복세가 진전되고 있고, 가계부채 누증이나 테이퍼 텐트럼 등과 같은 금융 불균형을 해소하기 위해 2021년 8월 기준금리를 0.5%에서 0.75%로 인상했다. 사회적 거리 두기 단계 조정 및 델타 변이 등과 같은 변수가 있지만, 지금과 같은 흐름이 유지된다고 했을 때 2022년에도 약 두 차례 정도의 인상이 전망된다.

한국과 미국의 기준금리 추이 및 전망

자료: 한국은행, Fed, 국제금융센터
주: 2021년 10월 5일 기준 전망치임.

통화정책 정상화가
가져올 영향

통화정책의 기조가 변화함에 따라 다양한 변화가 나타날 것이다. 첫 번째 영향은 '취약 신흥국'의 등장이다. 가뜩이나 보건 및 방역 시스템이 취약한데, 백신 확보도 미흡해 경제 회복이 지연되는 곳이 있다. 주요 신흥국들의 성장률 전망치는 지속해서 하향 조정 중이다. 공장 셧다운과 해상운임의 상승으로 부품 납기가 지연되고, 소비와 투자가 진작되지 못하고 있다. 더욱이 선진국들의 통화정책 기조 변화로 시중금리가 앞서 상승하고 있어 자본 이탈 현상이 나타나고 있다. 선진국들의 통화정책 정상화 움직

주요 신흥국들의 외화표시부채 비중

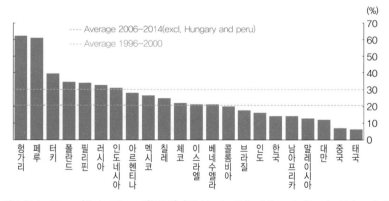

자료: Federal Reserve Bank of Newyork(2021.7.), 〈U.S. Monetary Policy Spillovers to Emerging Markets: Both Shocks and Vulnerabilities Matter〉

주1: 정부 부채를 제외한 가계와 기업의 부채를 기준으로 함.

주2: 총부채에서 외화표시부채(Foreign currency-denominated debt)가 차지하는 비중 기준.

임은 신흥국에 투자했던 외국인 자금을 이탈하게 만들고, 외화표시 부채 비중이 높은 나라들을 중심으로 국가신용등급이 강등되는 등 신용 위험이 고조될 우려가 있다.

둘째, 금융 불안 우려가 가중될 전망이다. 2021년 들어 원·달러 환율이 추세적으로 상승하고 있다. 달러 가치가 상승함에 따라 원화 가치가 상대적으로 약해지고 있는 것이다. 원화 약세 현상은 외국인 투자자에게 한국 시장에 대한 투자 매력도를 떨어뜨린다. 그래서 원·달러 환율과 주가는 마이너스 상관관계를 갖는다. 이른바 '셀코리아' 현상이다. 외국인은 2021년 들어 4월을 제외하면 줄곧 순매도 행진을 지속했다. 2021년 8월까지 약 31조 원의 순매도가 일어난 것이다. 2022년 미국이 빠른 속도로 통화정책을 정상화해 나가고, 한국이 이에 못 미치는 속도로 통화정책을 단행할 경우 원화 약세 및 금융시장 불안은 장기화할 수 있다.

셋째, 자산시장에도 상당한 영향을 줄 것이다. 2020년 2분기를 기점으로 2021년 하반기까지 세계 부동산 시장이 급격히 성장했다. 돈의 가치 하락이 곧 자산 가치 상승으로 연결된 것이다. 통화정책의 기조 변화는 자산 가치 상승 속도를 둔화시킬 전망이다.[15] 자산 가치에 영향을 미치는 변수가 매우 많아, 금리 상승이 반드시 주택 가격 하락을 야기시킨다고 할 수 없다. 또한, 중앙은행이 기준금리

---

15 (기본 개념) '상승 속도 둔화'와 '하락'은 전혀 다른 표현임을 유의해야 한다. 예를 들어, 100원 → 200원 → 250원으로 가격이 오른다면 금액은 상승했지만 상승 속도는 둔화한 셈이다. 다시 말해 상승률(상승 속도)이 하락한 것이지, 가격이 하락한 것이 아니다.

를 인상한다고 해도 매우 점진적일 것이고, 역사적으로 보면 여전히 저금리 시대에 놓여 있기 때문에 주택 가격에 미치는 부정적(-) 영향이 강하게 작용하기 어려울 것이다.

긴축의 시대, 무엇을 해야 하는가?

통화정책 당국의 중립성이 그 어느 때보다 요구된다. 한국은행의 머릿속이 가장 복잡할 것이다. 가장 혼란스러운 이른바 '금리 딜레마'에 처하게 된다. 경기부양만을 고려한다면 적극적인 기준금리 인상이 필요하지 않겠지만, 외국인 자금 유출이라는 요소를 고려하면 이를 지체할 수가 없다. 역사상 가장 낮은 기준금리를 지속하는 것은 가용할 정책 수단이 없다는 것을 의미하고, 코로나19처럼 향후 예상치 못한 다른 위협이 찾아왔을 때 대응할 수 있는 여력을 없게 만든다. 그렇다고 기준금리를 성급하게 인상하면 경제 회복세가 다시 꺾일 수 있을 것이다. 더구나 2022년 정치적 격변기와도 맞물리기 때문에,[16] 정치적 중립성과 정부와의 독립성을 유지하며 국내외 국면 전환에 걸맞은 최적의 통화정책을 내려줄 필요가 있다.

---

16 2022년 3월 9일에 대통령 선거를 시행하고 2022년 5월 10일 제20대 대통령이 취임할 예정이다.

금융 혼란을 최소화해야 한다. 시중금리, 환율, 주가, 국제유가 등 거시지표들의 변동성이 높을 것이다. 통화정책 당국인 한국은행은 혼란을 최소화하기 위해 명확한 포워드 가이던스forward guidance(선제적 지침)를 제시해야 한다. 경제 주체들이 통화정책의 방향성을 먼저 알고 충분히 준비할 수 있도록 하고, 시장의 컨센서스에 부합하게 대응할 수 있도록 해야겠다. 한편, 정부는 범국민적 경제 교육을 강화함으로써 국민 스스로 경제의 흐름을 파악하고 올바른 의사결정을 할 수 있도록 안내해야 한다. 재미있고 친근한 콘텐츠와 범용화된 플랫폼들을 활용해 경제 교육을 대중화해야 한다.

지금 경제는 팬데믹 위기 이전 수준으로 돌아오는 회귀점에 놓여 있다. 새로운 국면에 각국 중앙은행이 행동을 전환하듯이, 기업과 가계의 행동도 달라져야 한다. 완화의 시대에서의 자산시장은 요동치듯 성장했지만, 긴축의 시대에는 안정을 찾을 것이다. 주가와 주택 매매가격이 폭등했던 시대가 가고 전반적으로 둔화하는 흐름이 나타날 것이다. 2022년에는 현금의 비중을 확대하거나 탄탄하게 성장하는 미국의 채권에 투자하는 것도 추천할 만하다. 주식투자를 선호한다면 유망한 산업을 탐색(이 책의 3부를 참조)하고, 실적이 뒷받침되는 기업들에 장기 투자를 고려해도 좋다. 기준금리 상승이라는 이면엔 경제가 '자신감 있게' 회복되고 있다는 전제가 있음을 잊지 말아야 한다. 무엇이 성장 동력이 되어 경제가 약진하는지, 어떤 산업이 둔화하는 경제의 회복을 견인하는지를 면밀히 관찰해야 한다.

5

글로벌 통상 환경의 3대 구조적 변화: 그린, 디지털, 리쇼어링

세계 경제의 판이 바뀌고 있다. 코로나19가 많은 변화를 가져왔지만, 코로나19가 종식이 되었을 때 원래의 자리로 돌아갈 것이란 생각은 아무도 하지 않는다. 2022년 코로나19 이전 수준으로 '경제'는 돌아가지만, '변화된 환경'은 돌아가지 않을 것이다.

통상 환경도 마찬가지다. 통상 환경이 구조적으로 변화하고 있다. 수출 의존도가 높은 한국의 통상 환경은 어떻게 변화하고 있는지를 확인해야 한다. 정부는 변화된 환경에서 기회를 찾을 수 있도록 유연한 무역정책을 강구하고, 기업은 판이 다른 수출 전략을 꾀해야 할 때다.

통상의 중심에 선
환경

"지구 온난화가 통제 불가능한 상태에 가까워지고 있다." IPCCIntergovernmental Panel on Climate Change(기후변화에 관한 정부 간 협의체)[17]의 경고다. 기후변화에 대한 포괄적인 분석을 담은 6차 보고서에는 지구 온난화로 향후 20년 안에 지구의 평균 온도가 19세기 말보다 섭씨 1.5도 상승할 수 있다는 전망이 담겼다. IPCC의 조사 결과는 2021년 11월 영국에서 열리는 유엔기후변화협약 당사

지표면 온도 변화

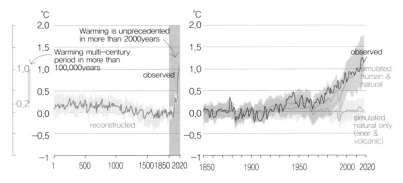

〈1~2020년까지의 지표면 온도 변화〉 〈1850~2020년까지의 지표면 온도 변화〉

자료: IPCC(2021.8.), 〈Climate Change 2021 : The Physical Science Basis〉

---

[17] IPCC는 기후변화를 과학적으로 평가하기 위해 1988년에 설립한 유엔 산하 기구다. 지난 30년 동안 온난화가 진행되면서 IPCC는 문제를 과학적으로 요약하고 그 영향을 평가하며, 인류의 삶에 영향을 미칠 해결책을 제시하는 가장 중요한 플랫폼이 되었다. 이 기구는 정부가 지구 온난화 관련 정책을 입안하는 데 사용할 수 있는 과학적 자료와 정보를 제공한다. IPCC의 첫 번째 보고서는 1992년에 발표됐다. 이번에 발표된 6차 보고서는 과학자들과 195개 정부 대표들이 참여해 승인됐다.

국 총회COP26에서 다뤄질 예정이다.

바이든이 최우선 정책 과제로 삼고 있는 것도 환경이다. 바이든은 미 대통령 취임 첫날, 파리기후협약Paris Climate Agreement에 재가입하는 행정명령에 서명했다. 파리기후협약은 2015년 12월에 체결되었지만, 2020년까지 온실가스 감축을 위한 계획안을 준비했었고 2021년 1월부터 본격 시행되었다. 주요 선진국이 2020년에 탄소중립을 선언한 것도 이와 관련 있다. 세계 각국이 온실가스 감축을 위한 목표를 이행해 나가는 과정에서 생산, 소비, 유통뿐만 아니라 통상에 이르기까지 환경이 중요한 이슈로 부상하기 시작했다. 특히 환경보호 논의를 이끄는 선진국들이 상대적으로 환경규제를 느슨하게 적용하는 신흥국들에 환경 조건에 부합하는 생산방식과 제품 구성을 요구할 것이다. 실제로 각국의 무역협정을 보면 환경 관련 조항이 지속적으로 늘어나고 있다.

앞만 보고 달리면 주변을 살피지 못하듯, 산업화가 진전되는 동안 환경에 무심했었다. 지구 온난화, 이상기후, 해수면 상승, 지구 사막화 등의 환경문제가 심각한 이슈로 부상했다. 이제 더 이상 환경을 고려하지 않을 수 없게 되었다. 지속 가능 발전sustainable development에 대한 논의가 본격화되고, 경제와 환경이 조화를 이루도록 하는 '녹색 성장Green Growth'이라는 패러다임이 세계 경제를 주도할 것이다.

탄소국경조정제도CBAM, Carbon Border Adjustment Mechanism는 환경이 글로벌 교역 조건에 중대하게 고려되는 모멘텀이 될 것이다. 탄소국경

조정제도는 탄소 배출 비용이 존재하는 국가로부터 상품이 수입될 때 수출국에 관세를 부과하는 제도다. 유럽연합EU은 탄소 다배출 산업에 탄소국경조정제도를 도입하기 위해 입법을 추진할 계획이다.[18] 2021년 7월 14일 EU 집행위는 2030년까지 탄소 배출량을 1990년 수준 대비 55% 감축하기 위한 입법안 패키지 'Fit for 55'를 발표했는데, 이후 유럽의회와 EU 이사회의 논의를 거쳐 최종 확정될 예정이다. Fit for 55에는 전 분야에 걸쳐 탄소 배출 저감을 위한 내용들을 담고 있다. 특히 탄소국경조정제도 도입에 대한 논의가 매우 중요하다. 2023년 탄소국경조정제도를 발효해 EU 역내 수입품의 온

'Fit for 55' 주요 내용

가격 결정	목표 설정	규정 강화
1. 항공 분야 배출권 거래제 강화 2. 해운, 육상운송 및 건축물 분야 배출권 거래제 신설 3. 에너지 조세 지침 개정 4. 탄소국경조정제도 도입	5. 노력분담규정 개정 6. 토지 이용, 토지 이용 변화 및 삼림 규정 개정 7. 재생에너지 지침 개정 8. 에너지 효율 지침 개정	9. 승용차 및 승합차 탄소 배출 규제 기준 강화 10. 대체연료 인프라 규정 개정 11. 항공운송 연료 기준 마련 12. 해상운송 연료 기준 마련

지원 대책
13. 사회기후기금(Social Climate Fund) 신설

자료: EC COM(2021.7.)

---

18 European Commission(2020), 〈Carbon Border Adjustment Mechanism Inception Impact Assessment〉.

실가스 배출량을 신고하고, 2026년부터는 실제 비용이 부과될 계획이다.

미국 바이든 대통령은 탄소 무역장벽 제도를 주요 정책으로 언급해 온 만큼 교역 상대국에도 환경규제에 대한 대응을 요구할 것으로 전망된다. 특히 구글, 애플, BMW 등 300여 개의 글로벌 기업들은 'RE100'[19] 캠페인에 참여하고 있어, 글로벌 밸류체인의 상대국 기업들에 캠페인 참여를 압박해 나갈 것으로 보인다. 이러한 조치들은 선진국들이 가격 경쟁력을 확보하는 수단이 되고, 탄소 배출에 의존하는 신흥국 제조기업에게 상당한 위협 요인이 될 것으로 보인다.

디지털 무역전쟁의 서막

두 번째로 강조할 통상 환경의 변화는 '디지털 보호무역주의'의 등장이다. 코로나19의 충격을 잠시 잊고 근래 5년간의 가장 중요한 경제 이슈를 떠올려 보면, 이는 곧 미중 무역전쟁이다. 매년 발간하고 있는 『한 권으로 먼저 보는 2019년 경제전망』, 『한 권으로 먼저 보는 2020년 경제전망』, 『포스트 코로나 2021년 경제전망』에서 세계 경제 이슈로 미중 무역전쟁을 빼놓

19　RE100(Renewable Energy 100)은 기업이 사용하는 전력량의 100%를 태양광, 풍력 등 재생에너지로 전환하는 글로벌 에너지 전환 캠페인으로, 2014년 영국 런던의 다국적 비영리기구 '더 클라이밋 그룹'에서 발족했다.

고 이야기한 적이 없을 정도다.

주요 국제기구에 따르면 미국은 기술 패권을 중국에 빼앗기지 않기 위해, 중국은 미국으로부터 빼앗기 위해 끝없는 통상 갈등의 전개를 전망한다.[20·21·22·23] 아날로그 경제에서 디지털 경제Digital Economy로 전환되며 유망한 기술과 산업이 달라지고 있다. 이에 미래 경제 패권을 놓치지 않으려 미중 무역전쟁은 지속될 것으로 판단된다.

코로나19 이후 미국 정치권에서는 반중국 정서를 확산시키며 중국 경제 제재를 정당화하고 있다. 바이든 신행정부도 중국에 대해 강경한 태도를 고수하고 있기 때문에, 미중 무역전쟁의 방식만 달라질 뿐 갈등의 정도가 완화될 것이라고 보지는 않는다. 실제 디지털 기술의 극단이라고 할 수 있는 AI 논문 점유율 면에서도 중국의 맹추격을 받는 미국은 다양한 보호무역 조치들과 경제 제재를 디지털 기술 영역에 집중하고 있는 모습이다.

미국은 2020년 8월 청정 네트워크 정책Clean Network Program을 발표해 중국 IT 기업의 부상을 견제하기 시작했다. 청정 네트워크는 중국의 통신사, 앱, 클라우드, 해저 케이블, 5G 통신장비 등을 미국 통

---

20 WTO(2020), 〈World Trade Report 2020: Government policies to promote innovation in the digital age〉

21 IMF(2019), 〈Trade Wars and Trade Deals: Estimated Effects using a Multi-Sector Model〉

22 WEF(2020), 〈Global Future Council on International Trade and Investment〉

23 World Bank(2020), 〈The Impact of the China-U.S. Trade Agreement on Developing Countries〉

미국 국민의 대중국 정서

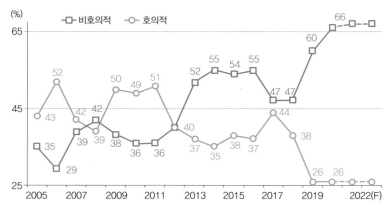

자료: PEW Research Center
주1: 매년 봄 기간 중 설문조사 실시.
주2: 2020년은 6~7월 중 설문조사 실시.

신 네트워크에서 사용할 수 없도록 규제하는 미국 국무부 프로그램
이다. 중국도 2020년 9월 '글로벌 데이터 안보 이니셔티브'를 제시
해 미국의 압박에 본격적으로 대응하고 있다.

무역 환경 또한 디지털화하고 있다. 대표적인 예가 중앙은행이
발행하는 디지털 화폐CBDC, Central Bank Digital Currency다(더 자세한 내용은
「6. 디지털 화폐 전쟁」을 참조). 선진국과 신흥국을 막론하고 세계 각국
은 CBDC를 경주하듯 도입하고 있다. 특히 중국은 디지털 위안화를
활용해 달러 패권을 흔들고자 하고 있다. 중국은 DCEPDigital Currency
Electronic Payment이라는 새로운 용어를 채택하고, 중국 내뿐만 아니
라 통상 환경에서도 영향력을 행사하기 위해 움직이고 있다. 특히,

2022년 2월에 개최될 베이징 동계 올림픽이 중요한 발판이 될 것으로 전망된다.

위안화 기반의 대외거래를 확대하려는 중국은 디지털 위안화를 글로벌 통화로 사용하기 위해 공개 시범 사업을 추진하고 있다. 중국인민은행과 홍콩금융관리국HKMA은 2020년 12월 홍콩 주민들이 선전을 방문해 디지털 위안화를 사용할 수 있도록 했다. 국경 간 결제 가능성을 테스트한 것이다. 그뿐 아니라 중국과 홍콩은 무역금융 블록체인 플랫폼 관련 상호 연동 양해각서를 체결했다. 홍콩 무

디지털 위안화 글로벌 사용을 위한 공개 시범 추진 현황

지역	시기	시범 내용	특징
중국–홍콩	2020년	중국인민은행의 무역금융 블록체인과 홍콩의 무역금융 블록체인(eTradeConnect)을 상호 연동하는 양해각서를 체결	• 중국인민은행의 무역금융 블록체인은 인민은행 디지털 화폐 연구소와 연계하여 구축됨
홍콩–선전	2020년 12월	홍콩 금융관리국은 중국인민은행 디지털 화폐 연구소와 공동으로 디지털 위안화의 국경 간 결제 기술 테스트를 실시(홍콩 주민들이 선전을 왕래하는 중에 디지털 위안화를 사용할 수 있도록 함)	• 홍콩과 선전 간 디지털 위안화 결제 시범 실시를 통하여 국경 간 결제 기술을 테스트 • 홍콩과 중국 본토 간 방문객들에게 추가적인 지불 방식이 될수 있음
광둥–호주	예정	광둥성 주하이(珠海)시는 2021년 2월 정부 업무 보고에서 2021년 내로 광둥과 호주의 국경 간 금융협력 시범구를 발전시키고 시범구 내에서 디지털 위안화를 사용하겠다고 밝힘	• 국경 간 시범 사용 범위 확대(예정)

자료: KIEP(2021.7.)

역금융 플랫폼이 싱가포르나 유럽 등의 주요 은행들과 협력 관계에 있다는 점에서 향후 디지털 위안화를 무역 결제에 사용할 가능성을 염두에 두었을 가능성이 있다.

이렇듯 중국은 디지털 위안화를 바탕으로 통화 패권에 도전하고 있다. 기축통화국의 지위를 누리고 있는 미국은 이를 지켜만 볼 수 없을 것이다. 이른바 통상 환경에 CBDC를 중심으로 한 긴장감이 증폭될 것이다. 중국은 수년간 위안화의 국제화를 추진해 왔지만, 사실 뚜렷한 성과가 나타나지는 않았다. 실제로 세계 외환시장에서 중국 위안화의 비중은 2.2%에 불과하다. 유로화, 엔화, 파운드화 등의 주요 통화들의 영향력도 쇠퇴하고 있는 현재, 미국 달러화는 외환시장 거래 비중을 44.2% 수준으로 유지함으로써 기축통화로서의

세계 외환시장에서 주요국 통화의 비중 변화

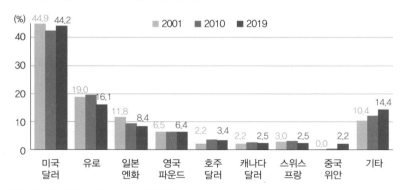

자료: BIS Triennial Central Bank Survey(2019.12.)

주: 일평균 장외외환 거래량, 역내외간 쌍방 거래로 거래량의 합이 200%이나 이를 100% 기준으로 환산함.

영향력이 흔들리지 않고 있다. 중국이 디지털 위안화를 중심으로 단기간 안에 외환시장을 흔들기는 어려울 것이다. 하지만 주변국들이 참여하는 주요 프로젝트에 참여 조건으로 디지털 위안화 사용을 내걸거나, 중국에 의존도가 높은 국가들에 수출입 조건으로 디지털 위안화 결제를 압박할 가능성도 있다.

디지털 무역 환경으로의 변화는 조세제도를 통해서도 설명할 수 있다. 디지털세DST, Digital Service Tax[24]가 임박했다. 다국적기업에 대한 국제과세 기준인 디지털세가 2021년 7월 국제적 합의에 다다르면서, 국내 시행을 앞두고 있다. 디지털세라는 새로운 과세 표준은 통상 환경을 더욱 디지털 무역전쟁으로 치닫게 만들고 있다. 2019년 7월 프랑스를 시작으로 디지털세가 도입되어, 유럽을 중심으로 많은 국가들이 디지털세를 이미 도입했거나 계획하고 있다. OECD는 2018년 4월 디지털세 관련 보고서를 발표하면서 디지털세의 필요성을 인정한 바 있다.[25] OECD는 빠르게 변화하고 있는 디지털 환경을 조세체제가 반영하고 있지 못하다고 평가했다. 구글세나 GAFAGoogle, Amazon,

---

[24] 현재의 세법 규정에서는 경제활동을 '물리적 존재(physical presence)'인 '고정 사업장(PE, permanent establishment)'을 기준으로 과세관할권과 과세대상소득의 범위를 결정하고 있다. 즉, 물건을 판매하는 유통 매장이 존재하고, 그 사업장이 위치한 과세관할권을 중심으로 과세하고 있는 모습이다. 디지털 경제에서는 기존의 고정 사업장을 기준으로 과세관할권과 과세대상소득의 범위를 판단하기가 모호한 영역들이 발생하게 된다. 과세관청의 혼란이 가중되고 기업들 간의 과세 형평성 문제도 발생하게 되었다. EU 권역 내 일반 기업의 법인세 평균 유효세율은 23.2%인 반면, 디지털 기업의 법인세 평균 유효세율은 9.5%로 전통적인 제조 기업들과 비교할 때 매우 낮은 수준의 법인세율을 적용받고 있다.

[25] OECD(2018), 〈Tax Challenges Arising from Digitalisation – Interim Report 2018〉

Facebook, Apple세로 많이 알려진 만큼 IT 기업들의 디지털 서비스 매출에 과세함으로써 보호무역의 수단으로 활용되기도 한다.

자국 중심의
GVC 재편

GVCGlobal Value Chain가 자국 중심으로 재편될 것으로 전망한다. 첫째, 세계 각국은 이미 글로벌하게 분산된 생산 네트워크를 자국화Localize or Nationalize함으로써, 일자리를 창출하고 경제를 선순환하려는 움직임을 시작했다. 둘째, 풍부한 노동력을 보유한 기존의 신흥국들의 인건비도 상당한 수준으로 올랐다. 셋째, 디지털 경제로 재편되면서 기업의 최종 생산물의 경쟁력을 결정짓는 것은 노동력이 아니라 기술과 정보로 바뀌었다. 넷째, 선진국들이 스마트 팩토리를 도입하면서 제조공정이 자동화되었다. 다섯째, 미중 무역전쟁의 장기화로 중국이 생산 거점으로서의 매력을 잃자, 기업들이 대거 이동하고 있다. 여섯째, 코로나19의 충격으로 글로벌 공장이 셧다운됨에 따라 많은 기업이 완제품 생산에 차질이 있다는 것과 GVC의 허점을 인식하게 되었다. 마지막으로 마스크나 인공호흡기 등과 같은 위생, 보건용품의 생산공정을 신흥국에 의존했던 선진국들이 코로나19를 경험하면서 보건 영역의 안보를 강조하고 자국 중심으로 GVC를 재편하기 위한 움직임을 가속화했다.

한편, 중국의 쌍순환雙循環, Dual Circulation[26] 정책이 GVC 재편을 촉진할 전망이다. 중국이 2020년 10월 발표한 쌍순환 정책의 핵심은 기술 자립도를 높여, 해외로부터 중간재 수입 의존도를 완화시키는 데 있다. 중국은 고부가가치 제품을 자국 내에서 직접 생산하고 첨단 부품에 대한 해외 조달을 줄이기 위해 기술 투자에 집중할 계획이다. 중국 반도체 기업의 기술 국산화율은 2010년 8.5%에서 2019년 15.5%로 상당한 수준으로 도약했으나 여전히 낮은 수준이다. 반도체뿐만 아니라, 휴대전화 칩, 산업용 로봇 등의 10대 핵심 산업의 부품과 소재를 국산화하기 위해 지원을 확대할 방침이다.

중국 반도체 기술 국산화율

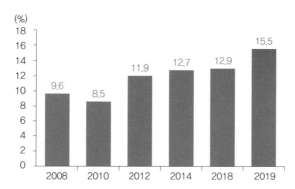

자료: IC Insights

---

26 쌍순환은 대외 불확실성 확대에 따른 대응으로 내수 위주의 자립경제 구축에 방점을 두고 국내(내수)와 국제(수출) 양방향 순환이 상호 촉진하는 중장기 경제 발전 전략을 의미한다.

미·중의 주요 기술 부문 시장점유율

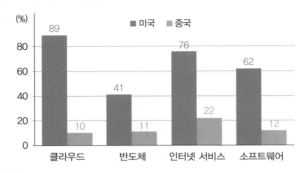

자료: CEIC, WIND
주: 중국은 홍콩을 포함함.

세계 각국은 다국적 기업들의 리쇼어링을 위해 적극적인 정책을 제시하기 시작했다. 기업들 또한 다양한 요인으로 리쇼어링을 추진해 나가고 있다. 예를 들어 포드는 멕시코의 픽업트럭과 중국의 상업용 밴 각각의 생산라인을 미국으로 이전했고, GE는 멕시코의 가전제품 제조라인을 미국으로 이전했다. 아이리스 오야마는 중국에서 생산하는 마스크 공장을 일본 본국으로, 도요타는 미국에서 생산하는 캠리, 캐나다에서 생산하는 렉서스를 일본 공장으로 이전했다.

통상 환경 변화에
어떻게 대응할 것인가

지금은 통상 환경을 구조적으로 변화

시키는 주요 어젠다를 점검할 필요가 있다. 첫째, 환경을 고려한 통상 전략을 새롭게 짜야 한다. 국내 기업들은 주요국들의 환경규제와 수입품에 대한 환경적 요구사항들을 점검하고, 사업 전략을 마련해야 한다. 이것은 제품을 기획하는 단계에서부터 주지할 수 있어야 한다. 특히 수출 중심의 중소기업들이 환경 변화를 직시할 수 있는 정보 공유의 장이 마련되어, 환경을 중심으로 한 규제와 관세를 적용하는 새로운 보호무역주의의 등장에 대비할 수 있도록 준비해야 한다.

둘째, 디지털 무역전쟁의 시나리오를 그리고 대응 전략을 사전에 강구해 놓아야 한다. 미중 무역전쟁의 확산으로 중국에 대한 경제 제재가 늘어난다거나, 중국의 보복 조치가 단행될 수도 있다. 그뿐만 아니라 디지털세 부과, ICT 규제, 디지털 통화 등과 같은 중장기적 대응 전략도 모색해야만 한다. 한국의 주력 수출 품목들이 디지털 산업에 집중적으로 포진되어 있고, 디지털 뉴딜 사업 등을 통해 디지털 대전환을 산업 정책의 주요 골자로 하고 있기 때문에 디지털 보호무역주의에 대한 준비를 게을리하면 안 된다.

셋째, 생산기지 이전을 고려하는 기업들에 맞춤화된 지원책을 제공해야 한다. 해외에 생산 거점을 두고 있는 이유는 기업들마다 각기 다를 것이다. 노동력이 이유인 기업들에는 자동화 설비 지원을, 까다로운 국내 규제가 원인인 기업들에는 규제자유특구 등과 같은 제도적 지원을 제공할 수 있겠다. 생산단가 및 가격 경쟁력에 대한 고민으로 베트남 등에 생산기지를 두고 있는 중소기업들에는 공유공장(물류기지나 공장 설비 등을 공유할 수 있는 인프라를 구축해 제공) 서비스를 확대할 수 있다. 일괄적인 리쇼어링 지원책이 아니라, 필요를 충족시키는 유인책을 제공함으로써 글로벌 리쇼어링 전쟁에서 승리할 수 있도록 해야 하겠다.

6

디지털 화폐
전쟁

우리의 삶이 송두리째 바뀌고 있다. 발품 팔아 옷을 고르고 입어 보고 했던 우리의 어제가 이제 먼 과거가 된 것 같다. 미로 같은 먹자골목을 들어가 와자지껄 떠들며 떡볶이와 어묵을 즐겼던 모습도 낯설게 느껴진다. 수십 명의 대학생이 한 강의실에 모여 강의를 듣는 모습도, 수업에 늦어 문을 살며시 열고 부끄럽게 강의실에 들어오는 지각생의 모습도 이제 오래된 기억이 되고 있다. 아날로그에서 디지털로의 전환이 일어났고 코로나19는 이러한 디지털 트랜스포메이션Digital Transformation을 가속화했다.

모든 일상이 손안에서 이루어지는 세상으로 바뀐 지금 일상을 가능케 하는 금융도 별수 있나, 손안에서 이루어질 수밖에. 모바일 쇼핑이 급격히 증가하면서 지급 결제 방식도 급격히 변화하고 있다. 2019~2020년 동안 대면결제 금액은 -5.6% 감소했지만, 비대면결제 금액은 16.9% 증가했다. 비대면결제 상황이 많아진 만큼 간편결제와 간편송금 서비스 이용 금액이 증가했다. 사실, 코로나19가 언택트 사회를 가져왔다고 말하지만, 바이러스와 상관없이 원래부터 사회는 그렇게 움직이고 있었다.

지금까지 생각해 왔던 화폐의 개념이 급격히 변화하고 있다. 아날로그 경제에서 지폐와 동전이 가장 유용했던 결제 수단이었다면, 이제는 디지털 경제에서의 유용한 화폐가 등장할 시점이다. 2022년은

지급카드 결제 방식별 금액

(일평균)

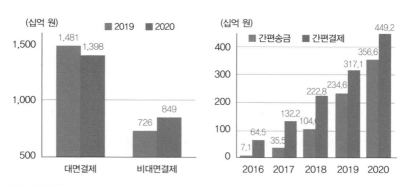

자료: 한국은행
주1: 지급카드는 개인 및 법인이 국내 가맹점에서 이용한 신용카드, 체크카드 기준.
주2: 간편결제는 전자금융업자, 금융기관 및 휴대폰 제조사 기준.
주3: 간편송금은 전자금융업자, 금융기관 기준.

전통적인 화폐가 교환 수단의 역할을 하지 못하고, 디지털 화폐로의 전환이 성큼성큼 이루어지는 임계점이 될 전망이다. 2021년에 이미 세계 주요국들이 중앙은행 디지털 화폐를 발행하기 시작했다. 『포스트 코로나 2021년 경제전망』에서도 이를 강조하며, "2021년은 중앙은행이 발행하는 화폐마저 아날로그에서 디지털로 전환하기 시작하는 분기점이 될 전망이다"(p.54)라고 표현한 바 있다.

――――――――――――――――― 기본 개념 ―――――――――――――――――

디지털 화폐란?

디지털 화폐란 금전적 가치가 전자적 형태로 저장, 이전 또는 거래될 수 있는 통화를 의미한다. 최근 블록체인, 빅데이터 등의 기술이 발전하고 다양한 영역에 걸쳐 적용되는 과정에서 다양한 디지털 화폐가 발행되고 있다. 아날로그식 현금에서 디지털 기반의 화폐로 전환이 일어나고 있는 것이다.

디지털 화폐는 크게 암호화폐Cryptocurrency, 스테이블 코인Stable coin, 중앙은행 디지털 화폐CBDC, Central Bank Digital Currency로 구분된다. 암호화폐는 블록체인을 기반으로 분산 환경에서 암호화 기술을 사용해 만든 일종의 디지털 자산이다. 암호화폐는 가격 변동성이 매우 커 화폐를 대체하기 어렵다는 단점이 있다. 스테이블 코인은 암호화폐의 단점을 보완해 민간 기업들이 가격 변동성을 최소화하고 통화와의 일정한 교환 비율을 설정했다. 보통 1코인이 1달러의 가치를 갖도록 설계되었다. 다만 그 정보의 주체가 민간이라는 점에서 정책적 통제가 어렵다는 단점이 있다.

CBDC는 중앙은행 내 지급 준비 예치금이나 결제성 예금과는 별도로 중앙은행이 전자적 형태로 발행하는 새로운 화폐[27]를 가리킨다. 중앙은행에서 발행하고 정부가 직접 관리 감독한다는 면에서 안정성이 높다. 또한 암호화폐는 익명성 보장으로 자금 세탁, 탈세 등과 같은 불법적 용도로 활용될 수 있다는 단점이 있으나, CBDC는 통제가 가능하다. 거래의 익명성을 보장할 수도 있으나, 필요에 따라 익명성 제한도 가능한 것이다. 특히, 기존의 화폐를 대신할 수 있어 '현금 없는 사회'로의 이행을 가속화할 수 있고, 물가안정 등과 같은 통화정책의 수단으로 활용될 수 있다.

디지털 화폐의 분류와 특징

구분	암호화폐	스테이블 코인	CBDC
발행 주체	없음(탈중앙화)	민간 기업	중앙은행
감독 방식	명확한 관리 감독 기관 없음	여러 국가가 관리 감독에 관여	정부가 직접 관리 감독
특징	익명성		익명성 제어 가능
가치	불안정(수요 공급으로 정해짐)	안정(통화 가치와 연동)	안정(통화 가치와 연동)
사례	비트코인(bitcoin)	리브라(Libra), 테더(Tether), JPM Coin	중국의 DCEP, 바하마의 샌드달러(Sand Dollar)

---

[27] "A CBDC is a digital form of central bank money that is different from balances in traditional reserve or settlement accounts." - BIS(2018.3.), 〈Central Bank Digital Currencie〉

디지털 위안화DCEP 본격화의 기점, 베이징 동계 올림픽

　　　　　　　　　디지털 화폐 전쟁은 2022년 2월 본격화될 것이다. 중국은 2022년 2월 베이징 동계 올림픽에서 디지털 위안화를 공식 도입할 계획이다. 2018년 평창 동계 올림픽에서 한국이 5G를 선보인 이후 세계 최초로 5G를 상용화했던 것처럼, 올림픽을 통해 디지털 위안화를 대외에 알리고 통용 화폐로서 기반을 마련해 나갈 것이다. 베이징 동계 올림픽에서 외국인 선수들을 대상으로 실험을 확대하고, 올림픽 경기장과 선수촌의 식당, 슈퍼마켓, 무인 판매점 등에서 디지털 위안화 결제를 지원할 것이다.

　중국의 디지털 위안화의 공식 명칭 DCEP는 디지털 화폐Digital Currency와 전자 지급Electronic Payment의 합성어다. 즉, 중앙은행이 발행하는 화폐이면서 전자결제 기능을 결합한 모델이다.

　중국인민은행은 2014년 세계 최초로 중앙은행 디지털 통화 연구팀을 구성해 디지털 화폐 연구에 착수했고 2017년에는 연구소를 설립했다. 또한 2020년 광둥성 선전, 장쑤성 쑤저우, 허베이성 슝안신구, 쓰촨성 청두 등에서 디지털 위안화 시범 사업을 시작으로, 2021년 6월까지 총 11개 도시에서 실험을 진행했다. 2020년 5월부터 공무원 급여 지급과 교통 보조금, 식음료·유통업 등의 다양한 영역에 걸쳐 활용하기 시작해 현재 공공요금 지불, 상점에서의 구매, 현금자동인출기ATM 입출금이 가능하다. 2021년 8월 베이징에서는 지하철 이용뿐만 아니라 포스기에 QR코드를 스캔하면 결제가 이루

중국 디지털 위안화(DCEP) 발행 및 활용 개념도

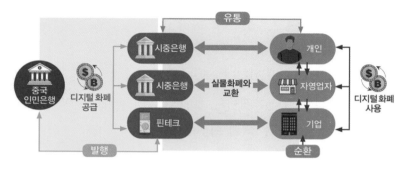

자료: Ye Shi and Shucheng Zhou(2020.5.), 〈Central Bank Digital Currencies: Towards a Chinese Approach〉, 전국경제인연합

어진다.

DCEP 거래액은 2021년 6월 말 기준 345억 위안(약 6조 800억 원)을 초과했다. 중국 전역에서 7,075만 건 이상의 거래가 이루어졌고, 2,080만 명 이상이 디지털 위안화용 가상지갑을 개설했다. DCEP는 현재 본원통화M0,[28] 즉 현금의 속성만을 가지고 있어 대금 지불이나 자금 예치 등에만 한정적으로 사용할 수 있다. 하지만 중국은 여기에 그치지 않고 M1(협의통화)과 M2(광의통화)를 대체하는 방향으로 움직이고 있다.

---

[28] M0(본원통화)는 중앙은행 지급준비금 계정에 예치된 금융기관 자금과 시중에서 유통되고 있는 현금을 합한 것을 말한다. M1(협의통화)은 M0에 요구불예금, 수시입출식 저축성예금 등 언제라도 현금화할 수 있는 예금을 더한 것을 말한다. M2(광의통화)는 M1에 만기 2년 미만의 정기 예·적금 및 금융채, 시장형 상품, 실적배당형 상품 등을 포함한 것으로 시중에 돈이 얼마나 풀려 있는지를 보여주는 지표다.

DCEP는 위안화 국제화의 도구이기도 하다. 중국은 디지털 위안화 취급 은행을 민간은행으로 넓히고 사용 범위도 전국으로 확대했다. 선전시에서는 홍콩과 '역외 거래 테스트'를 마쳤다. 역외 결제 기능을 추가해 국제 무역 결제나 해외 송금 등 사용처를 확대해 나가는 것이 중국 정부의 시나리오다. 디지털 화폐로 국경을 넘나드는 유통 구조를 만들고 기축통화국으로서의 지위를 확보하며, 세계 경제의 주도권을 쥐겠다는 취지인 것이다. 특히, 중국이 주도하는 경제 블록 '일대일로—帶—路(육상·해상 실크로드)'에 참여하는 국가들에 디지털 위안화로 대출을 해주면서 사용을 요구할 가능성이 높다. 중국이 이렇게 움직이고 있으니 미국, 유럽, 일본 등의 주요국들도 패권을 장악하기 위한 총성을 울리기 시작했다. 이른바 2022년에는 '디지털 화폐 전쟁'이 시작될 전망이다.

2022년
디지털 화폐 전쟁의 서막

중국뿐만 아니다. 선진국, 신흥국 할 것 없이 디지털 화폐 전쟁에 참전하는 모습이다. 캄보디아, 태국, 우크라이나와 같은 신흥국도 경쟁에 진입했고, 미국, 캐나다, 영국, 프랑스, 싱가포르, 홍콩 등의 선진국도 패권을 잡기 위한 움직임이 거세다. 국제결제은행BIS은 2020년 조사 결과 전 세계 중앙은행의 86%가 디지털 화폐 가능성을 점검하고 있으며, 60%는 이미 관련

글로벌 CBDC 추진 현황

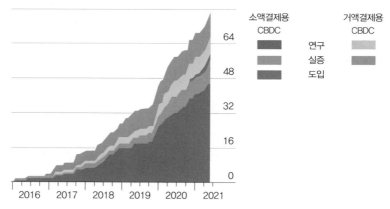

자료: BIS(2021.6.), 〈Annual Economic Report 2021〉
주: 소액 및 거액결제용 CBDC의 연구(research), 실증(Pilot), 도입(Live) 누적 건수.

기술을 개발하고 있는 것으로 파악했다. 2021년 7월에는 세계 3대 금융기관인 국제통화기금IMF, 국제결제은행BIS, 세계은행WB이 G20에 역외 거래cross-boarder payments를 위한 CBDC를 제안했다.[29] 국제 송금, 수출입 대금 결제 등을 효율화하고, 자금 세탁 방지AML나 테러 자금 조달 차단CFT 등에 활용할 수 있다고 판단한 것이다.

세계 최초로 CBDC를 상용화한 나라는 북아메리카 카리브해에 있는 인구가 40만 명이 채 안 되는 바하마Bahamas다. 바하마 중앙은행은 2020년 10월 공식 디지털 화폐인 '샌드달러Sand Dollar'를 출시했

---

29 BIS, IMF, WB(2021.7.), 〈Central Bank Digital Currencies for cross-border payments〉

바하마의 디지털 화폐 샌드달러

자료: 바하마 중앙은행(Central Bank of The Bahamas), NZIA

다. 캐나다의 블록체인 전문가 제이 조Jay Joe가 이끄는 팀이 주도해 설계한 샌드달러는 미국 달러 기반의 바하미안 달러BSD, Bahamian Dollar 와 동일한 가치를 지니며, 바하마의 전 국민이 모바일 앱과 카드를 통해 사용할 수 있다. 글로벌 컨설팅 기업 PwC는 소매 CBDC 개발 부문에서 바하마의 샌드달러를 1위로 평가했다.[30]

싱가포르는 2016년부터 '프로젝트 우빈Project Ubin'을 진행했다. 이 프로젝트에는 싱가포르 국부펀드 테마섹Temasek과 미국 JP모건이 공동 투자했으며 2020년 이미 시제품 개발을 완료했다. 싱가포르는 디지털 싱가포르 달러SGD를 발행해 실제 결제 수단으로 활용할 것 이며 외화 환전, 유가증권 결제, 국경 간 결제 등으로도 확대할 것이 라고 밝혔다. 싱가포르는 이미 선진화된 지급 결제 인프라가 구축되

---

30 PwC(2021.4.), 〈CBDC global index 1st Edition〉

어 개인 거래에 사용하는 CBDC(소액결제용 CBDC)보다는 대규모 거래를 처리하는 은행 등 기관용 CBDC(거액결제용 CBDC)에 집중하는 모습이다.

1661년 유럽에서 최초로 지폐를 발행한 국가로 알려져 있는 스웨덴이 유럽에서 가장 먼저 지폐를 대체할 수단을 구축하고 있다. '현금 없는 사회'로 이행하기 위해 현금을 대체할 결제 수단으로 CBDC 개발에 착수한 것이다. 2016년부터 법정화폐인 크로나화SEK를 디지털화한 e-크로나Krona 시범 사업을 진행해 왔으며, 실제 세계에서 현금 사용량이 가장 빠른 속도로 급감하고 있다.

그뿐 아니다. 전 세계가 디지털 화폐 전쟁에 가담하는 모습이다. 홍콩도 디지털 홍콩 달러e-HKD 도입을 위한 기술과 규제 이슈를 연구하기 시작했고, EU는 2022년까지 디지털 유로화 출시 여부를 결

총거래량 대비 현금 사용 비중 추이

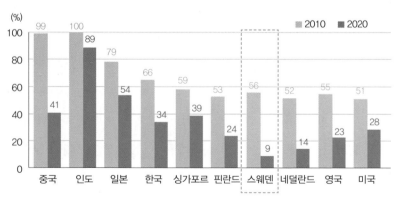

자료: McKinsey&Company(2020.10.), 〈The 2020 McKinsey Global Payments Report〉

정하기로 했다. 러시아도 2023년 디지털 루블화를 발행하겠다고 공식 선언했다. 그 밖에도 일본, 호주, 스페인, 포르투갈 등의 국가들이 CBDC 연구에 착수했고 캐나다, 프랑스, UAE, 남아프리카공화국 등의 국가들이 실증Pilot 단계에 들어갔다. 터키, 태국, 브라질 등의 국가들은 이미 시행을 앞두고 있다.

미국이 지켜만 볼 수 없다. 중국의 디지털 위안화DCEP를 앞세운 달러화 패권 도전을 용인할 수 없기 때문이다. 2020년 이전까지만 해도 미국은 CBDC 도입에 소극적이고 다소 부정적인 태도를 보여왔다. 그러나 중국이 DCEP 개발을 가속하는 과정에서 입장을 바꾸기 시작했다. 프랑스도 DCEP가 유로화의 위상을 약화시킬 우려가 있다고 진단하며 유럽중앙은행ECB에 디지털 유로화 개발을 촉구했다. 제롬 파월 미국 연방준비제도 의장은 2019년 11월까지만 해도 "현재 디지털 화폐를 발행할 계획이 없다"고 말했지만, 2020년 2월에는 "세계의 모든 주요 중앙은행이 현재 디지털 화폐를 깊이 들여다보고 있다. 여기에서 앞장서는 것이 연준의 책임"이라고 말하며 태세를 전환했다. 보스턴 연방준비은행과 MIT는 2020년 8월 CBDC 공동연구 계획Project Hamilton을 착수했고, 연내에 결과물을 발표할 예정이다.

한국도 마찬가지다. 2022년 CBDC 시대가 도래할 것임을 예의주시하며 각국의 CBDC 도입 여부 및 장단점 등을 검토하고 있다. 이주열 한국은행 총재는 2021년 6월 "디지털 전환 가속화로 CBDC 도입 필요성이 더욱 커질 수 있는 만큼 철저히 대비해야 한다"라고 강조했다. 한국은행은 국내 증권결제 환경에 부합하는 분산원장 기반의 증권대금 동시 결제 테스트 모형을 설계하고 실제 결제 내역을 바탕으로 시뮬레이션을 수행(2019년 12월~2020년 4월)했다.

또한 한국은행도 CBDC 도입의 모의실험에 들어갔다. 2021년 7월 한국은행이 발주한 '중앙은행 디지털 화폐 모의실험 연구'의 용역 사업자로 카카오 블록체인 자회사 그라운드X가 선정되었다. 그라운드X는 CBDC 모의실험을 2021년 8월 착수해 2022년 6월까지 진행할 계획이다. 모의실험은 2단계로 구성되어 있다. 1단계는 CBDC의 발행, 환수, 폐기, 지급, 수납, 송금, 결제 등의 기본 기능을 구현하는 것이고, 2단계는 통화정책 지원, 해외송금 등의 확장 기능 시험이다. 모의실험이 도입을 전제로 하는 것은 아니지만, 실험의 계획과 경과는 곧바로 시행하는 데 차질이 없는 수준으로 준비하는 모습이라고 평가된다. 2022년 베이징 동계 올림픽을 전후로 해서 중국이 디지털 위안화 도입을 공식화하고, 미국과 유럽까지 CBDC 경쟁에 참여할 경우 한국도 큰 시차를 두지 않고 도입할 것으로 전망된다.

디지털 화폐 도입 시 전개될
시나리오와 대응

첫째, 암호화폐(가상화폐)의 지위가 흔들릴 것으로 보인다. 세계 금융 당국은 암호화폐를 CBDC와 공존할 수 없다고 인식하는 경향이 강하다. 파월 의장은 "미국의 디지털 화폐가 생긴다면 스테이블 코인도, 가상화폐도 필요 없어질 것"이라 강조했다. 미국 정부는 2021년 5월 1만 달러 이상의 암호화폐 거래 시 국세청 신고를 의무화하는 규제를 도입했다. 암호화폐가 탈세 나 자금 세탁 등 불법 행위를 조장하고 투자자에게도 위협적이라 고 판단한 것이다. 중국 정부도 2021년 5월 비슷한 시기에 비트코 인 채굴 및 거래를 일절 금지한다는 방침을 내렸다. 중국인민은행은 공상은행, 농업은행, 건설은행 등 최대 상업은행들과 알리바바그룹 의 알리페이Alipay 등 빅테크 기업들까지 소집해 고객들의 암호화폐 거래를 전면 금지할 것을 지시했다. 미국과 중국뿐 아니라 세계 주 요국 정부는 암호화폐를 용납하지 않겠다는 강력한 의지를 표명하 고 있다. 이에 따라 광범위하게 확산한 암호화폐 투자 열풍이 2022년 에는 거래소 시장 철수 등의 이유와 함께 투자 여건의 악화가 전망 된다.

둘째, '디지털 지갑'이 부상할 전망이다. 현금이 CBDC로 대체되 듯, 현금을 보관하던 아날로그 지갑이 디지털 지갑인 지급 결제 플 랫폼으로 대체될 것이다. 지급 결제 플랫폼이 유망 산업으로 주목받 게 될 이유다. 디지털 위안화가 법정 통화인 현금을 대체하고 위챗 페이와 알리페이와 같은 지급 결제 플랫폼은 지갑을 대체할 것이 다. 플랫폼 기업은 네트워크를 표준화하고 다양한 유형의 오프라인 사업장에 활용할 수 있도록 상호 호환성을 높이는 등 시장 선점을 위한 준비와 대응이 경쟁적으로 전개될 것으로 보인다. 지급 결제 플 랫폼은 통신사, 스마트폰 제조사, 유통사들과 협력을 강화하고, 소비자들에게 낮은 수수료 및 사용 편의성을 높이는 데 집중할 것이다.

셋째, 기축통화 지위를 놓고 벌이는 통화 패권전쟁이 점화될 것이다. 기축통화를 보유한 국가가 누릴 수 있는 시뇨리지 효과Seigniorage Effect[31] 때문이다. 시뇨리지 효과는 중앙은행이 발행하는 화폐의 액면가액에서 화폐를 제조하는 데 들어가는 비용을 차감한 금액이다. 미국은 1달러도 안 되는 제조원가를 투입해, 100달러가 넘는 상품을 구매할 수 있는 권리를 가졌다. 미국이 세계 최대의 무역 적자국이자 재정 적자국이면서, 세계 최대의 소비국이 될 수 있는 배경이 된다. 즉, 미국이 세계 질서를 조정하는 강대국으로 군림할 수 있는 이유다. 세계적으로 CBDC 도입의 방향성이 '1단계 지역 내 사용'에서 '2단계 지역 간 사용'으로, '3단계 국경 간 사용'으로 전개되고 있다. 이는 통상 환경에 중요한 구조적 변화로 주목할 만하다. 이는 앞서 설명한 「5. 글로벌 통상 환경의 3대 구조적 변화: 그린, 디지털, 리쇼어링」에서 상세히 다루고 있다.

그렇다면 우리는 디지털 화폐 전쟁 시대를 어떻게 대응해야 하는가? 우선 CBDC 발행을 위한 준비에 박차를 가해야 한다. 디지털 화폐 도입에 관한 기술적 실험과 제도적 검토뿐만 아니라 사이버 보안도 전제되어야 할 인프라다. 기업들은 디지털 대전환의 시대에 유

---

31 시뇨리지 효과(Seigniorage Effect) = 화폐의 액면금액 – 화폐의 제조원가. 미국 중앙은행이 100달러짜리 지폐 1장을 찍어내는 비용은 19.6센트 정도다. 이를 수식으로 나타내면 '$100 – $0.196 = $99.804'로, 즉 미국은 100달러 지폐를 발행할 때마다 99.804달러의 시뇨리지가 발생하는 것이다.

망 산업을 선점하기 위한 기민한 전략적 의사결정을 단행해야 한다. 투자자들은 암호화폐 규제 등을 포함한 거시적인 그림을 그려가면서 코인 투자 등에 있어 합리적 선택을 해야 한다. 과도한 불확실성을 떠안고 도박하듯 투자하는 방식보다는 디지털 화폐 전쟁 시대에 등장할 수 있는 산업의 변화를 관찰하기를 권한다. 특히나 디지털 지갑이라고 할 수 있는 국내외 지급 결제 플랫폼들이 부상하는 것은 거스를 수 없는 변화다.

7

글로벌 '반도체 신냉전'의 서막

"못nail이 없으면 편자horseshoe를 잃어버리고, 편자가 없으면 말까지 잃는다. 말이 없으면 기수를 잃는다." 미국 '건국의 아버지' 중 한 명으로 일컬어지는 벤저민 프랭클린Benjamin Franklin이 남긴 격언이다. 편자는 말발굽에 대는 쇳조각을 가리킨다. 이 격언은 작은 문제가 큰 재난을 초래할 수 있다는 뜻으로 최근 바이든 미국 대통령은 반도체를 '편자의 못horseshoe nail'에 비유했다.

기간산업이 바뀌고 있다. 기간산업key industry은 한 나라의 경제가 원활히 운용되는 데 필수적인 산업을 말한다. 즉, 산업의 토대가 되는 기초 산업을 뜻한다. 떡이 중요한 생산물이었던 시대에는 쌀이

기간산업이었을 것이고, 산업화를 거치며 철강이나 석유 등으로 바뀌었을 것이다. 이미 디지털 경제로 전환된 삶을 살고 있음을 부정하는 사람이 없듯이 반도체는 현재와 미래의 중요한 기간산업임에 틀림이 없다.

─── 기본 개념 ───

반도체 산업 알아보기

반도체semiconductor는 전기가 잘 통하는 도체와 통하지 않는 부도체의 중간 성질을 갖는 물질을 말한다. 반도체는 원래 전기가 거의 통하지 않지만 필요시 빛, 열, 불순물 등을 가하여 전기를 통하게 함으로써 전기 신호를 제어하거나 증폭시키는 전자부품이다. 컴퓨터, 통신기기, 서버, 자동차, 가전제품 등 대부분의 전자제품에 활용되고 있다.

반도체는 크게 메모리 반도체memory semiconductor와 비메모리 반도체non-memory semiconductor로 분류된다. 국가별로 반도체를 분류하는 기준이 다르지만, 한국은 주로 메모리 반도체를 생산하고 있어서 이와 같은 분류체계를 갖고 있다. 메모리 반도체는 정보를 저장하는 용도로 사용되는데 대량 생산에 필요한 생산기술이 핵심 경쟁력으로, 공급측 요인이 수급 불균형으로 연결되는 것이 특징이다. 이러한 메모리 반도체와는 달리, 비메모리 반도체는 정보 처리를 목적으로 제작된다. 비메모리 반도체의 절대적인 비중을 차지하는 시스템 반도체system semiconductor는 논리와 연산, 제어 기능 등을 수행한다. 시스템 운용에 필요하고 활용 분야가 다양한 설계기술이 해당 시장 점유에 관건으로 작용한다.

반도체 산업은 반도체 제조를 중심으로 전·후 공정으로 구분할 수 있다. 반도체 제조 부문은 웨이퍼 제조/가공, 회로 설계, 조립 등의 공정 과정을 거쳐 칩을 제조하고 조립하는 생산의 영역이다. 칩의 설계만 전문으로 하는 팹리스Fabless 기업들이 생산을 담당하는 파운드리foundry 업체에 위탁하는 구조다. 메모리 반도체는 자체적으로 조립하지만, 비메모리 반도체는 다양한 제품을 패키지 전문 업체에게 위탁하고, 다양한 칩을 전수 검사하기 위해 테스트 전문 업체에 위탁하고 있다. 고가의 검사 장비를 갖출 수 없기 때문이다. 칩 설계에서 제조 및 테스트까지 일관 공정체제를 구축하는 기업들은 IDM(종합 반도체 기업)으로 분류된다. 이러한 전후 공정이 이루어질 수 있도록 설계기술 R&D 전문인 칩리스Chipless 기업들이 IP를 제공하고, 공정 장비 기업들이 반도체 제조 장비를 개발 및 생산한다.

반도체 산업의 제조공정별 구조

자료: 저자 작성

반도체와
경제

반도체는 장난감에서 항공우주산업에 이르기까지 다양하게 활용된다. '산업의 쌀'이라고 불리는 이유다. 소비자는 TV, PC, 휴대전화, 자동차 등과 같은 완제품을 구매하지만 완제품을 만드는 제조사들은 부품인 반도체를 조달받는다. 사람이 기기를 이용(기기의 버튼을 누르는 등)한다는 것은 정보Data를 아날로그에서 디지털로 혹은 그 반대로 전환해 주어야 하는 것인데, 이러한 정보의 처리를 반도체가 한다. 그뿐 아니라 정보를 저장하고 동작을 제어하는 역할도 반도체가 한다. 전자기기 의존도가 높아지고 수많은 기기가 ICT 기술들과 융합하면서 반도체 수요는 더욱 늘어날 것이다. 단적인 예로 내연 기관차에 약 200개의 반도체가 들어간다면, 전기차에는 1,000개의 반도체가, 자율주행 전기차에는 그 이상의 반도체가 필요하다. 반도체를 빼놓고는 미래 경제를 상상하기 어려운 이유다. 세계반도체시장 통계기구WSTS는 세계 반도체 시장이 2020년 4,404억 달러에서 2021년 5,509억 달러 규모로 약 25.1% 성장하고, 2022년에는 6,065억 달러 규모로 10.1% 추가 성장할 것으로 전망한다.

반도체는 한국 경제에 상당한 의미가 있는, 가장 중요한 산업이라 해도 과언이 아니다. 특히 수출 부문은 반도체에 절대적으로 의존해 왔다. 전체 수출액에서 반도체 수출액이 차지하는 비중은 2014년

세계 반도체 시장 전망

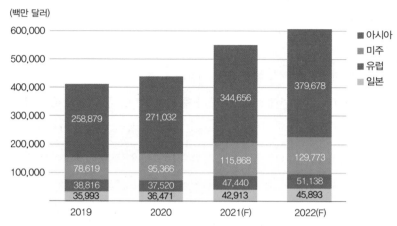

(백만 달러)

자료: WSTS(2021.8.)

10.9%였으나 2017년부터 가파르게 상승해, 2020년에는 19.4%에 달했다. 산업통상자원부는 2021년 반도체 수출액이 10.2% 증가하고, 전체 수출액에서 19.6%를 차지할 것으로 전망했다.[32] MTI 3단위 기준으로 199개의 수출 품목 중에서 반도체 단일품목이 20% 수준을 차지한다는 사실은 어마어마하다. 2~5위에 해당하는 자동차(7.3%), 석유제품(4.7%), 선박(3.9%), 합성수지(3.7%)를 모두 합한 19.6%와 비슷한 수준이다.

수출뿐만 아니라, 투자, 생산, 고용 등 한국 경제 전반에 반도체가 기여하는 바는 상당하다. 설비 투자에 있어서도 반도체는 약 12%의

---

32 산업통상자원부와 한국반도체산업협회(2021.1.), 〈2020년 반도체 시장 동향 및 2021년 동향〉

한국의 10대 주력 수출 품목과 수출 비중 현황

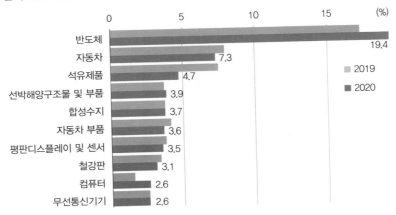

자료: 한국무역협회
주: MTI 3단위 기준 코드 831.

비중을 차지한다. 반도체 산업은 제조업 총 부가가치의 약 16.8%를 차지하고, 제조업 총 취업자의 약 4.4%에 달한다.[33] 2021~2022년에도 반도체를 중심으로 한 투자가 집중될 것으로 보인다. 정부의 디지털 뉴딜 사업과 기업들의 제조 및 서비스에 이르기까지 디지털 기술에 대한 투자가 맞물리면서 수요도 뒷받침될 것이다.

---

33 통계청(2019), 〈광업제조업조사〉, 〈전국사업체조사〉

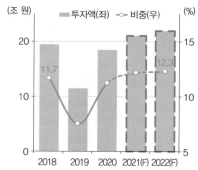

반도체 수출 추이 및 전망

(억 달러) ■ 수출액(좌) — 비중(우) (%)

자료: 산업통상자원부, 한국반도체산업협회

반도체 설비 투자 추이

(조 원) ■ 투자액(좌) -○- 비중(우) (%)

자료: SEMI, 한국경제산업연구원
주1: 한국은행의 설비 투자 전망치와 SEMI의 반도체 설비 투자 전망치를 기초로 전망함.
주2: 원·달러(시가) 환율의 연도별 평균 자료를 기준으로 환산했고 2021년과 2022년은 2021년 1분기 환율을 기준으로 했다.

2021년 반도체 대란의
배경과 영향

2021년 상반기에 발생한 반도체 수급 차질의 첫 번째 배경은 수요예측의 실패다. 세계 자동차 기업들은 코로나19의 충격으로 자동차 수요를 부정적으로 전망해 반도체 주문량을 줄여놓은 상황이었다. 하지만 자동차 수요는 기대 이상으로 견고하게 나타나고 있다.[34] 시중에 공급된 통화량 및 각국의 적극적

---

34 2021년 세계 자동차 판매량은 전년 대비 9% 증가한 8,340만 대로 예상(IHS Markit, 2020.12.17.).

인 재정정책 등의 영향으로 예상 밖의 경기 회복이 나타나고 있고 백신 보급이 가속화되면서 소비 심리가 뚜렷하게 회복되었기 때문이다. 더욱이 내연 기관 자동차에서 전기차로의 전환이 급속히 진전되면서 반도체 수요가 더 늘어나고 있다.[35]

게다가 공교롭게도 2021년 상반기에는 차량용 반도체 업계에 재난과 재해가 맞물리며 대규모 수급 차질이 나타났다. 세계 차량용 반도체MCU, Micro Control Unit 시장의 3대 기업 공장마저 가동이 멈춰 섰다. 약 17.1%를 차지하는 NXP와 약 14.6%를 차지하는 인피니언Infinion이 미국 텍사스 한파로 정전 사태를 겪었고, 약 17.0%의 시장을 장악하고 있는 일본의 르네사스Renesas는 공장에 화재가 발생해 가동이 중단됐다. 세계 최대의 파운드리 기업인 대만의 TSMC 차량용 반도체 공장도 정전 사고가 발생해 7시간 동안 멈췄다. 반도체는 미세 공정을 거쳐 만들어진다. 공장이 찰나의 순간만 중단돼도 생산 중인 웨이퍼를 폐기해야 하고 정상 가동되는 데 상당한 시간이 소요된다.

반도체 대란은 상당한 문제를 초래했다. '편자의 못'이 기수를 잃게 했듯, 완제품 제조기업들의 생산에 차질을 일으키고 반도체 산업의 지각변동을 촉진시켰다. 전 세계 자동차 업계 손실은 약 610억 달러(한화 약 69조 원)에 이를 것으로 추산된다. 폭스바겐, 포드, 아우디,

---

35 2020년 세계 전기차 판매량(플러그인 하이브리드 포함)은 정부 보조금 확대(유럽)와 신차 출시 효과에 힘입어 전년 대비 43% 증가한 324만 대를 기록(EV-volumes, 2021.1.29.).

도요타 등 글로벌 자동차 기업들은 생산량을 감축했다. 현대·기아 차도 특근을 취소하는 등 생산량을 조절하고 가동률을 축소하고 있다. 비단 자동차 업계만의 일이 아니다. 폭스콘의 류양웨이 회장은 "글로벌 반도체 부족 현상이 2022년 말까지 지속될 가능성이 높다. 차량 반도체뿐만 아니라 다른 반도체 분야도 영향을 받고 있다"고 말했다. IT, 가전, 스마트폰 등 다른 산업으로 문제가 확산한 것이다. 반도체 부족으로 TV용 LCD 패널 가격도 폭등했다. 폭스콘에서는 아이폰 생산량의 10%가 감소했고, 세계 가전 1위 기업인 미국 월풀의 중국 법인은 미국과 유럽으로 수출하는 가전제품 물량의 25%가 줄었다.

글로벌 '반도체 신냉전'의 서막

반도체 품귀 현상은 단기적 이슈가 아닌, 반도체 산업에 구조적 변화를 일으키는 원인이 되고 있다. 주요 국들은 자체적으로 반도체 생산 역량을 구축하겠다고 나섰다. 이 상황은 2019년 일본이 반도체 공정에 필요한 소재 등에 대해 수출규제를 시행하자, 한국 정부가 이에 대응해 2019~2020년 동안 핵심 산업정책으로 '소·부·장(소재·부품·장비) 국산화'가 된 것과 비슷하다. 실제 지금까지도 소재·부품·장비의 국산화를 위한 정책 지원은 산업통상자원부의 주된 사업 중 하나다.

세계 주요 반도체 소비국들은 '공급망 공포'에 대응하는 모습이다. 대만(TSMC, UMC)이 64%, 한국(삼성전자)이 17% 파운드리 영역을 장악하고 있어, 충분한 반도체 공장을 보유하지 못한 나라들은 경제를 넘어 안보상의 위협이 될 수 있다고 판단한 것이다. 대만과 한국의 파운드리가 전쟁이나 경제 제재 등으로 충격을 받으면 미국과 유럽의 산업 전반이 마비될 수 있다.

이제 반도체 패권전쟁이 시작되었다. 세계열강들이 반도체를 놓고 벌이는 신냉전 체제에 진입한 것이다. 트럼프 재임 동안 있었던 미중 무역전쟁을 회상해 보자. 중국에 반도체 공급을 차단하는 경제 제재가 중요한 공격 수단 중 하나이지 않았는가? 반도체 패권전쟁은 미중 무역전쟁의 일환이며, 세계 주요국들이 자국으로 기업을 불러들이는 리쇼어링 전쟁의 하나다. 즉, 반도체 패권전쟁은 보호무역주의 시대의 정점이 될 것이다.

미국은 반도체 산업에 500억 달러를 투자하겠다고 밝혔다. 바이든의 가장 두드러지는 정책적 행보가 반도체 산업 육성인 만큼 반도체 인프라 투자 법안을 마련해 공격적으로 투자할 계획이다. 인텔은 200억 달러를 투자해 신규 반도체 공장을 2개 설립해 파운드리 시장에 재진출할 계획이다. 인텔은 파운드리 업계 주요 고객사인 마이크로소프트, 아마존, 구글, 퀄컴, 애플 등을 끌어올 전략이다. 더욱이 미국은 단기간 안에 파운드리 자립화가 어려울 것을 고려해 TSMC와 삼성전자가 자국에 파운드리 공장을 설립하도록 유도할 전망이다.

자료: 《Washington Post》
주: 바이든이 2021년 2월 백악관에서 반도체·전기차 배터리·희토류 등 주요 물자의 공급망 점검을 지시하는 행정 명령에 서명하기 전 반도체 칩을 들어 보이고 있다.

중국은 2015년에 이미 '반도체 굴기'를 선언했다. 2025년까지 반도체 자급률을 70%까지 끌어올리겠다는 목표로 자국 내 최대 반도체 기업인 SMIC를 집중적으로 지원하고 있다. 미국의 제재[36] 등으로 목표 달성은 어려울 것으로 판단되지만 중국의 해외 반도체 기업 합병과 기술 추격은 상당한 속도로 전개되고 있다. '묻지마 자금 지원'이나 '인재·특허 빼가기'도 서슴지 않으며, 28나노 이하의 미세 공정에 10년간 법인세를 면제하는 등 공격적인 지원책을 마련했다.

이에 대만은 1위 지위를 견고히 하기 위해 노력 중이다. '무어의

---

36 미중 무역전쟁이 장기화되는 중 2020년 5월 해외 기업이 미국 기술과 부품을 이용한 제품을 화웨이에 수출할 경우 미 상무부의 승인을 받도록 했다. 같은 해 12월 미국은 중국의 파운드리 SMIC를 블랙리스트 명단에 올렸다.

반도체 제조 지역 비중

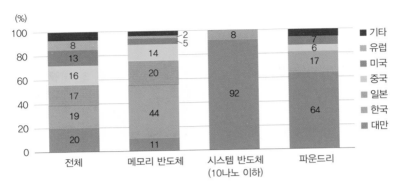

자료: BCG, 국제반도체장비재료협회(SEMI), TrendForce

주: 미국 반도체산업협회(SIA)와 보스턴컨설팅그룹(BCG)이 2021년 4월 1일(현지 시간) 국제반도체장비재료협회 (SEMI) 자료를 기반으로 분석한 데이터다(파운드리의 경우 TrendForce의 2020년 기준).

법칙Moore's Law'이 있다. 반도체 집적회로의 성능이 18개월마다 2배 증가한다는 이론으로, 기술 추격이 쉽지 않은 일이라는 걸 강조한 개념이다. TSMC는 2020년 삼성전자를 제치고 세계 최초로 5나노 칩 양산에 돌입했고, 대만 남부에 3나노 칩 공장을 건설하고 있다. TSMC는 2021년 1월 280억 달러의 설비 투자를 계획했으나 4월 들어 300억 달러로 투자 계획을 상향 조정했다. 선두 주자가 후발 주자의 추격을 수포로 만드는 전략을 취하고 있는 것이다.

글로벌 반도체 업계는 이미 치열한 설비 투자 경쟁을 시작했다. 2021년 9월 24일 인텔이 미국 애리조나에 200억 달러(약 23조 6,000억 원) 규모의 파운드리 공장 공사를 시작했다. 겔싱어 인텔 최고경영자(CEO)는 이날 착공식에서 "인텔이 돌아왔다"면서 파운드리 사업 재진출을 선언하고, "미국을 기반으로 한 유일한 첨단공정 반도체 제조업체로서 미국이 반도체 리더십을 다시 차지하는 데 도움이 될 수 있도록 최선을 다할 것"이라고 강조했다. 파운드리 업계 1위인 TSMC도 애리조나에서 반도체 공장 건설을 진행하고 있다. 삼성전자는 170억 달러 규모의 미국 투자 지역을 놓고 고심 중이다. 현재 반도체 공장이 있는 텍사스 오스틴 외에 테일러, 애리조나 굿이어와 퀸크리크, 뉴욕 제네시카운티까지 각 지자체와 세제 혜택을 놓고 줄다리기를 하고 있다. 연내에는 최종 부지를 선택할 것으로 보인다.

반도체 신냉전 시대의
전략

이제는 반도체 신냉전 시대에 맞는 전략이 필요한 때다. 첫째, 반도체 공급 부족의 장기화에 대응하라. 반도체 수급 불안은 상당 기간 지속될 것이다. 세계 반도체 품귀 현상은 2021년 내내 지속될 것이고, 스마트폰 등과 같은 첨단 제품의 경우 2022년, 자동차 등과 같은 일반 제품은 2023년이 되어서야 공급난이 해소될 전망이다. 이는 곧 반도체 수급 역량이 기업의 경쟁력이 된다는 의미다. 우선 정부는 기업들의 반도체 재고와 밸류체인 전반의 수급 여건을 진단하고, '편자의 못'이 될 부분을 탐색해야 한다. 나아가 단기 혹은 중기에 걸쳐 반도체 수급에 차질을 빚는 일을 최소화하기 위해 지원해야 한다.

둘째, 차량용 반도체 생산을 자립화해야 한다. 자동차 혹은 자동차 부품 기업들이 공격적으로 차량용 반도체 시장에 진출하는 것은 어떨까? 세계 주요 자동차 강국들은 자동차 시장점유율보다 차량용 반도체 시장점유율이 훨씬 높다. 예를 들어 미국은 차량용 반도체 시장의 31.4%를 차지하고 있지만, 자동차 시장의 11.7%를 차지하고 있다. 그러나 한국의 차량용 반도체 시장점유율은 2.3%로, 자동차 시장점유율 4.3%에 못 미친다. 차량에 탑재되는 부품은 오작동 시 사고로 연결될 위험이 높고, 다른 반도체에 비해 수익성이 떨어져 국내 반도체 기업들은 진출을 꺼려왔다. 그러나 이제는 자율주행차와 같이 미래 성장성이 크거나 필수적인 차량용 반도체를 위주로 공급망을 내재화하는 전략을 고려해야 한다. 자동차의 전장화 추세는 거스를 수 없는 흐름이다. 또한 자동차는 반도체를 뒤잇는 한국의 주력 수출 품목으로 자동차와 자동차 부품을 합치면 한국 수출의 약 10.9%를 차지할 정도다.

셋째, 우리가 가지고 있는 것은 지켜야 한다. 과연 어떻게 지켜야 할까? 파운드리 공장을 확보하고 메모리 반도체의 우월적 지위를 공고히 하는 데 힘을 실어야 한다. 한국판 무어의 법칙을 만들어야 하는 것이다. 열강들이 반도체 자립화를 추진해 나가고 중국의 기술 추격을 저지할 수 있도록 기술 격차를 벌려야 한다.

넷째, 부족한 것을 채우는 전략도 요구된다. 시스템 반도체에 집중적인 투자가 필요하다는 뜻이다. 반도체 패권전쟁에서 밀려나지

차량용 반도체와 자동차의 세계 시장점유율 비교

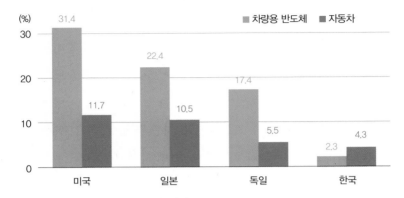

자료: Automotive News Market Databook, Ward's Auto

않기 위한 로드맵을 기획하고, 한국만의 포지션을 잡아야 한다. 시스템 반도체 시장을 확보하기 위해서는 인재 유출을 막는 것과 함께 해외 우수 인재를 유입하는 전략이 추진되어야 한다. 또한 향후 반도체 설계나 소재 및 장비를 확보하는 데 차질이 생길 수 있다는 가능성도 살펴야 한다. 이미 일본에 당한 전례가 있지 않은가? 반도체 산업의 밸류체인이 한국 안으로 들어올 수 있도록 해야 한다. 반도체 설계 역량을 확보하고 소재와 장비를 국산화하기 위해, 공격적인 M&A와 R&D 투자를 촉진하고 기술 교류를 지원해야 한다.

2부

2022년 한국 경제의
주요 이슈

8

'K자형 회복'은
회복인가?

목장 염소들에게 풀을 뜯어 준 경험이 있다. 많은 염소가 우르르 달려왔다. 덩치 큰 염소들이 앞다퉈 풀을 날름 받아먹었지만, 작은 염소들은 낄 틈이 없었다. 배고픈 염소들에게 다시 풀을 뜯어 주었지만 여전히 덩치 큰 녀석들의 것이 되고 말았다.

세계 모든 국제기구와 국내외 연구기관들은 2021~2022년 동안 경제가 회복될 것이라 말한다. 『포스트 코로나 2021년 경제전망』을 통해 2021년 경제를 2020년의 혼돈으로부터 빠져나오는 '이탈점Point of Exit'으로 표현하고, 『위드 코로나 2022년 경제전망』을 통해 2022년 경제를 '회귀점Point of Turning Back'으로 명명한 이유다.

K자형 회복

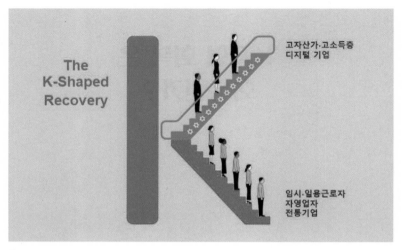

출처: ⓒ 인터비즈

　'회복되고 있다' 말하지만, 그 회복을 실감하지 못하는 계층이 있다. 풀을 아무리 많이 뜯어 줘도 먹을 기회가 주어지지 않은 염소가 있듯, 2천만 가구의 소득이 평균적으로 증가해도 텅 빈 주머니만 지켜보는 계층이 있다. 한국 경제의 규모가 성장할 뿐, 밀린 빚조차 갚기 힘든 기업도 있다. 총합과 평균은 증가하지만 에스컬레이터를 타고 올라가는 덩치 큰 염소들만 그 회복을 실감할 뿐, 작은 염소들은 힘없이 계단을 내려가고만 있다. 이제 다시 살피고 물어봐야 한다. 'K자형 회복'은 정말 회복인가?

자산을 보유했는가?
소득이 전부인가?

코로나19의 충격이 '쾅' 하고 작용했다지만, 모두에게 '경제적 충격'이 있는 것은 아니다. 실제로 소득이 줄어든 가구는 몇이나 될까? 안정적인 직장인들 대부분의 소득은 줄어들지 않았다. 여행을 못 가고, 데이트를 못 하고, 사람을 못 만나는 자유의 충격, 심리적 충격이 있을 뿐 사실 경제적 충격은 없었다. 오히려 돈 쓸 데가 별로 없었다. 삼시 세끼 집에서 해결하고, 재택근무로 교통비와 아이 양육비 지출도 줄었다. 긴급재난지원금을 받거나 집 가격이 오르면서 실질적인 소득은 늘어난 셈이다.

또한 돈의 가치 하락으로 집 가격이 올랐다. 2020년 자산 가치는 3.1%나 상승했고, 아파트 가격은 12.7% 상승했다(한국부동산원, 2020년 12월 전국 아파트 평균 매매가격의 전년 동월 대비 상승률 기준). 2021년까지 완화적 통화정책 기조가 유지되면서 자산 가치는 매우 가파르게 상승하고 있다. 가계동향조사에 따르면, 2021년 2분기 재산소득이 전년 동기 대비 55.9%나 증가했다. 코로나19의 경제 충격을 극복하기 위해 역사상 가장 낮은 기준금리를 도입하고 처음으로 무제한 양적완화를 실시했다. 2020년의 4차 추경 단행은 1961년 이후 처음이었으며 긴급재난지원금은 아예 처음이었다. 2021년에도 역사상 최대 규모의 추경이 실시되었고 소상공인 희망회복자금 등의 재정 투입이 이루어졌다. 소위 '헬리콥터 머니'라 할 만큼 엄청난 유동성이 시중에 공급된 것이다.

돈의 가치가 엄청나게 하락하면서 자산을 보유하지 못한 자, 즉 소득이 전부인 자는 경제적 충격을 피할 수 없었다. 코로나19 이전에도 소득의 증가세는 둔화하고 있었는데, 2020년에는 소득 증가율이 1.6%로 떨어졌고 2021년 가구소득은 이마저도 못 미친다. 2021년 2분기 경상소득은 전년 동기 대비 -3.2%로 감소했다. 대규모 정부 지원금(공적 이전 소득)이 없었다면 예상하기 어려운 심각한 수준으로 분석된다. 내 집 없이 살아가는 세입자들은 높아진 전셋값에 허덕일 수밖에. 실제 2020년 전세 가격은 10.8% 상승했다(한국부동산원, 2020년 12월 전국 아파트 평균 전세 가격의 전년 동월 대비 상승률 기준).

2021년에도 전세난과 전세가 상승세는 지속되고 있다. 사상 유례 없는 저금리로 집주인들은 전세를 월세로 전환해 나갔다. 월세 선호

자산 및 소득 증가율 추이와 전망

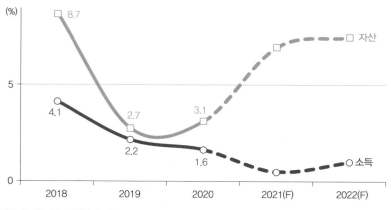

자료: 통계청, 〈가계금융복지조사〉
주: 소득은 전년도 경상소득 기준.

현상으로 수도권에서는 전셋집 찾기가 '하늘의 별 따기'였다. 소득은 늘지 않았는데 높아진 전셋값을 어디서 마련하란 말인가? 에스컬레이터를 탈 기회는 자산을 보유한 자에게만 제한되었고, 자산이 없으면 계단을 내려가야만 했다. 양극화가 가중된 것이다.

디지털 갭Digital Gap,
또 다른 양극화 요소가 등장하다

팬데믹 경제 위기는 디지털 경제Digital Economy를 앞당겼다. 재택근무를 실시하면 회사 업무에 차질이 생길 줄 알았는데 해보니 큰 문제가 없다는 것을 깨달았다. 어린 학생들이 어떻게 원격수업을 할 수 있을까 걱정했지만, 이마저도 우린 적응했다. 정년을 얼마 안 남긴 교수들도 카메라 앞에서 강의하기가 여간 어색하지 않을 수 없었는데, 오히려 비대면 강의에서의 장점들을 찾게 됐다. 인터넷 뱅킹과 온라인 쇼핑에 익숙지 않았던 어르신들도 디지털 플랫폼의 편리성을 발견하기 시작했다.

기업들은 좋든 싫든 디지털 전환을 단행해야만 했다. 디지털 기술과 솔루션을 앞다퉈 도입하는 과정에서 디지털 트랜스포메이션이 가속화된 것이다. 적어도 몇 년은 지나야 나타날 미래가 눈앞의 현재가 되었다. 전문가들뿐만 아니라 대중에게도 언택트Untact라는 용어가 일상으로 들어왔다. 화상 미팅 플랫폼을 도입하고, 비대면 환경에서도 소비자들이 체감할 수 있는 VR 기술에 투자하고, 비대면 수출 계약 시스템을 활용해 계약을 성사시켰다. 인공지능 챗봇을 확충해 소비자들과 소통하고, 언택트 채용 솔루션을 도입해 신규 인력을 충원했으며, 키오스크를 확대해 오프라인 매장에서도 비대면화를 이루었다.

그에 따라 디지털 기업과 전통 기업과의 격차, 디지털 갭Digital Gap이 나타났다. 디지털 플랫폼 기업, 디지털 기술과 솔루션을 공급하는 기업에는 상당한 기회가 찾아왔지만, 전통 기업이나 중소기업들은 그렇지 못했다. 코스피를 구성하는 시가총액 상위 기업들의 구성도 이를 반영하듯 바뀌었고, 빅데이터나 인공지능 기술 등을 확보하기 위한 대기업들의 M&A도 확대되고 있다. 반면, 여력이 없는 전통 기업들은 자금 확보를 위해 사업 부문을 매각해 나갔다. 디지털 기술을 도입하거나 새로운 비즈니스 모델을 그려나갈 만한 여유조차 없다. 한 푼 두 푼의 원가 절감을 위해 고전하는 중소기업들은 오늘 내일을 이겨내기 위해 안간힘을 낼 뿐, 먼 미래를 대응하는 것은 그림의 떡일 뿐이다.

사회적 거리 두기와 셧다운 조치는 언택트 사회로의 전환을 이끌었고, 홈코노미homeconomy가 찾아왔다. 원격수업을 받는 아이들과 재택근무 하는 부모들이 집에 머물며 삼시 세끼를 함께하다 보니, 온라인 쇼핑이 폭발적으로 늘 수밖에 없지 않은가? 중요한 건 코로나19 충격에도 소매 판매가 줄지 않았다는 점이다. 소매 판매액은 2019년 약 473조 원에서 2020년 약 475조 원으로 증가했다. 전체

온라인-오프라인 쇼핑 거래액 증감률 추이

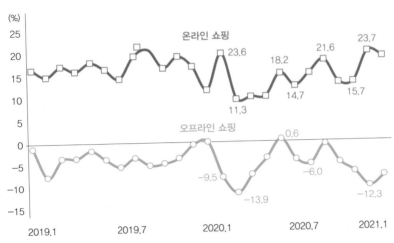

자료: 통계청, 〈서비스업동향조사〉, 〈온라인 쇼핑동향조사〉
주1: 오프라인 쇼핑 거래액은 소매 판매액에서 온라인 쇼핑 거래액을 차감하여 계산.
주2: 전년 동월 대비 증감률 기준.

소매 판매액이 늘었지만 온라인 쇼핑 거래액이 폭발적으로 늘었을
뿐, 오프라인 쇼핑 거래액 증감률은 코로나19 발생 이후 줄곧 마이
너스다. 디지털 기업과 전자상거래 기업들만의 세상이었지, 가게 문
열고 장사하던 자영업자들에겐 '죽음의 계곡'을 건너는 심정이었다.

고용 충격도
모두의 것이 아니다

코로나19의 고용 충격도 사람을 봐가

며 찾아왔다. 유례없는 팬데믹 경제 위기에도 상용 근로자[1]는 지속적으로 증가했다. 상용 근로자는 2019년 1,421.6만 명에서 2020년 1,452.1만 명으로 증가했다. 2020년 이후 매 분기 상용 근로자는 증가 속도가 둔화했을 뿐 지속해서 증가했다. 2021년 1분기 상용 근로자는 1,478.7만 명으로 증가세를 유지하고 있다.

충격을 이겨내기 어려웠던 자영업자는 2019년 560.6만 명에서 2020년 553.1만 명으로 감소했다. 이후 내내 감소세를 지속하며 2021년 1분기에는 538.8만 명에 다다랐다. "이토록 어려울 수 있을까" 눈물 섞인 자영업자들의 한마디는 거시지표로 경제를 판단하며 책상 앞에 앉아 있는 내 가슴을 쿵쿵 때리기도 한다. 숫자 하나에 담긴 깊은 의미를 배우고 사전에서 찾을 수 없는 해석을 전해 듣는 것이다.

경제 충격이 대면 서비스업 중심으로 나타났기 때문에 숙박·음식, 도·소매, 예술·스포츠·여가, 개인 서비스 등의 산업에 집중적으로 분포되어 있는 자영업자들이 구조조정된 것이다. 특히, 2021년 하반기까지 코로나19 확진자가 증가하고 4단계의 강화된 거리 두기 조치가 시행되면서 폐업자는 늘고 있다. 위기 상황에도 소비는 이루어졌지만 그 소비가 전자상거래 등의 비대면 서비스로 이동함

---

1 상용 근로자(Regular employee)는 임금 근로자 중 개인, 가구, 사업체와 1년 이상의 고용 계약을 맺은 사람 또는 일정한 기간의 고용 계약을 하지 않았으나 정해진 채용 절차에 따라 입사해 인사관리 규정을 적용받거나 상여금, 퇴직금 등 각종 수혜를 받는 사람을 말한다. 근속 기간이 1년 이상일지라도 계약 기간이 1년 미만이거나 임시 또는 일용인 경우에는 상용 근로자가 아니다. 실제 근무한 기간(근속 기간)이 1년 이하일지라도 상용직으로 계약하고 채용된 경우 상용 근로자다. (통계청, 통계표준용어)

에 따라 기회를 맞이한 디지털 플랫폼 기업들과는 전혀 다른 세상을 맞이한 것이다.

사실상 고용 충격은 임시 근로자[2]와 일용 근로자[3]에게 돌아갔다. 고용 안정성이 현저히 떨어지는 임시·일용 근로자들은 해고 1순위 대상자였을 법. 임시·일용 근로자는 2019년 622.4만 명에서 2020년 581.1만 명으로 급감했다. 2020년 2분기 -10.1%로 급감했고, 이후로도 가장 큰 감소세에 있다. 2021년 1분기에는 임시·일용 근로자가 537.9만 명에 이르렀다. 고용 충격은 모두에게 온 것이 아니라 근로 안정성이 떨어지는 일부 계층에 집중되었던 것이다. 이러한 경기 변화뿐만 아니라, 자영업자가 고용한 단기 '알바생'이 지켰던 판매대가 키오스크로 대체되는 등 구조적 변화가 맞물리면서 충격은 더 심했다. 하나의 일자리를 놓고 다른 알바생과 경쟁하는 게 아니라, 기계와 경쟁하게 된 모습이다.

---

2 임시 근로자(Temporary employee)는 임금 근로자 중 고용 계약 기간이 1개월 이상 1년 미만인 사람 또는 일정한 고용 계약을 하지 않았으나 1개월 이상 1년 미만의 기간 동안 사업 완료의 필요에 의해 고용된 사람을 말한다. 같은 사업체에 1년 이상 근무하였으나, 계약 기간이 1개월 이상 1년 미만이거나 처음부터 임시직으로 고용 계약을 체결한 사람이 해당된다. (통계청, 통계표준용어)

3 일용 근로자(Daily worker)는 임금 근로자 중 개인, 가구, 사업체와 1개월 미만의 고용 계약을 맺은 사람 또는 일일 단위로 고용되어 근로 대가를 일급이나 일당제로 받고 있는 사람을 말한다. 건설노무자, 행사 도우미, 가사 도우미 등 그때그때 일을 얻거나 호출되어 일을 수행하고 일급 또는 일당제로 급여를 받는 사람이 해당된다. (통계청, 통계표준용어)

종사상 지위별 취업자 증감률 추이

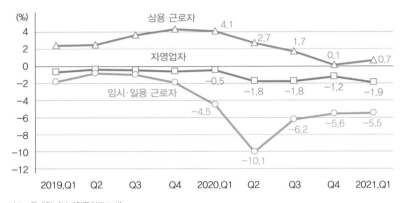

자료: 통계청, 〈경제활동인구조사〉
주: 전년 동기 대비 증감률 기준.

어떠한 대응이
필요한가

코로나19의 경제 충격은 모두의 것이 아니다. 작은 염소들만의 충격이다. 작은 염소들에 집중하자. 완화적 통화정책과 확장적 재정정책은 유지되어야 하겠지만, 이제는 규모의 정책이 아닌 표적이 명확한 정책Targeted Policy이 필요하다. 죽음의 계곡 앞에 서 있는 업종을 구분하고, 어떤 기업에 지원이 필요할지를 모색하며, 어떤 계층에 버팀목을 제공해야 할지 고민해야 한다.

먼저, 부동산 정책은 '집값 정책'이 아니라 '전셋값 정책'이어야 한다. 실거주자가 아니라 임차가구가 중요하다. 정책의 목적이 주거 안정 아니던가? 아니면 집값이었던가? 주거 안정을 위해서라면, 집값에 대한 논의는 뒤로 미루고 전세 공급을 늘리는 데 집중하자. 역으로 다주택자에게 혜택을 늘리더라도 말이다. 실거주자가 집 사는 것보다, 임차가구가 전셋집 찾는 게 먼저 아닌가?

둘째, 중소기업과 소상공인들이 성공적으로 디지털 전환을 시도할 수 있도록 지원해야 한다. 디지털 역량 강화 사업도 중요하지만, 단순히 기술을 연마한다고 모든 것이 해결되지 않는다. 비즈니스 모델을 어떻게 전환해 나갈지 같이 고민하고, 함께 그려나가야 한다. 산업 패러다임이 어떻게 바뀌는지 바로 알고, 어떻게 대응해야 할지 내일을 볼 수 있게 해야 하는 것이다. 컴퓨터를 지원해 준다고 스마트 팩토리가 되는 게 아니다. 다가올 내일을 그리지 않는 기업에 컴퓨터는 짐이 될 뿐이다.

셋째, 서민에게 물어야 한다. 서민 경제는 서민이 안다. 숫자와 글자가 서민 경제를 이야기해 주지 않는다. 숫자만 보면 경제 회복이 진전되고 있는 게 분명하지만, K자형 회복이 정말 회복인지를 신중하게 판단해야 한다. 2021년 2분기부터는 경제성장률이나 취업자 증감과 같은 경제지표들이 껑충 뛰어 오른 듯 보일 것이다. 기저효과에 따른 것이다. 숫자만으로 경제를 읽으면 잘못 해석할 수 있다. 임시·일용 근로자가 줄어 상용 근로자 비중이 늘어난 것을 고용 구조가 개선되었다고 해석하는 일이 없었으면 한다.

2022년 국가 운영 방향: 한국판 뉴딜 2.0

2021년 8월 31일, 2022년 예산안이 발표되었다.[4] 세금 걷는 데는 민감하면서 세금 쓰는 데는 둔감하다. 정부가 얼마만큼의 세금을 어떻게 쓸 것인지를 살펴보는 일은 곧 '대통령이 나라를 어떻게 경영할 것인지'를 가늠하는 일이 된다. 정부가 어느 분야에 중점을 두고 재정을 투입할 계획인지 확인하는 것은 한국 경제를 전망하는 데 있어 매우 중요한 요소다. 가계는 일자리, 복지, 교육 사업 등과 같이 어떤 정부 지원들이 강화될지 확인할 수 있으며, 기업은 R&D와

---

[4] 2021년 8월 31일 국무회의 의결을 거쳐 9월 3일 국회에 제출되었다. 12월 전후로 국회 확정된 예산이 발표될 것이다. 통상적으로는 국회 확정되는 과정에서 1~2조 원 수준의 예산 규모 조정과 부문별 예산 배분 조정이 있지만, 기획재정부의 예산안에서 크게 변화하진 않는다.

산업 육성 등의 예산을 통해 비즈니스의 기회를 엿볼 수 있다.

홍남기 경제부총리 겸 기획재정부 장관은 "내년도 확장재정 예산안은 코로나 위기의 '완전한 극복'과 코로나 이후의 '새로운 도약'에 초점을 맞췄다"라고 말하며, "국가 재정이 민생의 버팀목이 돼 코로나 이후 벌어진 격차를 줄여나갈 것"이라고 강조했다. 2022년 경제를 코로나19 위기 이전 수준으로 회복되는 회귀점에 비유했듯, 한국 경제가 정상적인 기조에 놓일 수 있도록 남은 최대 과제인 양극화 문제(「8. 'K자형 회복'은 회복인가?」 참조)를 해소하는 데 방점을 둔 예산안을 발표한 것이다.

─── 기본 개념 ───

재정정책, 예산안, 추경(추가경정예산)

정부(기획재정부)가 재정을 조정(세금을 걷거나, 세출을 늘림 등)함으로써 경기를 안정시키는 것을 재정정책Fiscal Policy이라고 한다. 경기 침체 시에는 가계와 기업의 조세 부담을 줄이고, 정부 지출을 확대해 일자리를 늘리는 등의 확장적 재정정책(적자 재정정책)을 가동한다. 반대로 경기과열 시에는 조세를 늘리고, 정부 지출을 줄여 물가와 경기를 안정시키는 긴축적 재정정책(흑자 재정정책)을 도입한다.

기획재정부는 매년 8월 말 혹은 9월 초에 예산안과 국가재정운용계획을 발표한다. 일반 가정과 크고 작은 기업이 향후 필요한 비용을 미리 계산해 예산안Draft Budget을 기록하듯 정부도 마찬가지다. 기획재정부가 발표하는 예산안은 이듬해의 나라 살림살이를 알 수 있는 '나라 가계부'와 같다. 정부는 예산안 발표를 통해 다음 한 해 나라를 어떻게 운영하겠다는 재정정책의 방향성을 공표하는 것이다.

추경은 예산이 성립한 후에 생긴 부득이한 사유로 변경하는 예산을 뜻한다. 즉, 국가 예산의 실행 단계에서 부득이하게 발생한 경비를 말한다. '이미 예상했던' 위협 요인이 발생했을 때가 아니라, '전혀 예상치 못했던' 외부 요인이 발생했을 때 추경을 편성하는 것이다.

2020년에는 예상치 못한 코로나19가 세계 경제를 마비시켜 놓았다. 한국 경제도 예외일 수 없었다. 보건·방역뿐만 아니라 경제적 충격에 대응하기 위해 정부는 2020년과 2021년 각각 4번, 2번 추경을 편성했다(2021년 9월 기준). 1970년대 이후로 6번에 이르는 추경은 처음 있는 일이었고, 규모 면에서도 2020년 약 59조 원, 2021년 약 49조 원에 이르는 엄청난 예산지출이 단행되었다. 6번의 긴급 추경편성에 대해

추경편성 추이

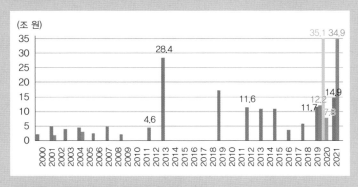

자료: 기획재정부(연도별 예산서, 2021년 9월 기준)
주1: 추경 규모는 세출 증가 및 세입 감소 등에 따른 재원 조달 규모를 의미함.
주2: ('20.1차)11.7조 원, ('20.2차)12.2조 원, ('20.3차)35.1조 원, ('20.4차)7.8조 원, ('21.1차)14.9조 원, ('21.2차)34.9조 원.

서는 적극적 재정 운용을 통해 위기를 극복했다는 긍정적 평가와 함께 과도한 국가부채로 재정 건전성을 악화시켰다는 비판적 평가가 공존한다.

2022년 재정정책과 통화정책의
'엇박자' vs. '공조'

2022년 예산안은 약 604.4조 원에 달한다. 역사상 처음으로 600조 원을 넘어서는 예산이다. 기존에 계획했던 2022년 예산안이 589.1조 원인 것과 비교해도 약 15조 원을 확대 편성한 것이니 엄청난 규모의 재정을 투입하는 확장적 재정정책에 해당한다.

문재인 대통령 정부가 출범한 2017년 이후 재정지출의 증가율은 7.1~9.5%로 매우 높게 지속됐다. 2017~2022년 연평균 증가율은 8.6%에 달한다. 2013~2017년 연평균 증가율이 4.2%라는 점을 보아도 대규모 재정지출이 있었음을 확인할 수 있다.

물론, 코로나19 팬데믹 위기는 2020~2021년 동안 정부 지출을 그 어느 때보다 확장해야 하는 상황에 놓이게 했다. 2020년과 2021년 6번에 걸쳐 편성한 추경 규모만 약 108조 원에 달한다. 보건·방역 인프라를 확충하고, 긴급재난지원금과 소상공인 버팀목자금을 지급하며, 사회적 거리 두기 시행에 따른 소상공인 매출 피해를 보존하는 등 대규모 긴급 자원이 필요했다.

2022년에도 대규모 예산지출을 계획했다. 2021년 8월 한국은행이 기준금리를 인상하면서 통화정책은 이미 긴축적으로 전환되었는데, 재정정책은 여전히 확장적으로 계획하고 있다는 면에서 '엇박자'라는 지적이 나온다. 하지만 경제가 회복되는 모습에서 아직 많은 변수가 남아 있고 양극화 해소와 고용 여건 개선 등과 같은 과제가 남아 있기 때문에 아직 충분한 재정의 역할이 필요하다는 생각이다. 통화정책이 긴축적으로 전환한 상황에서 재정정책마저 성급하게 움직이기보다는 통화정책이 못하는 역할을 보존하는 방식의 재정정책이라고 평가하고 싶다. 즉, 공조적 재정 운용이라 판단한다.

정부 예산안 규모 및 증감률 추이

자료: 기획재정부, 〈2022년 예산안〉

주1: (P)는 계획치(Plan)를 의미함.

주2: 2021년 예산안은 2차 추경 약 46.9조 원을 제외한 규모다.

'지출이 수입보다 커?'
걱정되는 국가채무

           2022년 예산안의 특징 한 가지는 지출이 수입보다 크다는 점이다. 2022년 세출(총지출)이 604.4조 원인데, 세입(총수입)은 548.8조 원이다. 증가율로 보아도 그렇다. 세출은 8.3%의 증가율로 계획했는데, 세입은 6.6% 증가에 머문다.

    사실, 이건 특이한 것도 아닌 게 돼버렸다. 2020년 예산안과 2021년 예산안에 이어 이번이 3번 연속 있는 일이기 때문이다. 매해 경제전망서를 발표하고, 예산안(재정정책)을 빼놓고는 경제전망을 논할 수 없기 때문에 이 부분은 명확히 하고 싶다(『한 권으로 먼저 보는 2020년 경제전망』과 『포스트 코로나 2021년 경제전망』 참조).

2021년과 2022년 정부 예산안 비교

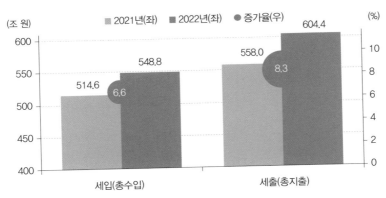

자료: 기획재정부, 〈2021~2025년 국가재정운용계획〉
주: 2021년 세출(총지출)은 2차 추경 약 46.9조 원을 제외한 규모다.

일반 가정에서 내년의 살림살이를 계획할 때 이렇게 하지는 않는다. 자영업자나 소상공인뿐만 아니라 중소기업과 대기업에 이르기까지 보통의 경제 주체는 마이너스로 예산을 계획하지 않는다는 뜻이다. 적자 재정을 계획했다는 면에서 국가채무가 과다한 것은 아닌지 확인해 봐야 한다.

코로나19 위기를 만나면서 껑충 뛴 국가채무는 2020년 805조 원에서 2021년 965조 원으로 19.9% 증가했다. 그래프를 눈으로 보아도 쉽게 파악될 만큼, 역사상 이토록 국가채무가 빠르게 증가한 적이 없었다. 2022년에는 국가채무가 1,000조 원을 넘어서는 원년이 될 전망이다. 2021년에 이어서 역사상 두 번째로 높은 증가율인 10.7%로 누적된 국가채무는 1,068조 원에 달할 전망이다.

경제는 역동적이지 못한데, 지출은 역동적이다. 문제는 여기에 있다. 나랏빚의 증가 속도가 경제의 성장 속도보다 빠르다. 한국의 잠재성장률이 2.5% 수준인데, 국가채무는 2년 연속 두 자릿수 증가율을 보일 것이다. 기획재정부는 2022년 들어 'GDP 대비 국가채무 비중'이 50.2%를 기록할 것으로 전망한다. 이 역시 역사상 처음으로 50%대를 초과하는 시작점이다. 저성장뿐 아니다. 저투자, 저소비, 저고용, 저출산 등 모든 것이 '저·저·저'인데, 나랏빚만 이렇게 높게 쌓이면 경제에 상당한 부담이 될 수밖에 없다.

국가채무 규모 및 GDP 대비 비중 추이

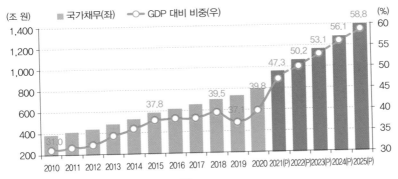

자료: 기획재정부, 〈2021〜2025년 국가재정운용계획〉
주: (P)는 계획치(Plan)를 의미함.

용돈, '규모'보다
'어떻게 쓰는지'가 더 중요해

어린이 용돈에 비유해 보자. 용돈을 많이 받는 어린이가 더 건강할까? 아무리 많은 용돈을 받아도 불량식품 사 먹는 데만 쓴다면 그렇지 않을 것이다. 용돈의 규모보다 아이가 그 용돈을 어디에 쓰는지가 더 중요하다. 양서를 읽고, 좋은 놀이를 하는 데 용돈을 쓰는지, 아니면 허튼 데다 용돈을 쓰는지에 따라 아이의 내일은 달라진다.

정부 예산도 그렇다. 예산의 규모도 중요하지만, 사실 예산지출의 방법이 더 중요한 것이다. 빚져서 마련한 예산이니만큼, '어디에 쓸 것인지'가 더욱 중요한 시점이다. 적극적인 예산지출로 경제 주체들의 적극적인 경제활동을 이끈다면, 법인세, 소득세, 부가가치세 등의 세수가 증가해 경제의 선순환 구조를 이끌 수 있다.

이제 예산이 주로 어디에 쓰이는지 들어가 보자. 정부 예산은 주로 '양극화 해소'와 '경제 도약'에 초점을 두고 있는 모습이다. 2022년 총지출의 증가율은 8.3%인데, 이를 상회하는 영역이 보건·복지·고용, 교육, 환경, R&D, 일반·지방행정이다. 2021년 환경, R&D, 산업·중기·에너지, SOC와 같은 경제 부문을 중심으로 예산이 증가했었던 것과는 상당히 달라진 모습이다.

먼저, 양극화 해소에 집중하고 있다는 것은 보건·복지·고용, 교육, 일반·지방행정 분야의 예산을 통해 확인할 수 있다. 보건·복지·고용 예산의 경우 코로나19 이후 벌어진 격차를 해소하기 위해 소상공인의 손실 보상을 확대하고, 한부모 가족 등 취약계층의 회복 지원에 중점을 두고 있다. 또한, 노인·장애인 등 고용 취약계층에게 105만 개의 직접 일자리를 공급하고 중소기업의 청년 채용 장려금도 신설할 것이다. 교육의 경우 저소득층 학습을 위한 특별 바우처를 신설하고, 기초생활수급자와 차상위계층에게 국가장학금을 확대 지급할 계획이다(반값 등록금 완성). 일반·지방행정은 수도권과 지방의 양극화 문제를 해소하는 데 집중하고 있다. 지방 소멸 대응을 위한 재원을 대폭 확충하고, 국가균형발전 프로젝트[5]를 본격 추진할 계획이다.

---

5 국가균형발전 프로젝트에는 서남해안 관광도로, 동해선 단선 전철화 공사·착공 등 18개 SOC 사업을 가속화하고, 광주 인공지능 집적단지, 전북 상용차 산업 혁신 성장, 전남 수산식품 수출단지 등 5개 특화·전략 산업을 본격 육성하는 것을 골자로 하고 있다.

정부 예산안의 분야별 증감률

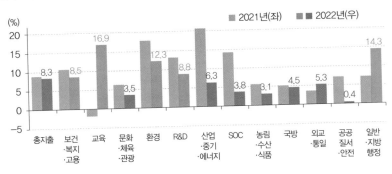

자료: 기획재정부, 〈2022년 예산안〉

주: 2021년은 국회 통과 후 확정 예산을, 2022년은 국회 통과 전 예산안을 기준으로 함.

한편, 경제 도약의 그림도 담겨 있다. 환경과 R&D 부문의 예산을 2021년에 이어 큰 폭으로 증대시키고 있다. 환경 예산은 저탄소 전환 등 2050 탄소중립을 이행하고, 대기·물·폐기물 등 생활환경 개선에 중점적으로 투자할 계획이다. 그린수소 생산단지를 조성하고, 온실가스 저감 설비를 지원하며, 친환경차가 보급될 수 있도록 인프라를 구축하는 것 등이 핵심적인 정책 방향이다. R&D 예산은 한국판 뉴딜 2.0을 성공적으로 완성하는 데 초점을 두고 있다. 메타버스 플랫폼, 인공지능 반도체 등의 핵심 기술 개발을 추진하고, 클라우드와 빅데이터 인프라를 확대하며, 6G와 자율주행차 등의 미래 주력 산업을 육성할 계획이다. 그 밖에 2022년 예산안이 강조하고 있는 내용은 다음 자료를 통해 확인하길 바란다.

2022년 12대 중점 프로젝트

자료: 기획재정부

2022년
예산안과 전략

　　　　　　　　　한 푼의 예산도 헛되이 쓰이면 안 된
다. 사상 최대의 마이너스 재정을 도입하는 만큼, 재정의 운용 방법
이 매우 중요하다. 2021년까지는 코로나19의 충격에서 극복하기 위
해 적자 재정이 불가피했다고 판단된다. 하지만 2022년 이후의 예
산은 다르게 운용해야 한다. '정부의 예산 투입 → 기업의 투자 →
고용 확대 → 가계의 소득 증가 → 소비 진작'과 같은 선순환 구조
를 만들어야 한다. 즉, 세출이 세수로 연결되도록 해야 한다. 그렇지

않으면 적자 재정은 또 다른 적자 재정을 낳는다.

기업은 2022년 예산안에서 다양한 사업 기회를 찾고, 성장 전략을 짜야 한다. 특히, 한국판 뉴딜 2.0 사업에는 어떠한 산업을 육성하고, 미래 기술에 지원할 것인지가 자세히 담겨 있다. 그린수소, 폐기물의 에너지화, 재생에너지 인프라, 전기차 충전 인프라, 수소충전소, 이산화탄소 포집 장치ccus 등과 같은 그린 뉴딜에 해당하는 사업 기회가 있다. 메타버스 플랫폼 및 서비스, 미래형 반도체, 인공지능, 블록체인, 사이버 보안, 클라우드, 6G, 자율주행차 등과 같은 디지털 뉴딜 영역도 빼놓을 수 없다. 지역별 첨단산업단지를 건립하고, GTX를 비롯한 교통 인프라를 확충하는 등의 지역 균형 뉴딜도 고려해야 한다. 중소기업들은 영위하고 있는 사업 영역과 관련한 사업들을 수주하거나 지원책들을 활용하고, 대기업들은 관련 혹은 비관련 사업 전반에서 다각화를 검토해야 한다.

정부 예산안은 '나'의 삶과도 밀접하게 관련 있다. 가계는 투자 판단, 생활 지원, 자기 계발, 진로 설정 등에 관한 의사결정에 예산안을 참고할 수 있다. 정부가 중장기적으로 어떠한 기술과 산업에 중점을 두고 있는지를 보고 그러한 영역을 선도하거나 수혜를 받는 기업들을 검토하는 것은 중장기 주식투자 방향을 계획하는 데 지침이 될 것이다. 또한, 취약계층을 위한 직·간접적인 지원책들을 계획하고, 다양한 일자리 기회도 제공할 것이다. 온 국민 평생 배움터, 영재 키움 프로젝트, 디지털 역량 강화 사업 등과 같은 자기 계발의 기회도 있다. 진로 설정에 있어서도 폐업 및 재기 지원, 창업 교육, 소상공인의 온라인 판로 지원과 같은 사업 지원과 소프트웨어 아카데미, 산업 전문 인력 AI 교육, 반도체 설계 전문 인력 양성 등과 같은 핵심 사업이 있다. 2022년에 계획된 정부의 지원책들을 활용해 더 나은 '나'로 발전할 수 있도록 해야겠다.

탄소중립Net-Zero 선언과
가까워진 순환 경제

이승엽이라 해도 눈 가리고 홈런을 칠 수는 없다. 조용필도 숨 안 쉬고 노래할 수 없고, 우사인 볼트도 짐을 지고 신기록을 낼 수 없다. 기업 또한 이산화탄소를 저감하면서 가격 경쟁력을 유지하기란 결코 쉬운 일 아니다.

쉬운 일이 아니라도 해야만 하는 일이 있다. 환경을 지키는 일이다. 경제활동은 환경자원을 사용하는 일이고, 환경자원은 희소하기 때문에 지속적으로 사용(생산, 소비)하는 데 한계가 있다. 사용된 환경자원만큼 폐물질이 발생함을 설명하는 경제학 이론을 '물질균형 모형'이라고 한다. 이론에 따르면 폐물질을 재활용하고 자연을 복원하지 않으면 인류는 지속 가능할 수 없다.

물질균형모형

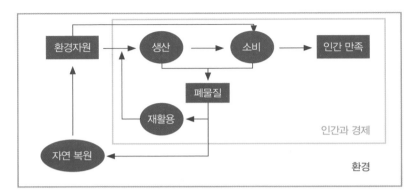

――――――― 기본 개념 ―――――――

생산가능곡선과 지속가능성장

생산가능곡선production possibilities curve은 한 사회가 주어진 모든 자원을
효율적으로 이용해 최대한으로 생산할 수 있는 상품의 조합을 말한다.
(1)기존의 환경자원은 E0만큼 존재한다. 한 사회가 C*만큼 소비하면,
환경자원은 E*만큼 남게 된다. (2)생산가능곡선은 수축하고 만다. 즉,
환경자원의 규모가 줄어듦에 따라 최대한 생산할 수 있는 규모도 줄어
든다. (3)환경보존이나 폐기물의 재활용 등과 같은 노력이 있을 때, 환
경자원이 E1으로 유지된다. (4)생산가능곡선이 다시 팽창하고, 사회는
C*만큼 소비할 수 있다.

지속가능성장Sustainalbe Development은 환경과 경제 성장의 조화를 추
구하는 발전을 말하며, 경제 성장과 환경보전 사이에 상호 보완관계

complementarity가 있다는 논리에 근거를 둔다. 진정한 성장은 환경보전과 병행해서 이루어지는 것이 바람직하며 장기적으로 환경·자연자원을 보호하는 것이 뒷받침될 때 경제 성장도 가능하다는 견해다.

생산가능곡선과 지속가능성장

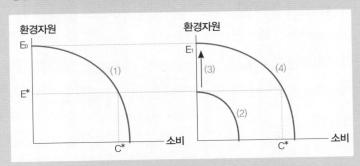

이러한 환경보전을 위한 다양한 노력 중 하나가 탄소배출권 거래제ETS, Emission Trading Scheme다. 오염세(배출부과금)가 오염 활동의 가격을 통제해 쾌적한 환경을 유지하고자 하는 정책 수단이라면, 탄소배출권 거래제는 오염 활동의 양을 직접 관리하는 정책 수단이다. 지구 온난화를 막기 위한 기후변화 협약에 따라 교토의정서에서 '온실가스 배출권 거래 제도'가 도입되었다. 국가별로 경제 규모와 상황을 고려해 온실가스 배출 허용량을 할당받고, 허용량 미만으로 온실가스를 배출할 경우 그 여유분을 다른 곳에 팔 수 있다. 반대로 할당량을 초과했다면 탄소배출권을 사야 한다. 경제 주체들에게 탄소 배출을 억제하기 위한 강력한 수단으로 활용될 전망이다.

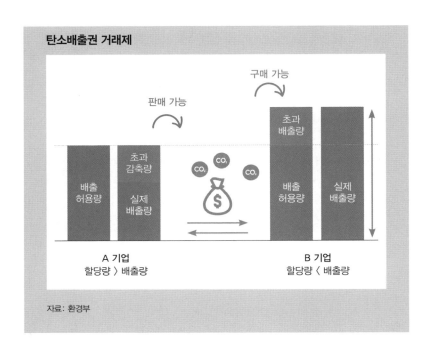

탄소배출권 거래제

구매 가능

판매 가능

초과
배출량

초과
감축량

배출
허용량

배출
허용량

실제
배출량

실제
배출량

A 기업
할당량 〉 배출량

B 기업
할당량 〈 배출량

자료: 환경부

국제사회의 본격적인
기후변화 대응

           파리기후협약이 2021년 1월 1일 발효
되었다. 이미 2015년 12월 195개국이 만장일치로 온실가스 감축을
약속했었고[6] 2020년 말까지 온실가스 감축 목표를 설정한 구체적인
이행 계획안을 제출했다. 즉, 2020년까지는 준비 기간이었고 2021년

---

6   파리기후협약은 대부분의 국가가 5년마다 목표를 상향하면서 온실가스 감축 의무를 이행해야
      한다. 2020년 말 종료된 교토의정서에 비해 강력하다.

부터 본게임이 시작된 것이다.

세계적으로 레이스 투 제로Race To Zero 캠페인의 열기가 뜨겁다. 이는 유엔기후변화협약UNFCCC이 적극적인 기후변화 대응 노력을 촉구하고, 2050년까지 전 지구적 '탄소 배출 제로'를 달성하기 위해 2020년 6월을 기점으로 출범한 캠페인이다. 2021년 8월 기준으로 733개 도시, 31개 지역, 3,067개 기업, 173개 투자자, 622개 대학 등 전 세계 탄소 배출의 25%, GDP의 50%를 차지하는 실질적 경제 주체들이 참여하고 있다. 출범 이후 국내에서는 서울시, 대구시, 춘천시, 부산시, 수원시가 가입한 상황이며(2021년 8월 현재 기준), 향후 빠른 속도로 참여 주체가 늘 것으로 전망된다.

레이스 투 제로 캠페인 참여 주체

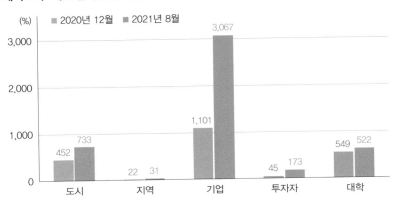

자료: UNFCCC

2021년 11월 1일, 제26차 유엔 기후변화협약 당사국 총회COP 26
가 영국에서 개최될 예정이다. 총회를 앞두고 다양한 주체들이 레
이스 투 제로 캠페인에 참여할 것을 독려하고 있다.[7] 이 캠페인에 참
여하기 위해서는 필수 조건이 있다. 참여 주체는 탄소 제로 달성을
위한 단기·중기 계획을 2021년 12월까지 공표하고, 그 이행 과정을
UNFCCC에 보고해야 한다. 상당한 제약이 있는 캠페인임에도 불구
하고 세계 주요 주체들의 참여가 늘고 있다. 2021년 총회를 계기로
세계 주요 경제 주체들은 2022년부터 기후변화 대응에 집중해 나갈
것으로 보인다.

글로벌 탄소중립 경주와
친환경산업 선점 경쟁

　　　　　　　　　　국제사회에서 탄소중립carbon neutral에
대한 논의가 고조되고 있다. 탄소중립은 온실가스 배출량(+)과 흡수
량(-)을 같도록 즉, 넷 제로Net Zero 상태를 만들어 온실가스가 더는 증
가하지 않는 상태를 유도하는 것을 말한다. 다양한 국가에서 배출량

7　전 세계 지방 정부의 UNFCCC 레이스 투 제로 캠페인 참여는 이클레이(ICLEI)를 공식 채널로
하고 있다. 이클레이는 캠페인 참여를 독려하는 다양한 파트너들(GCoM, C40, CDP, UCLG,
WWF, WRI 등)과 함께 공식 등록 페이지를 오픈했다(www.citiesracetozero.org). 참여 절차
는 다음과 같다. 먼저 이클레이 한국 사무소에 참여 사실을 알리고, 이를 접수한 한국 사무소
는 이클레이 세계 본부에 참여 사실을 전달하게 된다. 이후 세계 본부와 이클레이 한국 사무
소의 지원으로 레이스 투 제로 홈페이지에 참여 사실 및 서약을 작성하면, 이클레이 세계본부
에서 UNFCCC 레이스 투 제로 팀에 해당 사실을 보고한다.

을 줄이고 산림 등을 조성해 흡수량은 늘리는 계획을 세우고 있다.

최근 세계 주요국들이 탄소중립을 선언하고 있다. 코로나19의 대혼란 속에서도 EU, 일본, 미국 등은 '2050 탄소중립'을 선언했고, 중국마저 '2060 탄소중립'을 선언했다. 영국은 이미 2019년에 탄소중립을 선언하고 가장 먼저 법제화에 나섰다. 2021년 5월 독일은 기후변화대응법 개정안을 의결, 확정함으로써 탄소중립 달성 목표를 5년 앞당긴 2045년을 목표로 했다. 세계 각국은 탄소중립을 선언하고 법제화하며 비즈니스 기회를 모색할 것으로 보인다.

WEFWorld Economic Forum는 〈The Global Risks Report 2021〉을 통해 기후변화가 세계에 가장 영향력 있고, 발생 가능성도 큰 위협임을 강조했다. 한편, 〈The Global Competitiveness Report〉를 통해 기후변화 대응은 세계 각국이 코로나19의 경제 충격으로부터 회복되는 경로에서 가장 많은 기회를 줄 것임을 강조하기도 했다.

EU는 기후변화 대응에 가장 적극적인 권역이다. EU 집행위는 1조 유로 이상의 투자 계획을 수립했다. 기후변화 대응을 통해 비즈니스 기회를 선점하기 위한 노력에 집중하고 있다. 내부적으로는 폐전자제품, 배터리, 포장재 등을 재활용하고, 미세 플라스틱 사용을 제한하는 등 순환 경제를 이룰 구체적인 행동 계획들을 추진하고 있다. 또한 그린수소와 바이오 연료 등의 친환경 원료 사용을 촉진하며, 재생에너지 기반을 선도할 계획이다. 한편 외부적으로는 탄소국경조정제도를 도입해 자국 산업을 보호하기 위한 움직임을 이끌고 있다. EU 권역 내에는 강력한 환경규제를 도입하고, 탄소 저감 노력이 부족한 해외 수입품에 대해서는 관세를 부과해 EU 기업들에게 경쟁력을 확보할 기회를 주는 전략이다.

미국의 탄소중립 노력은 돌풍 같다. 바이든이 가장 중점을 두는 영역이 환경정책이기 때문이다. 트럼프가 정권 기간 동안 파리기후협약 탈퇴를 공식 통보(2019년 11월)했으나, 바이든 대통령은 취임 당일 파리기후협약에 가입하는 행정명령에 서명했다. 바이든과 트럼프가 환경정책 면에서 얼마나 극단적으로 다른 목표를 갖고 있는지 확인할 수 있는 대목이다. 탄소국경조정세는 EU에서 2023년 도입할 예정이지만, 바이든 행정부가 들어선 미국도 적극적으로 검토하고 있다. 코로나19 이후 대규모 경기부양책으로 그린 뉴딜 사업에 중점을 두고 있고, 태양광 지붕 800만 개, 태양광 패널 5억 개, 풍력터빈 6만 개를 설치할 계획이다. 또한 정부 차량 300만 대와 스쿨버스 50만 대를 친환경차로 교체하고, 전기차·수소차 인프라를 구축해 나갈 것이다.

기후변화 대응에 미온적이었던 중국이지만, 유망 산업에도 미온적일 수는 없다. 유망 산업으로 부상하는 친환경산업 경쟁에 전격 뛰어드는 모습이다. 2020년 9월 시진핑 주석은 유엔총회 화상회의에서 '2060 탄소중립'을 선언했다. '세계의 공장' 중국은 제조공정의 탄소 저감 노력보다는 친환경차와 신재생에너지 산업에 상당한 정책 지원을 집중하고 있다. 세계 각국이 자동차 배기가스 규제를 강화하고 탄소국경조정제도 도입을 추진하고 있기 때문에 비즈니스 차원에서라도 뒷짐지고 있을 수만은 없는 상황이다. 세계 주요국들의 태양광 발전, ESSEnergy Storage System(에너지 저장 장치), 풍력 발전, 전기차 충전 인프라 등의 건설 발주가 증가하고 있어서다. 친환경산업 내 핵심 기업을 집중적으로 육성해 기술혁신을 이끌 수 있도록 산업 보조금과 다양한 인센티브를 마련하고 있다.

한국의 탄소중립 선언과
탄소배출권 거래제 3기 돌입

한국도 2020년 12월 '2050 탄소중립'을 선언했다.[8] 정부의 비전은 '능동적 대응'을 강조하고 있다. 행간을 보면 친환경산업의 비즈니스 기회를 포착한다는 목표를 읽을 수 있다. 수소차·전기차 보급을 확대하고, 충전 인프라를 확충해 친환경 자동차로의 전환을 가속화한다는 계획이다. 철스크랩과 폐플라스틱 사용을 확대하고, 폐배터리나 태양광 폐패널 등 미래 폐자원 재활용 체계를 구축해 순환 경제로 도약할 수 있도록 사업 지원을 강화할 것이다.

탄소배출권 거래제 3기(2021~2025년)가 시작됐다. 2020년 12월 환경부는 684개 업체를 대상으로 탄소 배출 할당량을 부여했고, 이는

---

8 관계부처 합동(2020.12.7.), 〈'2050 탄소중립' 추진 전략〉

2017~2019년 동안의 온실가스 배출량 대비 -4.7%로 배출 허용량을 제한했다. 정부는 탄소배출권 거래제 1기 기간(2015~2017년)에는 기업 할당량을 100% 무상으로 나눠줬으며, 2기(2018~2020년)에는 유상할당 비중을 3%로 설정했다. 3기(2021~2025년)에는 유상할당 배출권 비중을 10%로 설정했고 이는 경매 방식으로 공급된다. 기업은 동일한 규모의 탄소를 배출하더라도 더 많은 탄소배출권을 사들여야 하는 것이다.

탄소배출권 거래 시장이 다시 커지고 있다. 탄소배출권 시장이 개설된 2015년 약 139억 원에 달하는 거래액을 기록한 후, 2018년에는 약 3,970억 원으로 성장했다. 2019년 약 2,599억 원 규모로 축소되었으나, 2020년에는 약 3,725억 원 규모로 다시 성장하고 있다.

탄소배출권 거래 가격과 거래 규모 추이 및 전망

자료: KRX 배출권 시장 정보 플랫폼

주: 2021년 거래액과 평균 가격은 2021년 5월 17일 기준 추정치.

2021년에도 거래량 증가는 마찬가지다. 특히, 탄소배출권 평균 거래 가격은 2015년 11,184원에서 2020년 29,145원으로 상승세를 지속해 왔다. 탄소 배출을 획기적으로 감축하는 기술은 단기간에 확보되기 어렵다. 2022년에는 탄소 배출을 줄이는 기술 개선보다 탄소 배출 압력이 더욱 강하게 작용할 것으로 보인다. 따라서 탄소배출권 거래 시장이 더욱 활성화되리라 전망한다.

세계 시장도 움직이고 있다. 전 세계에서 가장 큰 탄소배출권 시장(약 74%)인 유럽의 탄소배출권 거래 가격이 상승세를 보이자 개인 투자자들이 뛰어들고 있다. 탄소배출권 선물 가격을 추종하는 ETF가 상장되면서 많은 투자자가 시장에 진입했다. 특히, 크레인셰어

KFA 글로벌 카본 ETF(KRBN)

자료: KraneShares

즈 글로벌 카본 ETF(KRBN)는 EU와 미국 캘리포니아 및 미국 북동부 지역의 탄소배출권 선물 가격을 추종한다. 2020년 7월 말 대비 2021년 6월 30일 기준 수익률이 81.6%에 달하며, S&P 500 수익률(33.26%)을 크게 상회한다. 전 세계적으로 환경규제를 강화해 나감에 따라 탄소배출권 수요가 지속적으로 늘어날 것으로 전망한다. 기업의 온실가스 저감 속도가 정부의 정책 기준에 못 미칠 경우 탄소배출권을 확보해야만 하기 때문이다.

탄소 '중립'으로
신산업을 '가속'하라

세계 주요국들의 환경규제 강화와 탄소세를 도입하는 등의 움직임을 주지할 필요가 있다. 새로운 보호무역주의의 수단으로 등장할 것이고, 변화하는 각국의 제도에 선제적으로 준비하지 않으면 쉽게 시장을 잃을 수 있다. 선진국들의 압력으로 신흥개도국들도 차츰 기후변화 대응에 나서야 할 것이다. 특히 코로나19가 완화되는 시점에 그러한 국제적 움직임이 더욱 강해질 것이기 때문에 해외 제조공정 관리 차원에서도 놓치지 말아야 할 이슈가 될 것이다.

기후변화 대응은 거스를 수 없는 물결이다. 부담으로 느끼면 위협이 된다. 거스르려 하면 휩쓸릴 수 있다. 기후변화 대응은 곧 친환경산업의 부상임을 기억해야 한다. 기업들은 친환경산업을 중심으로 관련 혹은 비관련 다각화를 모색해야 한다. 상당한 규모의 정책자금이 집행되는 부문이고, R&D 및 사업화 지원이 집중되는 영역이기 때문이다. 해당 산업 내 사업을 영위하는 기업들이라면 기술을 고도화하거나 완화된 규제 환경의 기회를 포착해야 한다. 2021년부터 이미 ESG 열풍이 불고 있는 만큼, '친환경'을 선택하지 않으면 소비자에게 선택되지 않을 것이다.

개인 투자자 관점에서도 탄소중립이라는 트렌드를 배제하면 안 되겠다. 잠시 유행처럼 번지는 일이 아니라 중장기적으로 함께할 이슈이기 때문이다. 2022년에는 친환경산업이나 탄소배출권 시장을 추종하는 ETF가 추천될 만하다. 전기차 배터리나 태양광 패널 등과 같은 친환경산업의 주요 원자재도 유망할 전망이다. 탄소중립을 기회로 포착하는 기업들, 친환경산업을 선도하는 기업들은 미래가치를 높게 인정받을 수밖에 없다. 더욱이 기대뿐만 아니라, 실적으로 증빙하는 기업들은 주가에도 뚜렷하게 반영되어 나타날 것이다. 폐기물의 에너지화를 실현하고 배터리 기술을 선도하며 해외 친환경 인프라 사업을 수주하는 기업들을 선별해야 한다.

11

고령사회…
거스를 수 없는 3대 트렌드

    가장 중요한 것을 놓치고 있다. 멀리 내다보지 않아서일까? 그럴 여유가 없어서일까? 팬데믹 경제 위기에서 살아남기 위해 그럴 수 있었다 하겠지만, 세계 경제가 뚜렷하게 회복되는 2022년을 앞에 둔 이제는 멀리 내다보아야만 한다.

    국민은 저출산·고령화를 한국이 당면한 가장 중요한 과제로 인식하고 있다. 고려대학교 고령사회연구센터의 보고서 〈고령사회 인식 조사: 2021년 하반기 고령화인식지수〉에 따르면, 조사 대상자의 60.5%는 기후 위기, 인구 감소, 저성장, 양극화 등과 같은 그 어떤 사회문제보다 저출산·고령화를 가장 중요한 과제로 인식하고 있다.

국민이 인식하는 '한국이 당면한 가장 중요한 과제'

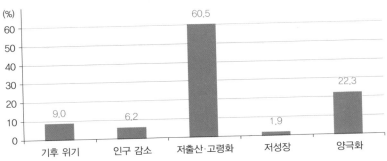

자료: 고려대학교 고령사회연구센터, 김광석(2021.8.), 〈고령사회 인식 조사: 2021년 하반기 고령화인식지수〉

　이미 '저출산 소용돌이'에 빠져 있다. 사실 멀리 내다볼 일도 아니다. 저출산은 또다시 저출산을 야기하며 저출산 현상이 하나의 문화로 굳어지고 있는 분위기다. 이 현상은 자연인구 감소, 노동력 부족, 잠재성장률 하락, 지방 도시 소멸, 대학 소멸, 고령화 가속화, 노인 빈곤 심화, 노년 부양 부담 가중, 재정 여력 축소 등과 같은 엄청난 문제들을 초래한다. 고령화 속도를 늦추는 노력도 필요하지만, 피할 수 없는 정해진 미래를 어떻게 대응할지 고민하는 것이 더 중요하다. 사회, 경제, 기술 측면에서 거스를 수 없는 트렌드를 고찰하고 그 속에서 기회를 찾는 노력이 필요한 시점이다.

제4차 저출산·고령사회
기본계획과 '통합 사회'

　　　　　　　　　　사회적인 관점에서 가장 중요한 트렌
드는 '통합 사회Integrated Society'다. '제4차 저출산·고령사회 기본계획'
이 지향하는 모습이기도 하다. 그동안 발표한 기본계획의 기본 관점
을 전환한 제4차 기본계획은 노동력과 생산성이라는 '국가' 발전 전
략에서 '개인' 삶의 질 제고 전략으로 방향을 바꾸었다. 유아기부터
노년기까지 생애 주기에 걸쳐 모든 국민이 삶의 권리를 보장받을
수 있는 사회적 환경을 조성하는 데 중점을 둔 것이다. 이에 기본계
획의 비전은 '모든 세대가 함께 행복한 지속 가능 사회'를 구현하는
것으로 설정되었고, '개인 삶의 질 향상', '성평등하고 공정한 사회',
'인구 변화 대응 사회 혁신'이라는 3대 목표상으로 계획했다.

　이는 출산 장려 위주의 정책에서 벗어나 모든 세대의 삶의 질을
높이는 정책으로 전환하고, 계층·세대 간 통합과 연대를 강조한다.
즉 성, 지역, 연령별로 불균형한 사회를 균형감 있게 조성하는 데 그
목표가 있다. 먼저 질 높은 돌봄 서비스를 마련함으로써 여성의 일·
가정 양립이 가능하도록 이끌고, 여성과 남성이 함께 일할 수 있는
사회를 유도하고자 한다. 둘째, 노후의 기본생활을 보장하는 데 초
점을 두고 있다. 안정적 노후 소득이 보장될 수 있도록 하고, 고령
친화적 거주환경 조성을 계획하고 있다. 셋째, 전 연령 계층에 맞춤
화된 교육과 훈련을 제공해 사회 변화에 맞는 역량을 강화하고, 경
제활동에 참여할 수 있도록 미래형 교육체계를 구성하고자 한다. 넷

째, 법률혼 중심으로 가족을 보는 관점에서 벗어나 다양한 가족에 대한 사회적 수용성을 높이고자 한다.

제4차 저출산·고령사회 기본계획(2021~2025년)

비전	모든 세대가 함께 행복한 지속 가능 사회

목표	개인의 삶의 질 향상	성평등하고 공정한 사회	인구 변화 대응 사회 혁신

추진 전략	**1. 함께 일하고 함께 돌보는 사회 조성** ① 모두가 누리는 워라밸 ② 성평등하게 일할 수 있는 사회 ③ 아동돌봄의 사회적 책임 강화 ④ 아동 기본권의 보편적 보장 ⑤ 생애 전반 성·재생산권 보장	**2. 건강하고 능동적인 고령사회 구축** ① 소득 공백 없는 노후생활보장체계 ② 예방적 보건·의료서비스 확충 ③ 지역 사회 계속 거주를 위한 통합적 돌봄 ④ 고령 친화적 주거환경 조성 ⑤ 존엄한 삶의 마무리 지원
	3. 모두의 역량이 고루 발휘되는 사회 ① 미래 역량을 갖춘 창의적 인재 육성 ② 평생 교육 및 직업 훈련 강화 ③ 청년기 삶의 기반 강화 ④ 여성의 경력 유지 및 성장 기반 강화 ⑤ 신중년의 품격 있고 활기찬 일·사회 참여	**4. 인구구조 변화에 대한 적응** ① 다양한 가족의 제도적 수용 ② 연령통합적 사회 준비 ③ 전 국민 사회 안전망 강화 ④ 지역 상생 기반 구축 ⑤ 고령 친화 사회로의 도약

추진 체계	① 연도별 중앙부처·지자체 시행계획 수립 ② 중앙·지자체 인구 문제 공동 대응 협의체 운영 등 중앙 지역 거버넌스 구축

자료: 대한민국정부, 저출산고령사회위원회

(1) 함께 일하고 함께 돌보는 사회 조성: 일할 사람은 없어지는데 돌봐야 할 대상은 많아지고 있다. 10명이 5명을 돌보던 사회에서, 5명이 10명을 돌봐야 하는 사회로 전환되고 있는 것이다. 이에 따라 '노인 돌봄'도 중요하지만, 저출산 극복을 위해서는 '아동 돌봄'이 더 요구된다. 만 15~64세 생산가능인구가 감소하고 있는 지금, 장기적으로는 생산가능인구(출산율)를 늘리고 단기적으로는 많은 여성이 경력 단절 없이 일할 수 있는 여건을 조성해야 한다. '나라가 아이를 돌본다'는 자세 없이는 예비 엄마의 출산 의지를 이끌기도 어렵고, 엄마들의 노동 참여를 유도하는 것 또한 한계가 있다. 이에 기본계획의 첫 번째 전략으로 여성의 경제활동 참여를 유도하는 데 목적을 두고 있다.

이에 따라 여성이 남성과 동등하게 일할 수 있는 사회를 조성하기 위한 정책적 노력이 집중될 것으로 보인다. 고용노동부가 매년 수행하는 〈일가정양립실태조사〉 내용을 분석한 결과 성차별이 전반적으로 완화되는 경향이 나타나고는 있지만, 여전히 해결해야 할 과제가 많은 상황이다. 여성에게 승진 기회나 업무 배치 등에 불공정한 기회가 주어지는 일이 여전히 존재하고, 오히려 구조조정의 대상으로 여성이 지목되는 경향은 악화되는 경향이 있다. 여성이 직장에서 차별을 받지 않도록 근로 환경을 개선하고, 남성의 육아휴직을 확산하기 위한 제도적 장치가 확대될 것이다. 그뿐 아니라 아동 돌봄 서비스 및 영아 수당을 도입해 출산과 양육에 따른 부담을 경량화하는 데 저출산 대응 예산이 증대될 것으로 보인다.

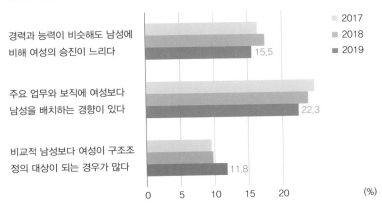

기업 인사관리의 성차별성

경력과 능력이 비슷해도 남성에
비해 여성의 승진이 느리다 **15.5**

주요 업무와 보직에 여성보다
남성을 배치하는 경향이 있다 **22.3**

비교적 남성보다 여성이 구조조
정의 대상이 되는 경우가 많다 **11.8**

2017
2018
2019

0   5   10   15   20   (%)

자료: 고용노동부, 〈일가정양립실태조사〉

주1: 2017년 747,749개, 2018년 762,032개, 2019년 799,361개의 사업체 대상 조사.

주2: 각각의 질문에 '그렇다' 혹은 '매우 그렇다'에 답변한 비중을 가리킨다.

(2) 건강하고 능동적인 고령사회 구축: 우리는 오래 살 것을 기대하고 있다. 단순히 오래 사는 것이 아닌, '건강하게' 오래 살기를 소망한다. 건강하게 오래 산다는 것에는 기본적으로 육체적 의미가 내재되어 있겠고, 더 나아가 즐거운 삶을 영위하고 경제적으로도 원만한 생활을 전제로 한다. 그렇지만 지금의 모습은 그렇지 않다. 한국의 노인 빈곤율Elderly Poverty Rate은 43.4%로 OECD 회원국 중 1위다. 몇 년째 1위 자리를 유지하고 있는 게 현실이다. OECD 평균인 14.0%와 비교해도 한국의 노인 빈곤율은 심각한 수준이다. 특기할 만한 사실은 유년 빈곤 수준Child poverty(0~17세)과 생산가능인구 빈곤 수준Working-age poverty(18~65세)은 OECD 평균에 근접해 있는데, 고령

OECD 국가별 노인 빈곤율 현황

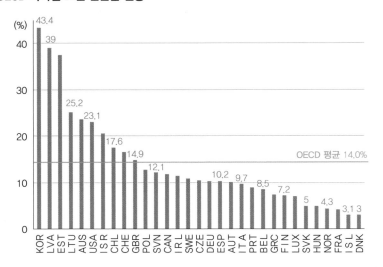

주요 연령대별 빈곤율

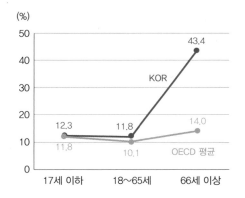

자료: 고려대학교 고령사회연구센터의 OECD(2019) 자료 이용 추계

주: OECD에서 제공하는 노인 빈곤율은 66세 이상을 기준으로 한다.

층에 진입하면서 빈곤율이 급격히 증가한다는 점이다.

　기본계획은 노후생활보장체계를 확충하는 것을 목표하고 있다. 고령층의 41.7%가 기초연금을 수급받고 있고, 국민연금 수급률은 2020년 기준 44.3% 수준이다. 더욱이 정년과 연금 수급 연령 간의 소득 공백기가 존재한다. 이러한 사각지대를 해소하고자 정부는 노인 일자리를 확대하는 등 적극적으로 노인 빈곤 문제 해결에 나설 계획이다. 그 밖에도 자산을 활용해 노후에 소득화할 수 있는 금융 서비스를 확대하고, 건강관리 체계를 개선해 건강한 고령화Healthy aging를 이끌 것이다.

(3) 모두의 역량이 고루 발휘되는 사회: 인구구조 변화만큼이나 급속도로 전개되고 있는 것이 산업구조의 변화다. 다양한 산업에 걸쳐 디지털 기술 도입을 경주하듯 가속화하는 과정에서 디지털 트랜스포메이션이 진전되고 있다. 베이비붐 세대의 은퇴가 본격화되고 고령층 인구 비중이 늘어나고 있는 만큼 이들의 up-skill 및 re-skill이 절대적으로 요구되는 상황이다. 오랜 경험과 노하우가 새롭게 변화한 환경에 적용되기 어려워지고 있는 만큼, 이들의 경제활동 참여를 유도하기 위해서 디지털 역량 강화가 필요하다.

　중장기적으로도 생산가능인구 감소에 따른 인력 부족 문제에 대응하기 위해서는 고령층뿐만 아니라, 여성이나 청년의 경제활동 참여를 이끌어야만 한다. 소프트웨어정책연구소는 2022년까지 AI·클라우드·빅데이터·AR/VR 분야 내 소프트웨어 신규 인력에 31,833명이 부족할 것이라 전망했다. 이처럼 요구되는 인력 수요는 많으나 공급이 못 미치는 영역을 중심으로 고용 취약계층의 교육·훈련 등을 통한 디지털 인재 양성이 필요하다. 정부는 산업적으로 요구되는 부문의 인재를 양성하기 위한 평생학습 및 컨설팅 프로그램을 확대해 나갈 것이다. '중장년 일자리 희망센터'의 전직 지원 기능을 강화해 신중년층이 노동시장에 재진입할 수 있도록 돕고, 중소기업에는 우수 인력 확보 지원을 위한 '신중년 적합 직무 고용장려금'을 개편하는 등 다양한 사업을 추진할 예정이다.

(4) 인구구조 변화에 대한 적응: 과거에 유용했던 물건이 현재에 고물이 되는 경우들이 있다. 과거에 보편타당하게 적용되었던 제도와 체계가 현재에 '라떼'가 되기도 한다. 혼인이나 가족 구성 등에 관한 관념도 마찬가지다. 비혼 출산, 입양, 다문화 가족 등과 같은 다양한 가족 구성을 존중하고 차별받지 않는 사회를 구현해야 할 필요성이 제기되고 있다. 이에 제4차 저출산·고령사회 기본계획은 혼인이나 혈연 중심의 가족 개념을 확장해 다양한 가족의 유형이 제도적으로 수용될 수 있는 기반을 마련할 계획이다. 부성父姓 우선주의 원칙을 폐지하거나 미혼부 출생신고[9] 제도 개선 등의 과제를 포함하고 있다.

---

9 현행 미혼부 출생신고 문제점(가족관계등록법 제57조 제2항): 미혼부가 모의 인적사항(성명, 등록기준지, 주민번호)을 알 수 없는 경우 '모의 특정 불가능' 요건에 해당하는지 여부를 가정법원에서 확인받아 출생신고가 가능하다. 하지만 재량 범위가 넓어 법원 판단이 상이하므로 출생신고 누락 등의 문제가 발생하고 있다.

연령통합적 사회 준비는 4차 기본계획의 핵심으로 풀이된다. 인구구조 변화를 막을 수 없다면, 변화에 잘 적응하는 노력이 필요할 것이다. 급속한 사회 변화로 세대 간 공감이 부족하고 갈등이 초래되고 있다. '정년 연장은 청년 일자리를 빼앗는다'라는 논리가 대표적인 예다. '청소년기 교육, 중년기 노동, 노년기 여가'와 같은 연령 분절적age-segregated 접근, 혹은 사회적 역할로의 진입·수행·퇴장을 연령으로 구분하는 것이 아니라 개인의 욕구와 능력에 따라 자유롭게 결정할 수 있는 연령통합적age-segregated으로 사회를 재정립해 나갈 계획이다. 연령통합에 대한 사회적 공론화를 진행하고 전 세대가 상호작용할 수 있는 다양한 프로그램을 운영할 방침이다.

연령통합적 접근이 가능한 분야 (예시)

구분	장기 방향(안)
교육·고용	• 연령에 관계없이 누구나 질 높은 교육을 받고 능력을 개발할 수 있는 교육·훈련 제도 • 고령층이 능력껏 일하고 대우받는 노동시장 기반 마련
사회보장	• 연령보다는 사회적 위험에 따른 중단 없는 소득 보장, 고용 안전망 등 사회 안전망 강화 방안
의료·돌봄	• 고령층의 건강상태와 생활 유지 기능에 초점을 맞춰 서비스를 제공하는 방안
여가·사회 참여	• 연령 구분 없이 취미와 라이프 스타일 중심의 접근을 통한 세대 간 교류 확대 방안

자료: 대한민국 정부, 저출산고령사회위원회

'워킹 시니어Working Senior', 고령자는 은퇴하지 않는다

경제적인 관점에서 거스를 수 없는 고령사회 트렌드는 '워킹 시니어Working Senior'다. 일이 없으면 건강도 없다. 일하지 않는 노인은 기능 저하율이 높아지기 때문이다. 2020년 가정의학 학회지에 게재된 논문에 따르면 직업이 없으면 기능 저하율이 6.2%로, 직업이 있는 노인(0.3%)보다 20배나 높게 나타났다. 이러한 일과 건강에 대한 의식은 이미 사회 전반에 퍼져 있다. 적당한 수준의 일을 하고, 사회활동을 즐기며, 스스로 부양 능력을 갖추고자 하는 것은 과거의 '노인'과 오늘날의 '시니어'를 구분 짓게 해주는 큰 특징이다.

베이비붐 세대는 여전히 일한다. 전쟁 직후 가장 취약한 경제 여건에 출생한 이 세대는 일을 하면서 성장했고, 성장해서도 일을 했으며, 퇴직 후에도 일을 하고 있다. 1970~1980년대 한국의 고도 성장기를 만든 주역들이지만, 위로는 부모 부양, 아래로는 자녀 부양의 책임을 안고 현재와 미래를 살아간다.

정부도 고령화에 대응해 노인 일자리를 확대·보급하고 있다. 공공근로 사업 확대로 작은 일거리를 제공하고 있지만, 전문 인력을 활용하는 데도 상당한 관심을 가지고 있다. 예를 들어 과학기술정보통신부는 반도체, ICT 등 과학기술 분야 고경력 퇴직자들이 기술 멘토링에 참여할 수 있도록 지원하고 있고, 산업통상자원부는 디자인 분야 전문 인력이 기업의 컨설턴트로 활동할 수 있도록 퇴직 전문가 풀을 확보하고 있다. 베이비붐 세대의 퇴직이 급증함에 따라, 이들이 중소기업 등의 기술 애로 해소, 기술 자문, 미숙련 근로자 교육 등에서 활동할 수 있도록 환경을 조성하고 있다.

왜 한국의 고령자는 빈곤할까? 고령층 일자리가 없어서일까? OECD 회원국의 고령층 고용률을 비교해 보았다. 한국의 55~59세 고용률은 OECD 평균보다 높은 중상위권 수준을 유지하고 있다. 60~64세 고용률의 경우 OECD 회원국 중 8위 수준으로 상위권에 해당한다. 놀라운 사실은 한국의 고용률은 65~69세, 70~74세로 갈수록 OECD 회원국 평균보다 월등히 높아지고 있다는 점이다. 한국의 65~69세 고용률은 OECD 회원국 중 2위, 70~74세 고용률은 1위에 달한다. 결국 한국의 노인 빈곤율이 OECD 회원국 중 가장 높은 이유는 '일자리가 없어서'가 아니라는 것이다.

은퇴 시점을 보아도 마찬가지 결론에 다다른다. 한국의 평균적인 은퇴 연령은 남성과 여성 모두 OECD 회원국 중 가장 높다. 2009~2016년 동안만 살피더라도 한국 남성과 여성은 각각 평균 72.0세, 72.2세 은퇴로 OECD 회원국 중 최상위다. OECD 회원국들의 평균 은퇴 연령을 비교 가능한 2016년을 기준으로 하면, 남성의 경우 OECD 회원국 평균이 65.3세, 한국이 72.9세로 약 7.6세 차이가 난다. 여성의 경우도 OECD 회원국 평균이 63.7세, 한국이 70.6세로 약 6.9세 차이가 난다. OECD 회원국 중 가장 늦은 나이까지 일을 하고 있는 한국에서 노인 빈곤율의 원인이 '일자리가 없어서'는 아닌 것이다.

연령대별 OECD 고용률 비교

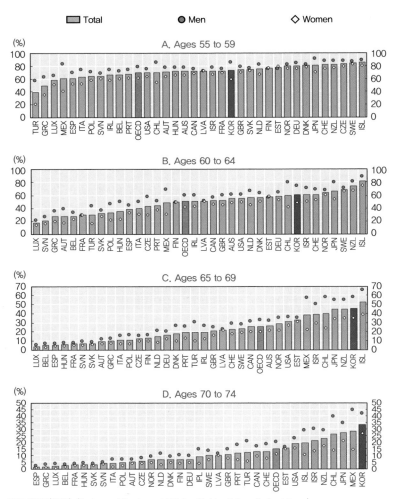

자료: OECD(2018), 〈Ageing and Employment Policies, Working Better with Age: Korea〉

OECD 회원국의 평균 은퇴 연령

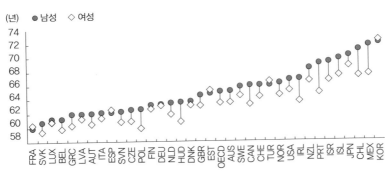

자료: OECD(2018), 〈Ageing and Employment Policies, Working Better with Age: Korea〉

일자리가 있고 늦은 나이까지 일을 하고 있음에도 불구하고 왜 한국의 노인인구는 빈곤한 것일까? 일을 하고 있음에도 빈곤한 이유는 '근로조건'의 문제라고 추론해 볼 법하다. 근로조건을 분석하기 위해서는 '65세 이상의 고령층 혹은 고령층에 진입하기 전 단계의 장년층'에 대한 집중 분석이 필요하다. 즉, 65세 이상의 고령층이 왜 빈곤한지를 파악하기 위해서는 고령층 진입 바로 전 단계인 베이비붐 세대에 대한 이해가 필요하다. 더욱이 고령사회로 진입한 한국의 경우, 인구에서 상당한 비중을 차지하는 베이비붐 세대가 대규모 퇴직을 앞두고 있다는 점에서 이들의 근로조건을 객관적으로 진단하는 일은 절대적으로 중대하다.

'에이징 테크Aging Tech'의
부상

　　　　　　마지막으로, 기술 관점에서의 고령사회는 '에이징 테크Aging Tech'로 요약된다. 에이징 테크는 고령 인구를 대상으로 하는 기술 전체를 통칭하는 용어다. 특정 기술을 지칭하는 용어가 아니라, 고령자들 삶의 질을 높이는 기술을 가리킨다. 노인을 돌보는 것도 에이징 테크다. 오늘날 독거노인의 고독사 문제가 중대한 현안으로 부상했다. 독거노인이 지속적으로 늘어나는 가운데, 외로움이 해결되지 않을 경우 더욱 중요한 사회문제로 부상할 수밖에 없을 것이다. 노인의 외롭지 않고 행복한 삶을 영위하고자 하는 니즈가 에이징 테크로 충족되고 있다. 효자가 못하는 일을 기술이 해결해 주고 있는 것이다.

　응급안전안심서비스는 보건복지부가 중점을 두고 있는 사업 중 하나다. 통신 단말 장치인 '게이트웨이'를 통해 생활 지원사와 통화가 가능하고, 자녀와의 말벗 기능, 치매 예방 운동, 각종 교육 동영상, 노래 콘텐츠 등의 부가 기능을 제공한다. 생활 지원사와 사회복지 종사자들이 디지털 기술을 통해 노인의 비대면 돌봄이 가능해진다.

　차세대 응급안전안심서비스 '댁내장비'는 화재 감지기, 활동량 감지기(심박·호흡), 온도 감지기 등과 같은 기능들을 통해 노인의 생활 및 건강상태를 확인하고, 응급 상황에서는 119 구호조치가 가능하도록 자동 연결된다. 응급 상황 발생 시 지역의 응급안전안심서비스 수행기관(지역 센터)의 종사자(응급관리요원 및 생활 지원사)에게도 알람

보건복지부의 응급안전안심서비스

응급안전안심서비스 체계도

기업
(통신사, 장비업체)
• 모니터 제공
• 사후관리

응급안전 및 고독사 방지
• 건강, 정서, 생활 지원

정부
(보건복지부, 지자체)

• 통신료 납부

• 통신료 지원

• 대상자 정보 관리
• 응급상황 관제

• 생활 정보 제공
• 안부 확인

노인사례관리시스템
(사회보장 정보원)

대상자

응급관리요원,
생활 지원사(수행기관)

응급 및 활동 정보

자료: 보건복지부

이 동시 전달되며, 종사자는 휴대폰을 통해서도 돌봄 대상자의 건강
상태를 상시 점검할 수 있다. 보건복지부는 2022년까지 차세대 응
급안전안심서비스 댁내장비를 30만 가구에 보급할 계획이다.

소니의 로봇 강아지 아이보aibo가 일상으로 들어왔다. 아이보는 효
자나 반려견이 해주지 못하는 일도 수행한다. 머리와 꼬리 흔들기,
귀 움직이기, 눈 깜빡이기, 구르기 등 다양한 움직임이 가능해 주인
과 실시간으로 교감할 수 있을 뿐만 아니라, 주인을 인식해서 따라
다니기도 한다. 카메라, 터치센서, 마이크로폰 등을 장착해 얼굴 인

아이보2.0

자료: 소니, 세콤

식 및 음성 명령을 감지하는 딥러닝 기능이 탑재되어 있다. 아이보는 반응성이 높아 주인과의 상호작용을 통해 끊임없이 배우고 성장한다.

이러한 아이보2.0에 돌봄 서비스 기능이 추가됐다. 아이보에 돌봄 대상을 등록하면, 카메라와 화상 인식 인공지능으로 실시간 정보를 전송한다. 이 기능은 홈 시큐리티 기업 세콤과 연계되어 노약자 돌봄 서비스로 활용되고 있다. 능동적으로 집 안을 순찰하며 외출 중인 주인에게 보고하는 등 단순한 애완 로봇을 넘어 낙상, 보안, 화재 등의 사고에 대응할 수 있는 지킴이로서 그 역할이 확대되고 있다.

전 세계적인 고령화 추세로 의료비 부담이 적은 저렴하고 신속한 의료서비스가 요구되기 때문에 인공지능 관련 R&D 정책 등을 범정부 차원에서 추진하고 있다. 인공지능 분야 글로벌 선도 국가인 미국은 인공지능을 활용한 정밀의료 추진을 통해 의료의 질적 수준 제고에 집중하고 있다. 유럽은 인공지능의 의료 정보 플랫폼 결합 및 유전체 분석에 집중하고 있으며, 일본은 유전체 분석과 인공지능 적용 로봇을 통해 개인 케어·맞춤형 의료서비스 제공에 집중하고 있다.

핏빗Fitbit은 디지털 헬스케어 선도 기업으로 일컬어지며 미국 시장에서 가장 많은 이용자를 보유하고 있다. 2018년 기준 월간 활성 이용자 수는 2,740만 명에 달한다. 참고로 2위는 비만 관리 애플리케이션 마이피트니스팔MyFitnessPal로, 스포츠 의류 브랜드 언더아머Under Armour에 2016년 인수되었다. 핏빗은 건강관리가 가능한 무선 웨어러블 센서를 개발했고 헬스케어 전문 스타트업 카디오그램Cardiogram과 협력했다. 핏빗 단말기를 통해 수집된 심장박동수, 수면 패턴 등의 데이터를 수집·분석하고, 애플리케이션을 통해 정보를 확인하거나 특정 질환의 징조를 미리 파악할 수 있다.

삼성전자는 2020년 6월 삼성 헬스 모니터 애플리케이션을 출시해 간편하게 혈압을 측정할 수 있도록 서비스하고 있다. 2021년 8월에 출시한 스마트워치 신제품 갤럭시워치3는 심전도와 혈압 측정 등 모바일 헬스케어 기능을 더욱 강화했다. 초기 삼성 헬스는 건강 정보와 운동량을 기록하는 애플리케이션이었지만, 전문가에게 건강 상담까지 받을 수 있는 건강관리 플랫폼으로 부상했다. 24시간 실시간으로 의사와 상담이 가능한 서비스로 미국, 인도, 영국 등에 확장 출시했다. 국내에서는 규제로 인해 서비스가 제공되지 못하고 있지만, 국제적으로는 시장 확대를 위해 추격 중인 모습이다.

고령사회가 주는
기회를 포착하라

고령화에서도 기회는 찾을 수 있다. 고령화 속도를 늦추는 노력이 우선이겠지만, 거스를 수 없는 변화라면 적절히 대응하는 것도 중요하다. 피할 수 없다면 즐길 수밖에.

저출산·고령화는 후순위 과제가 아니다. 멀리 내다볼 필요도 없이 이미 시작되었고 다각적인 대응이 요구된다. 고령화 대응을 위한 첫 단계는 국민의 저출산·고령화에 대한 인식 수준을 높이는 일이다. 고려대학교 고령사회연구센터가 최초로 개발한 고령화인식지수를 보면, 고령층 혹은 고령층에 접근할수록 고령화인식지수는 뚜렷하게 상승한다. 고령화에 대한 인식 정도가 연령대별로 온

연령대별 고령화인식지수

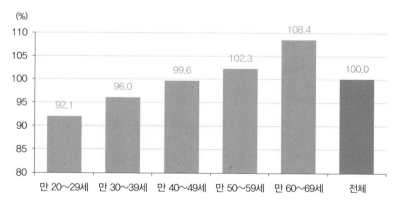

자료: 고려대학교 고령사회연구센터, 김광석(2021.8.), 〈고령사회 인식 조사: 2021년 하반기 고령화인식지수〉
주: 국민의 고령화에 대한 인식 수준을 판단할 수 있도록, 인지(recognition)-태도(attitude)-행동 의지(behavioral intention)를 측정해 고령화인식지수를 추계했다(2021.7.=100).

도 차가 있는 것이다. 노인 빈곤, 노후 준비 부족 등과 같은 문제를 20·30대부터 충분히 인지할 수 있도록 의식 수준을 고취시킬 필요가 있다.

고령화에 관한 관심과 한국의 미래에 있어 고령화에 대한 대비가 중요하다고 인식하는 정도는 매우 높으나, 고령화에 대한 준비는 상대적으로 현격하게 낮다. 저출산·고령화 문제 해결을 위해 가계·기업은 각각의 대응이 필요하다. 먼저 가계는 노후 준비(재테크 등 경제적 준비)가 절대적으로 중요하고, 제2의 삶에 대한 준비(일자리 등)가 필요하다. 한편 기업은 정년 보장 등의 근로 안정화에 이바지하고, 고령 친화 경영(시니어 상품 개발, 고령자 친화 유통 환경 조성)을 추진할 필요가 있다.

고령화에 대한 인식과 준비

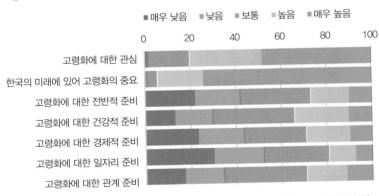

자료: 고려대학교 고령사회연구센터, 김광석(2021.8.), 〈고령사회 인식 조사: 2021년 하반기 고령화인식지수〉

특히 기업의 경영전략 측면에도 이슈를 제기한다. 최근 국내외 많은 기업이 ESG 경영을 추진하고 있지만 대부분 기후변화 대응을 위한 환경(E)적 접근에 치우쳐 있다. 기업들의 ESG 활동들을 조사해 보라. S와 G는 온데간데없고 온통 E뿐이다. ESG 경영이 아니라 E 경영이라고 외쳐야 하는 것 아닌가? 국민이 저출산·고령화를 매우 중요한 과제로 인식하고 있는 만큼, 이러한 문제 해결을 위한 사회(S)적 접근이 집중될 필요가 있음을 강조하고자 한다. 고령사회에 먼저 진입한 미국, 독일, 일본 등의 국가에서 기업들이 어떻게 시니어 비즈니스를 시도했는지 그 동향을 파악하고, 고령자 친화적인 서비스 환경과 제품 개발을 시도할 필요가 있다.

예를 들어 고령자 삶의 질을 개선하기 위한 기술과 산업에 R&D를 확대하고, 그 속에서 비즈니스 기회를 포착해야 한다. 디지털 기반 스마트 병원을 구축하고 건강 취약계층을 대상으로 IoT와 AI를 활용한 디지털 돌봄 서비스를 제공해야 하며, 고혈압 등의 만성질환자를 위한 웨어러블기기 보급을 통해 질환을 관리하는 신산업 진출을 고려할 필요가 있다.

국가의 모든 정책의 초점을 저출산·고령화에 두고, 경제·사회·문화·기술·교육 등 모든 정책의 방향성을 맞추어야 한다. 이는 저출산고령사회위원회가 전담하는 것이 아니라, 국가 전체가 그렇게 움직여야 한다는 뜻이다. 가장 먼저 사회적 인식을 개선하기 위한 콘텐츠 기획·보급이 필요하다. 둘째, 정년 연장에 대한 사회적 합의와 적극적인 논의가 시작되어야 하고, 퇴직 후 활로 확대에 대한 구체적인 대안을 마련해야 한다. 마지막으로, 정부의 전방위적 대응책 마련과 실행이 필요하다. 제4차 저출산·고령사회 기본계획이 이미 발표되었지만, 더욱 절실해진 상황이다. 비전과 전략을 제시하기보다 실행 가능한 구체적인 전술들이 요구된다. '고령사회에 대한 준비'를 할 수 있도록 인센티브 등의 제도를 구축하는 것도 하나의 방법이다. 고령사회에 대한 관심이나 중요성에 대한 인식 수준에 비해 대응하는 수준이 현저히 떨어지고 있기 때문이다. 세계적으로도 고령화, 비만, 고독사 등과 같은 사회문제 해결을 위해 다양한 인센티브 제도를 도입하는 중이다. 또한 부모가 자녀 양육에 경제적 부담을 전혀 느끼지 않는 수준으로 아이는 나라가 키운다는 태도가 요구된다. 모든 국민이 빈곤 없는 노후를 맞이할 권리가 있다. 저출산·고령화를 막아야 하고, 막을 수 없다면 연착륙할 수 있어야 한다.

12

고용 없는 회복
Jobless Recovery

모든 것이 제자리로 돌아가고 있다. 상처를 입었던 자리에 새살이 돋아나듯, 혼란스러웠던 경제도 제자리를 찾아가는 듯하다. 손님들로 북적북적한 백화점의 풍경도, 운동 경기장을 가득 메운 관중의 응원 소리도, 공원을 뛰노는 아이들의 표정도 코로나19의 경제 충격에서 돌아온 모습이다. 모든 것이 제자리로 돌아가고 있는데 고용은 그렇지 못하다. 그 현상과 문제의 본질을 살펴보고 대응책을 모색해야 할 시점이다.

강한 경기 회복의
진전

경제의 3대 주체들이 바삐 움직이고 있다. 가계의 소비도 회복되고, 기업의 투자도 상당 수준 진척되었으며, 정부의 공적 사업도 활발하다. 주요 거시경제지표인, 수출, 투자, 소비가 코로나19 이전 수준으로 돌아가고 있으며, 피해가 집중되었던 대면 서비스업 경기도 점진적으로 회복되고 있다. 특히, 코로나19의 직격탄으로 바닥을 찍었던 항공·여행·면세점업도 백신 보급과 함께 반등하고 있다.

경기종합지수가 코로나19 이전 수준으로 뚜렷하게 돌아왔다. 경기종합지수는 '국민 경제 전체의 경기 동향을 쉽게 파악하고 예측

경기종합지수 추이

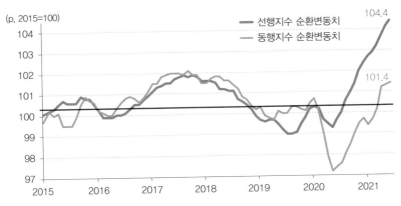

자료: 통계청
주: 2021년 4, 5, 6월은 전망치.

하기 위해 주요 경제지표의 움직임을 가공·종합하여 지수 형태로 나타낸 것'으로 정의된다. 즉, 숫자 하나로 경제 상황을 보여주는 지표다. 선행지수 순환변동치는 2021년 6월 104.4로 상당히 강한 회복세가 진전되고 있다. 이는 2002년 104.0을 기록한 이후 가장 높은 수준이다. 동행지수 순환변동치도 2021년 6월 101.4를 기록해 경기가 확장 국면임을 보여준다.

제자리를 못 찾는
고용

　　　　　　　　다만 고용은 제자리를 못 찾고 있다. 2020년 2분기 대혼란이 시작되면서 수출 계약이 줄줄이 파기되었고 공장 가동과 항공·해운 운항이 모두 멈춰 섰다. 임시·일용 근로자들을 중심으로 대규모 해고가 시작됐으며, 자영업자들은 버티지 못해 폐업을 단행했다. 취업자는 2020년 2분기 약 41만 명이 감소했고, 2021년 1분기에도 약 38만 명이 감소해 취업자 감소 폭이 줄어들지 않고 있다. 2021년 1분기 실업률은 5.0%로 2019년과 2020년 1분기와 비교했을 때 월등히 높은 수준을 유지하고 있다. 참고로 고용지표는 계절성을 감안해 직전 분기가 아닌 전년 동기와 비교해 개선되고 있는지 등을 판단한다. 2021년 2분기부터는 증가세를 나타낼 것으로 보이지만, 이마저도 기저효과에 따른 영향이지 고용 여건이 뚜렷하게 개선된 것으로 판단할 수는 없다.

고용 동향

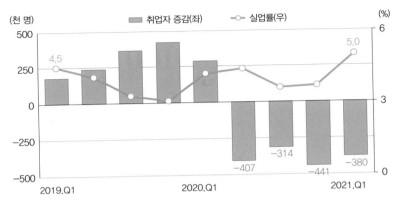

자료: 통계청

　왜 고용은 제자리를 찾지 못하고 있을까? 원래 그렇다. 무책임
한 말 같지만 가장 원론적인 답변이기도 하다. 고용은 경기 후행적
인 변수이기 때문에 위기 이후 상당한 시간적 격차를 두고 회복되
는 경향이 있다. 1997년 외환위기 당시에도 고용 회복에 약 31개월
이 걸렸고, 2008년 금융위기 때는 약 16개월이 소요됐다. 고용주로
서는 언제 다시 경기가 악화할지 모르는 불확실성을 떠안은 채로
추가 채용할 수 없을뿐더러 그동안 악화한 경영실적 부분을 인건비
절약으로 상쇄하고자 할 것이다. 또한 실무적으로도 공고, 모집, 선
발 등의 채용 절차가 있기 때문에 경기와 고용이 동행할 수는 없다.

위기별 경기·고용 경로

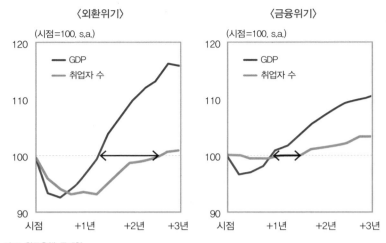

〈외환위기〉　　　　　　〈금융위기〉

자료: 한국은행, 통계청
주: 위기 발생 시점은 외환위기 1997년 4분기, 금융위기 2008년 3분기.

고용의
이중구조화

　　　　　　　　　　　그렇다고 안심할 수는 없다. 그동안의
위기와 달리 고용이 영구적으로 제자리에 돌아오지 못할 수 있다.
즉, 경제 충격은 일시적이지만 일자리는 영구적으로 변화할 수 있다.
경제 충격과 함께 산업의 구조적 변화가 맞물렸기 때문이다. 비대면
화·디지털화·자동화라는 구조적 변화가 함께 찾아온 탓에 줄어든 일
자리가 다시 늘어날 수 없는 것이다. 경제 충격은 대규모 해고를 이
끌었지만, 경제 회복은 채용이 아닌 디지털 기반 투자를 이끌었다.
　비대면이 새로운 표준이 되고 디지털이 일상이 되면서 금융사들

은 영업지점을 축소하고 비대면 금융서비스 투자 확대에 나섰다. 제조사들은 제품을 생산해 판매하는 과거의 방식에서 벗어나 플랫폼을 활용해 구독 서비스를 제공하는 방향으로 전환하고 있고, 생산공정마저 자동화되는 데 많은 투자를 쏟고 있다. 유통사들은 온라인 쇼핑과 라이브 쇼핑으로 비즈니스 모델을 고도화하는 데 투자를 집중하고 있다. 오프라인 매장을 운영하는 프랜차이즈와 자영업체에도 해고한 일자리가 이미 키오스크로 대체되었다. 변화한 산업 환경에서는 경제가 회복되어도 해고된 인력이 다시 설 자리가 없다.

조금 더 구체적인 예를 들어보자. 과거의 기업 교육은 50명, 100명 단위로 이루어졌지만, 비대면 교육은 500명, 1,000명 단위로 이루어진다. 심지어 녹화된 강의 영상을 송출하는 방식은 인원 제약마저 없다. 한 은행의 전국 지점장을 대상으로 하는 특강에 나선 적이 있다. 예전 같으면 한자리에 모여서 대면으로 강의했겠지만, 대상자들은 전국에 흩어져 각자의 자리에서 강의를 들었다. 한 그룹사의 주재원 교육에서도 마찬가지였다. 여러 나라에 흩어져 있는 수백 명의 주재원들이 대상이었다. 이전에는 정규적으로 모여서 교육이 이루어졌다면 지금은 각자 나라에서 실시간·비대면 교육이 이루어진다. 비용 효율성이라는 잣대로 생각해 볼 때, 코로나19가 종식될지라도 대면 교육은 제자리로 돌아오지 않을 것이다. 더구나 기업들은 코로나19 장기화로 비대면 교육 인프라에 적극적으로 투자해 왔고, 그동안 임직원들은 달라진 환경에 익숙해졌다. 비대면 교육 환경에서 어떻게 효율적으로 콘텐츠를 기획하고 실감 나는 교육서비스를 전

달할지를 고민할 뿐이지, 대면 교육으로 다시 돌아가는 방법은 고려하지 않는다. 대면 교육이 더욱 효율적인 경우를 제외한다면 전면적으로 돌아가긴 어렵지 않을까?

이러한 현상은 고용의 이중구조를 심화시킨다. 첨단산업 위주로 사업 재편이 이루어지고, 디지털 전환이 이루어짐에 따라 더 많은 고급 인력이 필요하다. 하이패스가 보급되면서 요금 수신원의 일자리는 줄어들지만, 하이패스 제조 및 인프라 산업의 인력은 늘어날 수밖에 없다. 챗봇이 확산하면서 전화 상담사 일자리가 줄어들지만, 챗봇 소프트웨어 개발 인력은 더 많이 필요하다. AI 비대면 면접 솔루션이 도입되면서 수만 건의 채용 서류를 검토할 인력들이 대체되고 있지만, 솔루션 기업들은 두 자릿수 성장률로 인력을 확보하고 있다. 고급 숙련 일자리는 늘어나고 중숙련·중위임금 일자리는 소멸하고 있다. 제조업의 공장 노동자나 서비스업의 요금 수신원, 소위 '운영 일자리operational job'가 급감하고 있는 것이다. 실제 유수 기업들의 채용공고를 보면 온통 인공지능·빅데이터 경력직을 찾고 있을 뿐 운영 일자리는 좀처럼 찾기 힘들다.

인력도 부족하고
일자리도 부족하다?

노동의 수요자 측뿐 아니라, 공급자 측에서도 구조적인 변화가 일고 있다. 청년들은 '폼 나는 직장'을 선택하거나 아니면 '알바'를 선택한다. 중숙련·중위임금 일자리가 줄어든다고 하지만, 그러한 일자리를 찾는 청년도 없는 것이다. 닭이 먼저인지 달걀이 먼저인지 알 수가 없다. 프리터족free arbeiter,[10] 즉 특정한 직업 없이 갖가지 아르바이트로 생활하는 젊은 층이 늘고 있다. 대기업의 안정적인 직장이 아니라면, 적당히 일하고 삶을 즐기는 방법을 선택한 것이다. 심지어 '힘들게 일해 적게 버느니, 실업급여를 받으며 일은 안 하겠다'는 생각마저 확산되고 있다. 효용을 극대화하는 삶의 방식이거나 개인의 선택일 수 있다.

이마저도 다행인가? 니트족NEET, Not in Education, Employment or Training이 늘어나는 현상 또한 문제다. 니트족은 정규교육을 받지도 않고, 노동시장에서도 제외되어 있으며, 취업을 위한 직업훈련에도 참여하지 않는 청년층을 의미한다. 2015년 현대경제연구원에 재직 시 발표했던 보고서 〈청년 니트족 특징과 시사점〉을 통해 "고용 대책의 핵심은 청년이고, 청년 고용의 핵심은 니트족이다"라고 강조한 바 있다. 수년이 지난 지금에도 이에 대한 생각은 변하지 않았다. 투자로 돈을 벌었다는 몇몇 사례들에만 솔깃한 청년들은 자기 계발과 취업 준비는 뒤로하고 '한탕주의' 기회만 바라고 있다. 장년층마저 부동

---

10 Free(프리) + Arbeit(아르바이트)를 줄인 말로 90년대 초반 일본에서 경제 불황으로 인해 직장 없이 갖가지 아르바이트로 생활하는 청년층에게 붙여진 신조어다. 원래 이 말은 경제 불황기인 1987년 고용 정보 회사인 리크루트사가 아르바이트에 너무 많은 시간을 빼앗기는 젊은이를 주제로 한 영화를 만들며 영화 타이틀로 쓴 이후로 유행하기 시작했다. 당시에는 '더 높은 이상을 실현하기 위해 아르바이트를 수단으로 이용하는 젊은이'라는 뜻을 포함하고 있었지만, 요즘에는 아르바이트나 파트타임을 생계 수단으로 삼고 있는 젊은이들을 가리키는 말로 그 의미가 완전히 바뀌었다.

산에 혼이 빠져 있다. 도대체 '나에 대한 투자'는 어디에 두었는가? 미래를 그리고 꿈을 좇는 청년들의 모습은 어디서 찾을 수 있는가?

　사실, 중소기업들은 심각한 인력난에 처해 있다. 코로나19와 관련 없이 고질적인 문제다. 기업의 규모가 작을수록 인력 부족률이 상승하는 경향이 뚜렷하다. 2015~2019년 동안의 평균 인력 부족률은 29인 이하가 4.6%, 500인 이상이 0.4%로 현격한 차이가 있다. 통계상으로는 확인할 수 없지만, 5인 이하 사업체는 얼마나 인력 부족이 심각할지 가늠이 될 정도다. '일자리'가 부족한 것이 아니라, '청년들이 원하는 일자리'가 부족한 것이다.

기업 규모별 부족 인력 및 부족률

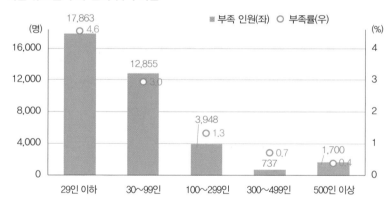

자료: 산업통상자원부, 〈산업기술인력수급실태조사〉
주: 2015~2019년 동안 부족 인원과 부족률의 평균치를 기준으로 함.

고용정책,
근본적인 제안

원치 않는 직장에 취업하라고 강요할 수는 없지만, 원하는 직장으로 만들어주는 것은 가능하다. 중소기업과 대기업 간 근로조건의 격차가 있다면, 정책은 그 격차를 축소하는 데 집중해야 할 것이다. 중소기업들이 유연한 근로 환경이나 높은 임금 및 복지 조건을 제공할 수 있도록 정책적 보조가 강화된다면 청년층의 선호를 자극할 수 있지 않을까? 네임 밸류의 한계를 극복하긴 어렵겠지만 중소기업들의 부족한 부분이 상쇄되고, 오히려 청년층이 원하는 근로 환경이 마련될 수 있을 것이다.

고용 안전망을 확대하는 것도 마찬가지다. 실업급여 등과 같은 안전망을 강화하는 부분에도 조심스러운 접근이 필요하다. 고용 안전망이 오히려 실업을 장려하는 것이 아닐지 고찰해 봐야 한다. 지금은 실업이 아니라 근로를 장려하는 제도가 필요하다. '일 안 하고는 못 버티는' 베이비붐 세대에게는 고용 안전망이 실업을 촉진하지 않겠지만, '일을 하고는 못 버티는' 밀레니얼 세대에게는 오히려 실업을 즐기게 할 수 있다. 실업자와 비경제활동인구를 양산하기보다 견실한 취업자를 유도하고, 취업 준비나 역량 계발 등을 독려하는 고용 제도가 필요하다.

산업 패러다임이 전환하듯, 인력 패러다임도 전환되어야 한다. 초점은 일자리의 규모가 아니라 구조다. 일자리의 규모가 줄어드는 것보다 일자리의 구조가 바뀌는 게 더 중요하다는 뜻이다. 산업의 비대면화·디지털화·자동화는 '운영 일자리'를 소멸시키지만, 기술 및 경영 혁신을 위한 일자리는 더 많이 요구된다. 스마트폰을 손에 들고 생각해 보자. 제품의 총 부가가치에서 노동(인건비)이 차지하는 비중은 얼마나 될까? 기술의 비중은 또 얼마나 될까? 지금까지의 교육 제도와 인재 육성 프로그램들이 운영 일자리를 양산하는 데만 머물러 있지 않은지 고찰해 보고, 미래에 요구되는 역량들을 함양할 수 있도록 청년들에게 안내해 주어야 하겠다.

13

채무 리스크 급부상,
불황의 그늘 가계부채

'불황의 그늘을 이겨내지 못하고 폐업하게 되었습니다. 그동안 저희 식당을 이용해 주신 많은 분들께 진심으로 감사의 인사를 전합니다.' 수십 년 된 서울의 한 칼국숫집 가게 문에 걸려 있는 문구다.

이 문장을 책에 옮겨놓는 내 마음이 이토록 무거운데, 가게 문 앞에 이 글을 써 내려간 주인의 마음은 어떠했을까?

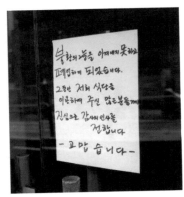

태풍이 지나간 자리에 흔적이 남듯, 경제 충격이 지나간 자리에

도 흔적이 남는다. 태풍의 흔적은 떨어진 나뭇잎이고, 경제 충격의 흔적은 부채debt다. 지난 『포스트 코로나 2021년 경제전망』에서도 2021년 경제의 현안 중 하나로 '부채경제debt economy'를 강조한 바 있다. 실제 2020~2021년 동안 한국 역사상 최대 규모의 가계부채가 쌓였다. 2022년 금리가 올라갈 일만 남은 상황에서 가계부채는 최대의 경제 문제로 작용할 것으로 보인다.

눈덩이처럼 쌓인 부채, 문제의 본질은?

코로나19 이후 엄청난 규모의 가계부채household debt가 쌓였다. 2019년 말 대비 2021년 1분기에는 약 165조 원에 달하는 가계부채가 증가했다. 한국은행이 가계신용 통계를 집계한 이래로, 이토록 큰 규모의 가계부채가 누증된 적이 없었다(주택담보대출을 제외한 가계대출 기준).

하지만 가계부채의 문제는 총량에 있지 않다. 지금껏 가계부채 규모는 줄어든 적이 없었다. 가계부채는 2002년 465조 원에서 2020년 1,727조 원으로 증가했고 2021년 2분기에는 1,806조 원을 기록했다. 하루가 멀다 하고 가계부채를 논하는 신문기사 제목엔 '1,700조 원을 넘었다', '1,800조 원을 넘었다'고 아우성이다. 나는 이러한 기사 제목을 700조 원부터 들었던 기억이 난다. 가계부채가 줄어든 적이 있던가? 1,000조 원 넘어서면 문제고 2,000조 원 넘어서면 더 큰 문제인가? 그렇다면 반대로 늘어나지 않는 것은 무엇이 있는가? 주택 수도 늘고, 자산 규모도 늘고, 경제 규모도 늘었는데, 가계부채는 왜 늘면 안 되는가?

가계부채 문제의 핵심은 '상환 능력'에 있다. 쌓인 부채를 가계가 상환할 수 있을지가 관건이다. 빚 없는 부자 없다 하고 가난한 사람은 빚도 없지 않은가? 신용등급이 높은 사업가가 많은 빚을 지고 견실하게 사업체를 운영하면서 차곡차곡 원리금을 상환하고 있다면 어디에서 문제를 찾겠는가?

현재의 문제는 상환 능력의 취약성에 있다. 가계부채의 증가 속도가 소득의 증가 속도보다 빠르기 때문이다. 국민총소득GNI 대비 가

가계부채 동향

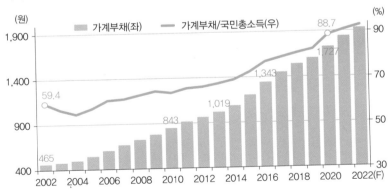

자료: 한국은행(가계신용, 국민계정)

주: 2021년과 2022년 전망치는 2021년 1분기 가계신용의 전년 동기 대비 증감률을 기준으로 추산.

계부채의 비중이 추세적으로 상승하고 있다. 이 값은 2019년 82.7% 에서 2020년 88.7%로, 코로나19 이후에 더 가파르게 상승했다. 2021년과 2022년에는 각각 91.0%, 92.7%로 상승할 것이라 전망한 다. 소득은 제자리에 머물지만, 가계부채는 큰 폭으로 늘어나는 형 국이다. 향후 시중금리가 뚜렷하게 상승하면 담보로 설정한 자산 가 치가 하락하는 반면 이자 상환 부담은 가중될 것이다. 2022년에는 가계 부실과 금융 부실이 발생할 우려가 있다.

가계부채
진단

가계부채 부실 여부를 진단해 보자. 일반적으로 '부채 증가 → 원리금 상환 부담 가중 → 연체 증가 → 금융기관 부실 증가 → 금융 시스템 불안정성 확대'의 경로를 거 쳐 경제가 도미노처럼 무너진다. 가계부채의 부실을 판단하기 위 한 가장 범용화된 지표로는 은행대출금 연체율[11]과 부실채권 비율[12] 이 있다. 가계대출에 대한 은행대출금 연체율은 2020년 0.3%에서

---

[11] 연체는 정한 기한 안에 이행하여야 할 채무를 지체하는 일을 말한다. 은행대출금 연체율은 대출 잔액 중 상환일로부터 30일 이상 상환이 지연된 원금 비율을 나타낸다.

[12] 부실채권이란 금융기관의 대출금 중 채무자의 사정으로 회수가 어려운 돈을 말하며, 일반적 으로 자산 건전성 분류 기준(FLC)에 따른 여신 분류 중 '고정', '회수 의문', '추정 손실'에 속 하는 여신, 즉 '고정 이하 여신'을 가리킨다. 부실채권 비율은 은행의 총여신 중 고정 이하 여 신(3개월 이상 연체된 대출)이 차지하는 비중을 뜻하는 것으로, 은행의 자산 건전성을 평가 하는 대표적인 지표 중 하나다.

2021년 0.2%로 추세적으로 하락했다. 30일 이상 상환이 지연되는 가계대출이 줄어들고 있는 것이다. 3개월 이상 연체된 대출을 가리키는 부실채권도 유사한 흐름으로, 2020년 1분기 0.26%에서 2021년 1분기 0.20%로 하락했다.

부채 문제에 취약한 계층은 얼마나 되는지도 확인해 보자. 3건 이상의 다중 채무자이면서 동시에 저소득층이거나 저신용등급에 해당하는 사람을 취약차주[13]라고 한다. 취약차주가 의존하고 있는 대출금액이 전체 가계대출에서 차지하는 비중은 5.3%로 2020년 이후 낮게 유지되고 있고, 전체 대출자 중에서 차지하는 비중은 2020년

은행 대출금 연체율과 부실채권 비율 추이

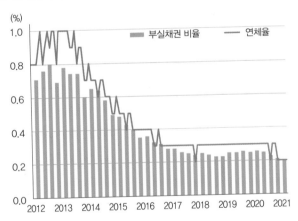

자료: 금융감독원. 한국은행

주: 부실채권 비율 = 고정 이하 여신/총여신.

---

13 취약차주는 3건 이상의 다중 채무자이면서 저소득층(소득 10분위 기준 하위 1~3분위) 혹은 저신용(7~10등급)인 사람들을 말한다.

취약차주 비중 추이

자료: 한국은행(2021.6.), 〈금융안정보고서〉
주1: 다중 채무자(3건 이상의 채무) 중 저신용등급(7~10등급) 혹은 저소득계층(1~3분위).
주2: 2021년은 1분기 기준.

6.4%에서 2021년 1분기 6.3%로 하락했다. 다행히 가계부채는 총량적인 측면에서 안정적인 모습이다.

저소득·자영업자에 집중된
가계부채 위험

가계부채가 총량적인 측면에서 문제없어 보인다면, 구체적으로 어떤 계층에 위험이 집중되고 있는지 확인해 볼 필요가 있다. 채무상환 능력, 즉 빚을 갚을 수 있는 능력이 충분한가를 진단해 보아야 한다. 아무리 부채가 늘어도 갚을 능력이 충분하다면 문제가 아니다. 다시 강조하지만, 빚을 갚을 능력이 충분한 사람을 중심으로 빚이 늘어나는 것은 문제가 되지 않는다.

채무상환 능력을 평가하는 가장 보편적인 지표 중 하나로 채무상환비율DSR이 있다. 채무상환비율은 가처분소득 대비 원리금상환액을 나타내는 지표로, 개별 가구의 채무불이행 가능성을 판단할 수 있을 뿐만 아니라, 개별 가구에 원리금상환이 생계에 얼마나 부담을 주는지를 파악할 수 있다. 국제 금융기관들은 통상적으로 채무상환비율이 40%를 넘는 채무자를 채무불이행 가능성이 큰 '고위험군'으로 분류하고, 한국은행은 '과다채무가구'로 정의한다.

가계부채 위험이 저소득·자영업자에 집중되고 있다. 저소득층

소득계층별 및 종사상 지위별 채무상환비율 추이

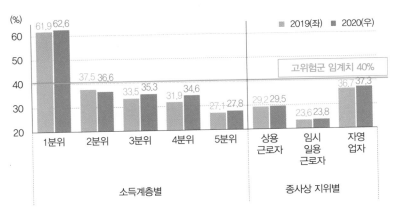

자료: 통계청, 〈가계금융복지조사〉

주: 금융부채 보유 가구를 대상으로 각 지표 추계.

에 해당하는 소득 1분위 가구의 채무상환비율이 2019년 61.9%에서 2020년 62.6%로 상승했다. 채무불이행 가능성이 큰 '고위험군'이 저소득층에 집중되어 있음을 확인할 수 있다. 상대적으로 2분위 이상은 고위험군 임계치 40%를 밑돌고 있다. 종사상 지위별로는 자영업자의 채무상환 능력이 현저히 떨어지고 있음을 확인할 수 있다. 자영업자의 채무상환비율은 2019년 36.7%에서 2020년 37.3%로 상승해 고위험군 임계치 40%에 매우 근접해 있다. 결국, 자영업자 중에서도 영세한 규모의 저소득 자영업자의 채무불이행 가능성이 매우 크다는 결론을 도출할 수 있다.

2021년에는 반도체 등의 주력 품목들을 중심으로 수출이 크게 호조를 이루고, 소비 심리와 투자 심리가 회복되면서 내수도 회복세를 보이고 있다. 하지만 영세 자영업자들에게는 '남의 얘기'일 뿐이다. 2021년 하반기에는 사회적 거리 두기 단계가 최고 수준으로 격상되면서 매출 손실이 예정되어 있다시피 한 상황이다. 2022년에는 세계적으로 통화정책 기조가 긴축적으로 전환되는 움직임이 나타나고, 한국은행도 기준금리를 인상한 상태다. 채무상환 능력이 현저히 떨어지는 저소득·자영업자들이 우후죽순 부실 위험에 처하게 될 우려가 있다.

가계부채,
문제의 본질에 집중하라

가계부채 문제의 본질은 규모가 아니다. 건전한 부채가 늘어나는 일은 소비와 투자를 증진해 경제를 선순환시킬 수 있다. 가계부채 문제를 총량과 규모에만 집중할 경우, 오히려 기준금리를 인상할 때 걱정이 없다. 통화정책 기조가 완화에서 긴축으로 전환되는 시점에는 가계부채 규모의 증가 속도가 둔화할 것이다. 과거 통계만 봐도 그렇고, 돈을 빌리는 사람 관점에서 생각해 봐도 높은 금리의 대출은 매력이 떨어지는 게 당연한 일이다. 2022년 연중에 가계부채가 '1,900조 원을 돌파'했다는 기사가 걸릴 것으로 보이지만, 대중은 그러한 기사에 흔들리지 않아야 한다.

가계부채 문제의 본질은 '상환 능력'에 있다. 갚지 못하는 부채는 얼마고, 누가 부채를 갚지 못할까를 보아야만 한다. 즉, 가계부채 대책은 채무상환 능력이 현저히 떨어지는 저소득층과 생계형 자영업자에 집중해야 한다. 코로나19의 경제적 충격이 모두에게 온 것은 아니다. 안정적인 직장을 가진 임금 근로자나, 특수를 누린 몇몇 사업자 혹은 고자산가들은 경제적 충격을 경험하지 않았다. 경제적 충격을 피하지 못한 특정 계층을 구분해야 하는 이유다. 이들에게 맞춤화된 정책금융을 마련해 가계 부실로 연결되지 않도록 해야 한다. 코로나19 피해를 본 가계의 대출 상환을 유예하거나, 재정구제fiscal relief를 통해 소득을 지원하는 등의 조치가 필요하다.

이는 중장기적인 가계부채 대책 마련도 필요로 한다. 가계의 채무상환 능력을 보존하는 일이다. 저소득·자영업자들이 부채의 악순환에서 빠져나올 수 있도록 해야 한다. 코로나19 충격으로 직장을 잃었거나 폐업을 단행한 계층이 다시 뛸 수 있도록 일자리 매칭 및 창업·재기 지원 확대가 필요하다. 한편, 취약차주가 대부업체와 같은 고금리 대출로 연결되지 않도록 서민금융 지원을 확대하고, 근로 능력마저 없는 취약차주에게는 그에 맞는 맞춤형 안전망을 구축해야 한다. 특정 계층의 가계부채 부실이 한국 경제 전체에 부실을 초래하는 나비효과를 차단해야 하는 것이다.

14

2022년 부동산 시장 전망:
잠김 효과lock-in effect

풀려 할수록 잠그는 법이다. 어릴 적 읽었던 이솝우화 「해와 바람」
이 주는 교훈이 떠오른다. 바람은 해에게 지나가는 나그네의 겉옷을
벗게 하자는 내기를 제안했다. 나그네는 바람이 세게 불수록 단추
를 더욱 단단히 잠갔지만, 태양
이 비추자 단추를 풀고 겉옷을
벗었다.

부동산 정책은 바람과 같았
다. 이른바 매물 잠김 효과lock-
in effect다. 2020년에 발표한 '8.4

부동산 대책'[14]은 으름장을 놓듯 '공급 폭탄'이라며 대규모 주택 공급을 약속했지만, 1년이 훌쩍 지난 지금 폭탄은커녕 총알도 보이지 않는다. 공공재건축 5만 가구를 약속했지만, 확정한 물량은 1,580가구에 머무른다. 태릉CC나 과천청사 일대의 택지를 개발해 주택을 공급하겠다는 계획은 아직 개발 구상도 못 세웠다. 지자체는 난색을 보이고, 주민들의 반발만 거셀 뿐 주택 공급이라는 단추는 바람 부는 데로 풀리지 않았다. 더욱이 확정 물량이 1,580가구에 달한다는 것이지, 입주로까지 이어지는 데는 3년여의 시간이 걸린다.

문재인 대통령의 남은 임기를 고려하면 주택 공급 계획은 무산될 것이라 판단된다. 정권이 유지되든 바뀌든 2022년 신정부의 부동산 정책 기조는 달라질 것이기 때문에 8.4 부동산 대책의 바통이 이어질 가능성은 거의 없다. 보수 진영이 정권을 잡으면 정책 기조 자체가 바뀔 것이기에 당연히 그러하고, 진보 진영이 잡더라도 유력 후보들의 정책 공약은 8.4 대책과 엇갈린다.

주택 공급을 늘리려면 신규 주택보다 기존 주택 공급이 중요하다. 다주택자들에게 세금을 중과해 매도를 유인했으나, 단추를 더욱 굳게 잠그듯 매물은 나오지 않고 있다. 다주택자가 매도하려면 지방세를 포함해 최고 82.5%에 달하는 양도세율을 감당해야 한다. 차익이 발생해도 세금으로 절대적인 비중이 환수되는 상황에서 세금 두려움 없이 매물을 내놓을 자가 별로 없다. 오히려 시장에서는 매도

---

14 기획재정부(2020.8.4.), 〈서울권역 등 수도권 주택 공급 확대 방안〉

전국 주택 매매 및 증여 증감률 추이

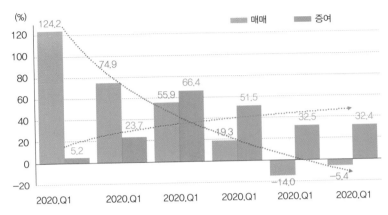

자료: 한국부동산원

주: 매매 및 증여의 전년 동기 대비 증감률 기준이며 점선은 로그 추세선임.

대신 증여를 선택하고 있다. 2021년 상반기 주택 매매는 전년 동기 대비 -9.9%로 감소했는데, 주택 증여는 32.4% 증가했다. 매물이 더욱 잠기며 정책이 의도한 것과는 반대의 방향으로 시장이 움직이고 있다.

2021년 하반기
부동산 시장 동향

2020년 한 해 뜨거운 관심이 모아졌던 부동산 시장에 대한 열기는 2021년 들어 소강 상태를 보이는 듯하다. 2021년 하반기에도 여전히 아파트 매매가격이 완만하게 상승하고 있지만, 2020년에 비하면 강한 상승세가 한풀 꺾인 '하향 안정화 추세'로 판단된다. 『포스트 코로나 2021년 경제전망』에서도 2021년 부동산 시장의 모습을 '경로 이탈'에 비유해 설명하면서, 2020년까지의 강한 상승세의 부동산 시장과는 달리 다소 '하향 안정화'될 것이라 전망한 바 있다.

무주택자 입장에서는 하향 안정화라는 표현으로 위안이 되지 않는다는 걸 알고 있다. 여전히 주택 가격은 상승하고 있기 때문이다. 2021년 상반기에는 뚜렷한 안정화를 보일 듯했지만, 하반기에 불어온 바람은 주택 공급을 오히려 위축시켰고 다시 가격을 상승시키는 압력으로 작용했다.

아파트 매매가격 상승률과 전세 가격 상승률 추이

자료: KB국민은행, 주간 KB주택 가격동향

주: 전주 대비 상승률 기준임.

국무총리와 경제부총리 등이 에둘러 주택 가격이 고점이라는 발언을 하고 있지만, 국민의 신뢰를 잃은 지 오래다. 26번의 부동산 정책에도 아파트 가격은 천정부지로 치솟을 뿐이다. 통상적으로 정책의사 결정자의 이러한 발언은 매도 및 매수 심리에 영향을 미쳐 시장이 작동한다. 하지만 "늑대가 나타났다" 외쳐도 늑대는 나타나지 않는다는 걸 알고 있는 국민은 전문가들의 분석과 판단에 더욱 귀를 기울일 뿐 정부의 외침에는 흔들리지 않는다.

그렇다면 2022년 부동산 시장은 어떻게 움직일까? 주택 매매가격을 결정짓는 수요-공급-정책적 요인에 걸쳐 진단해 보고자 한다. 부동산 정책은 주택 매매가격에 직접적인 영향을 미치는 요소가 되지 않는다. 오히려 수요와 공급에 영향을 미쳐 주택 매매가격을 상승 또는 하락시키는 요인으로 작용한다. (통계학에서는 종속변수인 주택 매매가격에 수요와 공급이 매개변수로 작용하며 정책은 독립변수로써 영향을 미치는 구조로 설명한다.)

2022년 부동산 시장
정책 여건

2022년 5월 9일 임기까지의 문재인 정부는 '주택시장 안정화'라는 부동산 정책 기조를 유지할 것으로 보인다. 주택 가격을 완만하게 떨어뜨려 무주택 서민들이 '내 집 마런'의 기회를 가져야 한다는 입장이다. 주택 가격을 잡기 위해 26번의 부동산 정책들을 가동했지만, 주택 가격 상승세를 막을 수 없었다. 수요를 줄이고 공급을 늘리면 가격이 안정화될 것이라 생각했지만, '자산 가치 상승'이라는 거대한 물결은 거스를 수 없었다(「2. 인플레이션 공포인가, 버블 붕괴 위협인가」챕터 참조). 다주택자를 중심으로 종합부동산세와 양도세 등의 세 부담을 가중시키고, 실거주자를 중심으로 공공주택 보급을 확대하기 위한 노력은 지속할 것이다. 다만 사람들은 바람이 분다고 단추를 풀지 않는다. 앞에서 말했듯이 다주택자의 매도가 유인되지 않을뿐더러 공급정책은 무산[15]되어 의도했던 효과를 만들기에는 한계가 있을 것으로 판단된다.

2022년 3월 9일 치러질 대선 이후 부동산 정책 기조가 어떻게 변화할지 시나리오별로 가늠해 보자. 먼저, 보수 진영의 정책 기조는 '성장'에 있다. 거래를 활성화(가격 상승을 허용)시켜 건설 경기 회복 등 '경기부양'을 유도해야 한다는 입장이다. 시장에서 거래가 원활히 일어날 수 있도록 재건축을 허용하고, 가계부채 규제를 완화하는 등의 정책들이 제시될 것이다. 대표적으로 2013년 박근혜 정부 출범 후 처음 발표한 '4.1 부동산 대책'[16]과 후속 조치들을 보면 명확하

---

15 『포스트 코로나 2021년 경제전망』에서 '8.4 부동산 대책'을 다음과 같이 평가한 바 있다. "신규 택지를 활용한 주택 공급은 단기간 안에 이루어지지 않는다. 위에 제시된 주택 공급 계획은 2021~2028년의 목표. 택지 발굴 이후 '인허가 → 착공→ 준공'에 이르기까지 상당한 시간이 소요된다. 규모나 종류 등에 따라 다르지만, 인허가만 1~2년, 착공 후 준공까지 2~3년 정도의 시간이 걸린다."(p.159)
16 국토교통부(2013.4.1.), 〈서민 주거안정을 위한 주택시장 정상화 종합대책〉

다. 취·등록세 감면, 양도세 감면, 주택담보대출비율LTV 완화, 총부채상환비율DTI 완화 등이 주요한 내용이다.[17] 정책만으로 부동산 가격이 움직이지는 않겠지만, 거시경제 여건이 같은 방향으로 움직인다고 전제한다면 뚜렷한 상승세가 나타날 것으로 보인다.

진보 진영의 정책 기조는 '분배'에 초점을 두고 있다. 저소득층도 '내 집 마련'의 기회를 가져야 한다는 입장이다. 현재 시점에서 가장 높은 지지율을 보이는 이재명 후보와 이낙연 후보의 공약을 살펴보자(2021년 8월 기준). 두 후보의 공약은 수도권에 충분한 주택 공급을 이루어 무주택자의 주거 불안을 해소하겠다는 방향성을 가진다.

먼저 이재명 후보의 부동산 정책의 핵심은 기본주택에 있다. 기본주택은 중산층을 포함한 무주택자들이 30년 이상 살 수 있도록 하는 일종의 공공주택을 가리킨다. 현재의 장기 공공임대주택은 좁은 면적과 나쁜 위치, 열악한 주거 조건으로 기피 대상이지만, 기본주택은 역세권 등에 있는 고품질 주택이라는 점에서 차이가 있다. 나아가 국토보유세를 도입해 부동산 투기 수요를 억제하고, 세수 전액을 기본소득으로 지급하는 방안을 공약으로 제시했다.

한편 이낙연 후보의 부동산 정책 공약의 주요 골자는 경기도 성남의 서울공항을 이전하고 '스마트 신도시'를 구축해 3만 호를 공급하겠다는 것이다. 서울공항은 대부분 국유지이고 이미 도로, 지하철

---

17 〈현대경제연구원 현안과 과제 13-18〉(2013), 김광석, "주택시장 정상화 대책의 효과 제고 방안"

등의 기반이 갖춰져 조성원가를 최소화할 수 있으며, 서울공항 기능을 김포공항 등으로 이전할 수 있다는 판단에서 온 공약이다. 주로 청년, 신혼부부를 위한 전용 단지를 조성하고, 자녀를 키우는 40대 무주택자도 입주 가능한 중형 평수의 아파트도 조성할 계획이다.

진보 진영의 두 유력 후보는 주택 공급을 확대해 수요를 초과할 경우 가격이 안정화할 것으로 판단하고 있다. 하지만 이 판단에는 유휴부지가 개발되면서 일어나는 가치의 상승이 고려되지 않았다. 서울공항 혹은 기타 지역을 중심으로 택지를 개발하고, 교통, 교육 등의 주거 조건을 개선하는 과정에서 일대의 주택 가격이 동반 상승할 것으로 전망된다. 유휴부지와 공공기관 이전 등을 통해 신규 택지에 아파트, 상업시설 및 생활SOC가 들어서면 부동산 가치의 상승이 있을 것이다. 한편, 인허가 후 착공 및 준공에 이르기까지 2~3년의 기간이 걸리기 때문에 주택 공급을 통한 가격 안정 효과는 당장 기대하기 어렵다. 2022년에는 주택 가격 상승을 견인하는 효과가 더 크게 작용할 것으로 보인다.

2022년 부동산 시장
수요 여건

시장은 이미 정책을 신뢰하지 않는다. 2021년 하반기 들어 매수세가 강해지고 있다. 매수우위지수[18]는 2021년 4월 80.9p의 저점을 기록한 이후 상승세를 지속하고 있다.

매수우위지수 추이

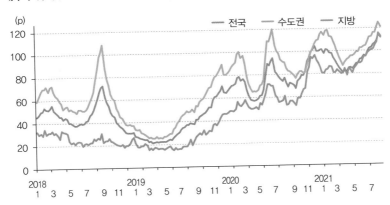

자료: KB국민은행, 주간 KB주택 가격동향
주: 매수우위지수 = 100 + '매수자 많음' 비중 – '매도자 많음' 비중.

부동산 과열 억제책들이 수차례 발표되었을 뿐만 아니라, 정부의 공
식적인 '고점 경고'도 수차례 있었다. 예를 들어, 홍남기 부총리 겸
기획재정부 장관은 제27차 부동산 관계 장관회의 후 "실제 지금 주
택 가격 지표들이 최고 수준에 근접했거나 이미 넘어서고 있다"고
발언했다. 그럼에도 불구하고 주택 가격은 지속적으로 상승해 왔기
때문에 정책에 대한 신뢰만 떨어질 뿐 매수세는 더욱 강해지고 있다.
　부동산 시장에서는 금리도 매우 중요하다.[19] 작년 『포스트 코로

18　매수우위지수는 0~200 범위 이내이며 지수가 100을 초과할수록 '매수자가 많다'를, 100 미
　　만일 경우 '매도자가 많다'는 걸 의미한다.

19　금리는 돈의 가치를 뜻한다. 부동산 시장을 전망할 때 수요-공급-정책 측면을 다각적으로
　　분석해야 하지만, 금리는 수요와 공급에 영향을 미치는 선행변수다. 가격에 직접적인 (역의)
　　영향을 미치는 요소로써 큰 흐름을 판단하는 가늠자 역할을 한다.

나 2021년 경제전망』에서 "금리가 인하되는 경로 속에서 2020년 7월 매수세가 고점을 기록했다. 2021년까지 추가적으로 금리를 인하하기에는 어려운 여건이기 때문에 전고점을 넘어서기는 어렵다. 금리 수준도 중요하지만 금리의 변화도 고려해야 한다는 것이다"(p.161)라고 전망했다. 실제 2021년 하반기 매수세가 올라가긴 했지만, 전고점을 넘어서진 못하고 있다. 2022년에는 세계적으로 통화정책이 '완화에서 긴축으로' 기조 전환이 있을 것으로 전망된다(「4. 긴축의 시대, 테이퍼링과 예고된 기준금리 인상」챕터 참조). 금리 상승은 자산 가치를 하락시키고, 이자 부담을 가중시켜 매수세에 하방 압력으로 작용할 것이다.

2022년에는 '내 집 마련 수요'가 집중적으로 늘어날 전망이다. 2020년 이후 주택 가격이 상승한 만큼 전세 가격도 그 못지않게 상승했다. 유례없는 저금리 시대를 경험하면서 임대인의 월세 선호 현상이 두드러지게 나타난 탓이다. 더욱이 다주택자에 대한 세제 부담 등으로 투자 수요가 차단됨에 따라 전세 공급이 더욱 가파르게 줄어들었다. 주택 투자 수요는 곧 전세 공급을 의미하기 때문이다.

전국 전세수급지수는 2020년 10월 191.1p로 2001년 8월 이후 20년래 최고점을 경신했다. 2021년 하반기까지도 강한 공급 부족 현상이 이어지며 무주택 실거주자의 주거 불안과 전세난 해소를 위한 정책들이 집중되고 있다. 이러한 시중금리 상승 상황에도 불구하고 전세에서 '내 집 마련'으로 이동하는 움직임이 매수세를 뒷받침할 것으로 판단된다.

전세수급지수 추이

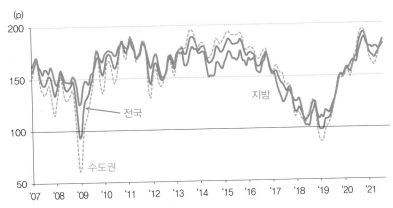

자료: KB국민은행, 월간 KB주택 가격동향

주1: 전세수급지수 = 100 + 공급 부족 - 공급 충분.

주2: 0~200 이내의 값을 가지며, 100을 상회하면 '공급 부족 현상'을 나타냄.

2022년 부동산 시장
공급 여건

2021년에 이어 2022년에도 신규 주택 공급이 줄어들 전망이다. 정부는 대규모 공공주택 공급을 약속했지만, 계획대로 이행하지 못했다. 민간 건설사들도 부동산 시장 규제책들로 인해 주택사업보다는 인프라 사업이나 해외 건설사업에 집중하는 방향으로 경영전략을 선회했다. 2022년 신정부 출범 이후 부동산 정책 기조가 유지될지 혹은 변화할지에 따라 다주택자들을 중심으로 한 '기존 주택' 공급 여부가 결정될 것이다. 현재로서는 다주택자 양도세 중과뿐만 아니라 고가의 1주택 보유자에게 과세 부

담을 강화하는 방향으로 움직이고 있기 때문에 매물이 더욱 잠길 것으로 가정할 수밖에 없다.[20]

주택 건설 인허가 실적은 주택 공급 규모를 결정짓는 선행변수다. 인허가 실적은 2015년 76.5만 호에서 지속적으로 감소해 2019년 48.8만 호를 기록했고, 2020년은 약 45.8만 호에 달했다. 인허가 이후 착공 및 준공에 이르기까지 약 2년 이상의 시간이 경과하는 것이 일반적이기 때문에, 2022년과 2023년 주택 공급량은 줄어들 것으로 보인다. 2021년 주택건설 인허가 실적은 약 48.5만 호로 추산되어 2015년 이후 처음 증가세로 전환되는 것으로 보이지만, 주택 공급량이 증가하기 시작하는 시점은 2023년 이후로 판단된다.

주택 건설 인허가 실적 추이

자료: 국토교통부, 한국건설산업연구원(2021.7.)

---

20 2021년 8월 2일 더불어민주당은 '소득세법 일부개정법률안'을 발의했다. 실거주 목적이 아닌 단기 차익을 노린 다주택자의 투기적 수요를 억제하고 장기 보유 실수요를 유도한다는 것이 제도의 취지다. 장기 보유 특별 공제 비율을 변경함으로써, 다주택 보유 기간을 양도소득세 특별 공제를 받기 위한 '장기 보유' 기간에서 제외하는 내용이 주요 골자다.

미분양주택은 수요와 공급의 결과물로써 주택 가격의 흐름을 가장 명확히 보여주는 지표 중 하나로 평가받는다. 미분양주택이 증가하면 공급이 수요를 초과하고 있음을, 감소하면 매수세가 강해지고 있다고 진단할 수 있다. 예를 들어보자. 2016~2020년까지 수도권 미분양주택은 뚜렷하게 해소됐지만, 비수도권의 경우 재고가 적체되고 있었다. 이는 곧 수도권을 중심으로 주택 가격이 급등하고, 지방의 주택 가격은 계속해서 조정되고 있는 현상을 고스란히 보여준다. 『한 권으로 먼저 보는 2020년 경제전망』을 통해 당시 부동산 시장의 트렌드를 '지역별 탈동조화decoupling' 현상으로 비유한 이유다.

2021년 들어 미분양주택이 역대급으로 감소했다. 2000년 미분양주택 통계를 집계하기 시작한 이래로 가장 적은 수준을 기록하고 있다. 미분양주택이 2019년 5만 호의 벽을 깨며 감소세가 시작되더니, 2020년 1월 4.3만 호에서 2021년 7월 1.5만 호로 감소했다. 수도권에서는 통상적인 거래 기간을 고려하면 이미 제로 수준에 왔고, 비수도권도 매우 가파르게 해소되어 왔다. 탈동조화 현상이 멈추고, 2021년부터는 전국적으로 주택 매매가격이 일제히 상승하는 동조화coupling를 이루기 시작했다.

앞서 말했듯 공공주택 공급과 민간 건설사의 주택분양이 줄어들어 신규 주택이 원활히 공급되지 못하고 있는 데다, 매물 잠김 현상으로 기존 주택 공급도 끊겼다. 반면, 2020년 2분기 이후 저금리 환경과 전세난(전세 품귀 현상)은 매수세를 강하게 만들었고, 이는 또다시 가격 상승을 유도하고 있다. 2022년 상반기까지는 이러한 현상

지역별 미분양주택 추이

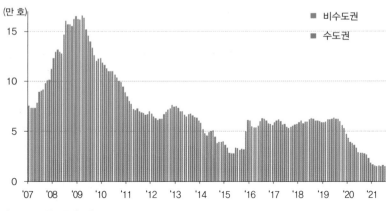

이 지속할 것으로 보인다. 다만, 2022년 하반기부터는 신정부의 정책 발표 등에 따라 상이한 흐름이 전개될 여지가 있다.

2022년
부동산 시장 전망

2022년 부동산 시장은 완만한 상승세를 유지할 것으로 전망된다. 먼저 거시경제 관점에서 전망의 근거를 진단해 보자. 2021~2022년 동안 거시경제가 회복하면서 자산시장 전반에 걸쳐 상승세를 지지하는 모습이 이어질 것이다. 한편, 세계적으로 통화정책 기조의 긴축 전환은 부동산 가치 상승 압력을 다소 무력화시키는 역할을 할 것으로 보인다. 다만 기준금리 인상이 있거나 기준금리 인상 속도가 빠르다 하더라도 여전히 저금리 시대에 놓여 있으므로 하방 압력이 강하게 작용할 수는 없다고 판단된다.

둘째, 정책 관점에서 2022년 부동산 시장을 진단해 보자. 부동산 가격을 결정짓는 요소는 한둘이 아니다. 2021년 부동산 가격이 폭등한 것을 두고 정책 탓만 해서도 안 되고 정책 탓이 없다고 해서도 안 된다. 사실 어떤 정책을 동원했을지라도 가격 상승은 막을 수 없는 일이었다. 세계 모든 나라에서 자산 가치가 상승한 것을 보면 명확히 이해가 간다. 다만 그런 와중에 수급을 원활히 이끌지 못한 정책에도 한계가 있었다. 남은 임기가 길지 않기 때문에 지금과 같은 정책 기조는 유지되고 2022년 상반기까지 큰 변화가 없을 것으로 보인다. 2022년 하반기에는 신정부가 들어선 후 다양한 면에서 기대감이 작용하기 때문에 매수세가 강해질 것으로 판단된다. 특히 보수 정권이 집권하게 될 경우 그러한 여건이 더욱 강하게 작용할 것이고, 진보 정권이 집권하게 될지라도 주택 공급이 이행되는 기간 때문에 택지개발 등 가치 상승의 호재들이 기대감을 더 끌어올릴 것이다.

셋째, 수요와 공급 차원에서 2022년 부동산 시장을 분석해 보자. 거시경제가 회복되면서 소득 수준이 개선되고, 신정부에 대한 기대감으로 매수세가 높아질 것으로 보인다. 특히, 내 집 마련의 수요가 상당히 강하게 작용할 것으로 전망된다. 통화정책 기조의 전환이 매

아파트 매매가격지수 추이

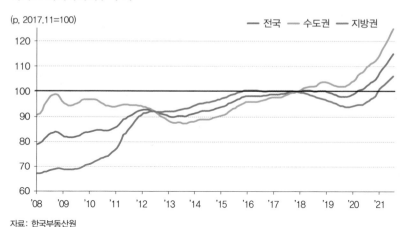

(p, 2017.11=100) — 전국 — 수도권 — 지방권

자료: 한국부동산원

주: 2021년 7월부터 〈전국주택 가격동향조사〉의 조사 기간이 기존의 2주에서 1개월로 변경했기 때문에 시계열적 해석에 유의해야 함.

수 여력을 위축시키는 요인이 될 것이지만, 그동안 집값이 오르면서 느낀 상대적 박탈감 그리고 '앞으로도 계속 오를 텐데 지금 아니면 언제 사겠느냐' 하는 심리적 압박감이 더욱 강하게 작용할 것으로 보인다. 특히, 신정부 들어서 택지개발 호재나 부동산 규제 완화 등과 같은 정책이 발표되면 투자자나 실거주자들의 매수세를 자극할 것이다. 공급 측면에서 볼 때도 2022년 기존 주택과 신규 주택이 수요를 충족할 만큼 충분히 공급되지 못해 가격 상승세가 이어질 것으로 전망된다.

매물 잠금이라는 숙제,
어떻게 풀어야 하는가?

　　　　　　　　　부동산 정책의 목표는 '주거 안정'이
어야 한다. 정책의 목표가 '가격 안정'일 필요가 없다. 주택 가격을
떨어뜨려야 한다는 생각 자체를 지워야 한다. 주택 가격은 정하는
것이 아니라 정해지는 것이다. 가격을 결정지을 수 있는 주체는 '보
이지 않는 손'뿐이다. 가격은 시장에 의해 정해진다. 아무리 노력해
도 나그네의 단추를 풀 수 없지 않은가? 가격이 상승해 주거 불안을
느끼는 계층을 위해 주택을 공급하고, 타인을 속여 이익을 편취하는
부동산 사기를 차단하는 등 건전한 시장을 조성하는 데 정책을 집
중해야 한다.

　주거 안정이라는 정책 목표의 대상은 '세입자'여야 한다. 가격이
하락하면 내 집 마련에 성공할 수 있는 실거주자가 아니라, 가격이
하락해도 여전히 '남의 집'에 머물러야 하는 세입자가 더 큰 주거 불
안을 느끼고 있는 것 아닌가? 따라서 정책은 주택 가격이 아니라,
전·월세 가격 안정화에 초점을 두어야 한다. 다주택자가 여러 채의
집을 보유하고 있다는 이야기는 곧 여러 채의 임대를 공급하고 있
다는 뜻이다. 다주택자가 집을 매도할 경우, 전세 공급이 더 부족해
지고 전세난 문제는 가중될 수밖에 없다. 주택 자가점유비율이 전국
은 57.9%, 수도권은 49.8%에 불과하다(국토교통부, 2020년 기준).[21] 즉,
전국의 42.1%, 수도권의 50.2%가 내 집에 살고 있지 않다. 이들 중
상당 비중이 세입자 아니겠는가?

가계는 2022년 부동산 정책 변화에 주목할 필요가 있다. 너무나 많은 부동산 정책들을 발표했고 양도세, 보유세 등의 세법 개정이 수차례 진행되었다. 세무 전문가들도 세무 상담을 포기하고 있을 정도라고 한다. 다만 2022년 부동산 정책에는 기조 자체의 변화가 있을 수 있기 때문에 이에 주목해야 한다. 대통령 당선자가 확정되면 주요 공약을 바탕으로 신정부의 부동산 정책이 어떻게 발표될지 가늠해 볼 수 있을 것이다. 양도세 감면, 초과 증축 허용, 신규 택지 선정, 재건축·재개발 규제 완화, 대출 규제 완화, 교통 인프라 확충 등과 같은 다양한 조치들이 지금과 같이 바람을 부는 방식에서 햇볕을 비추는 방식으로 변화가 있을지에 관심을 두고 그 변화에 발 빠르게 대응하기를 권해본다.

---

21 국토교통부, 주택정책과의 〈2020년도 주거실태조사〉는 2021년 8월 발표일 기준이다. 서울시 자가점유비율은 2015년 기준 약 42.1%로 이후 시점에 대한 통계는 공개하지 않고 있다.

3부

2022년 산업의
주요 이슈

15

새로운 경영 패러다임: ESG는 전략이 아닌 본질이다

어제의 표준이 오늘날 고전이 된다. 카세트테이프는 과거 음악을 듣는 표준이었지만, 스마트폰으로 음악을 듣는 오늘날에는 고전이 되었다.

기업경영도 마찬가지다. 팬데믹 위기 이후 글로벌 기업들은 혼란스러운 경제 여건에서도 살아남기 위해 총력을 다했고, 가계는 요동치는 자산시장과 실물경제에서 어렵게 버텨내 왔다. 코로나19가 헤집고 간 2020년 세계 경제는 2021년 백신 보급으로 또 한 번 커다란 변화의 물결을 마주하고 있다.

ESG는 새로운 경영 패러다임이다. 오늘내일을 걱정하며 하루하루를 보냈던 경제 주체들은 이제 먼 미래를 그리고 나아갈 방향을 모색하기 시작했다. 그동안 이윤 극대화가 기업의 목적이었다면, 이제 ESG가 새로운 표준이 되었다.

ESG란
무엇인가?

ESG는 환경Environment, 사회Social, 지배구조Governance의 약자다. ESG는 기업의 환경보호와 사회문제 해결에 앞장서며, 법과 윤리를 준수하는 경영 철학이자 경영 방식이다.

기업 입장에서 ESG 경영을 추구하려면 비용이 수반되기 때문에 이윤 극대화를 목적에 두던 과거의 경영 철학과는 적합하지 않을 수 있다. 하지만 최근 소비자의 의식 수준이 개선되며, 기업들에 사회적 책임을 강조하기에 이르렀다. 사회적 책임을 다하는 기업이 생산하는 제품은 더 많은 가격을 지급하더라도 구매(높은 충성도)하고, 그렇지 않은 기업들을 외면하기 시작했다. 투자 의사결정에도 기업의 재무적 성과만 판단하는 것이 아니라, ESG와 같은 비재무적 요소들을 중대한 가치로 반영해 투자하기에 이른다(사회 책임 투자).

ESG는 사실상 유행이 아니라 기업의 본질이다. 인간은 소비함으로써 행복을 느낀다. 욕구 불만족의 상태를 만족의 상태로 만들어주는 것이 소비다. 배고픈 상태뿐만 아니라, 멋있어지고 싶은 욕구와 편안한 주거에 대한 욕구 등 모든 불만족을 만족으로 바꾸는 것이 바로 소비다. 기업은 가계에 필요한 물건을 제공해 준다. 먹을 것,

ESG의 개념

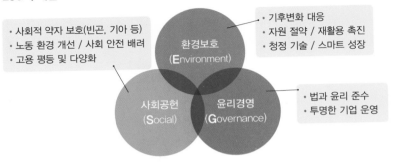

- 사회적 약자 보호(빈곤, 기아 등)
- 노동 환경 개선 / 사회 안전 배려
- 고용 평등 및 다양화

환경보호
(Environment)

- 기후변화 대응
- 자원 절약 / 재활용 촉진
- 청정 기술 / 스마트 성장

사회공헌
(Social)

윤리경영
(Governance)

- 법과 윤리 준수
- 투명한 기업 운영

입을 것, 살 곳을 제공한다. 기업이 재화와 서비스를 효율적으로 생산할수록 인간은 더욱 만족할 수 있다. 기업은 생산의 주체요, 가계는 소비의 주체다. 이러한 거래는 경제순환모형에서 설명하는 가장 기본적인 이론이다. 기업은 사회적 임무를 다함으로써 존재의 의미가 있는 것이고, 그러한 임무를 수행함으로써 이윤 추구라는 목적을 달성하는 것이다.

ESG에
돈이 몰리다

ESG에 천문학적인 규모의 글로벌 자금이 쏠리고 있다. 그동안 ESG는 구호로만 머물렀다. 하지만 코로나19 이후 지속 가능성에 대한 관심이 대두되자 글로벌 자본시장에 ESG 투자 열풍이 번졌다. 각국 정부와 기업뿐만 아니라, 연기금, 금융사, 개인 투자자에 이르기까지 ESG 투자에 나서고 있다. GSIA(글로벌 지속 가능 투자 연합)는 전 세계 ESG 투자자산 규모가 2018년 30.7조 달러에서 2020년 40.5조 달러로 증가한 것으로 추정했고, 도이치뱅크는 2030년까지 약 130조 달러 규모로 늘어날 것으로 전망했다. 특히, 미국과 중국이 ESG를 장악하기 위한 패권전쟁을 가속화할 것으로 보인다.

상장지수펀드인 ETF가 ESG로 집중되고 있다. 2014년 73억 달러에 불과했던 글로벌 ESG ETF 운용자산 규모가 2020년 1,746억 달러로 증가했다. 현재까지 ESG ETF 자산 규모는 유럽이 절대적인 비중을 차지하고 있으나, 2021년부터는 미국과 중국을 중심으로 확대될 전망이다. ESG 영역을 중심으로 한 각국 정부의 예산과 기업들의 투자 계획이 이를 반증해 준다.

글로벌 ESG 관련 투자자산 추이

(조 달러)

자료: GSIA, 도이치뱅크
주: 2020년은 6월 기준 추정치.

글로벌 ESG ETF 추이

(억 달러)

자료: TrackInsight, 〈Global ETF Survey Insights 2021〉

기업들의 행보에도 주목할 필요가 있다. 기업들의 '지속 가능성 보고Sustainability Reporting'가 늘어나는 추세다. 《포춘Fortune》이 선정한 500대 기업 중 매출액 기준 상위 250개 기업의 지속 가능성 보고율은 96%에 달했다. KPMG가 세계 주요 52개국의 매출액 상위 100개 기업을 조사한 결과, 이 보고율은 80%를 기록했다. 2020년까지 꾸준히 상승하는 추세에 있어 2021년과 2022년에는 지속 가능성 보고가 더욱 확산할 것으로 전망된다.

대표적인 사례로 GM이 있다. GM은 ESG 목표를 실현하기 위해, 〈Sustainability Report(지속가능경영 보고서)〉를 매년 발표하고 있다. 231페이지에 달하는 'GM(2021.4.), 〈Sustainability Report 2020〉'은

글로벌 지속 가능성 보고율 추이

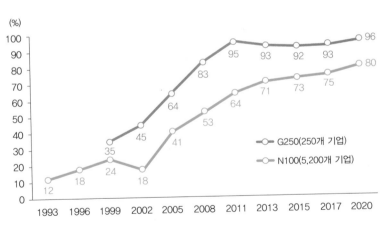

자료: KPMG, 〈Survey of Sustainability 2020〉

주: G250(250개 기업)과 N100(5,200개 기업)을 대상으로 함. G250은 《포춘》 선정 500대 기업 중 매출액 상위 250개 기업으로 구성. N100은 52개국을 대상으로 국가별 매출액 기준 상위 100개 기업을 추출해 구성.

ESG를 지향한 활동들이 어떻게 이행되고 있는지 다양한 수치가 제공되어 객관적으로 평가할 수도 있다. 예를 들어, 임직원의 성별·연령별·인종별 구성 확인과 에너지 사용이나 폐기물 감축 정도를 평가할 수 있다.

아마존은 2040년까지 탄소중립을 달성하겠다고 발표했고, 마이크로소프트는 2050년까지 창립 이후 배출한 탄소를 모두 상쇄시키겠다는 '탄소 네거티브Carbon Negative'를 선언했다. 기업이 사용하는 전력 100%를 재생에너지로 충당하겠다는 캠페인 'RE100'의 가입 기업이 꾸준히 늘었고 2021년 5월 기준 약 309개에 달한다. 한국에서는 SK그룹(6개사)을 시작으로 총 9개사가 있다. 그동안에는 E(환경)을 중심으로 기업들의 노력이 집중되었다면, 향후에는 S(사회)와 G(지배구조) 측면에서 행동을 가속화할 것으로 판단한다. E, S, G 각각의 관점에서 대표적인 기업들의 노력을 살펴볼 필요가 있겠다.

E(환경), 거스를 수 없는 시대적 요구

이제 환경 이슈는 거스를 수 없는 시대적 요구다. (「5. 글로벌 통상 환경의 3대 구조적 변화: 그린, 디지털, 리쇼어링」과 「10. 탄소중립Net-Zero 선언과 가까워진 순환 경제」에서 더욱 자세하게 다루었다.) 바이든은 매우 강력한 기후 행동을 요구하고 있고, 미국의 주요 기업은 대대적인 지지를 표명하고 있다. 애플은 공급망, 제조공정을 포함한 비즈니스 전 영역에서 탄소중립을 실현하겠다는 계획을 밝혔으며, 이미 2017년부터 천연목재 섬유로 만들어진 제품 포장재를 사용하고 있다. 또한 2억 달러의 '복원 기금Restore Fund'을 조성해 숲에 투자하고 이를 통해 수익을 창출할 예정이다. 연간 20만 대의 자동차가 배출하는 양에 해당하는 100만 미터톤(M/T)의 이산화탄소를 흡수하고, 포장재 등으로 사용될 나무를 생산할 예정이다.

글로벌 신용카드 기업 마스터카드는 2021년 1월 '탄소 계산기 carbon calculator'를 출시했다. 소비자들이 자신의 소비 행동으로 얼마만큼의 탄소를 배출했는지 쉽게 알 수 있는 스마트폰 애플리케이션이다. 소비자들은 신용카드를 사용할 때마다 탄소 배출양을 확인할 수 있고, 발생한 양의 탄소가 흡수되는 데 필요한 나무 수를 알 수 있다. 소비자들이 이산화탄소 배출에 경각심을 갖고 나무 심기를 위해 기부할 수 있도록 유도하는 것이다.

세계 최대 규모의 은행 중 하나인 JP모건 체이스JPMorgan Chase도 기후변화에 적극적인 대응을 하고 있다. 2021년 4월 JP모건 체이스는 기후변화 문제를 해결하는 데 향후 10년 동안 2조 5,000억 달러의 자금을 조달하겠다는 계획을 발표했다. 2020년 JP모건 체이스는 기후변화 대응을 위해 2,000억 달러의 기금을 조성할 것을 약속했는데, 이를 초과 달성하면서 더 공격적인 목표를 수립한 것이다. 뱅크오브아메리카BOA, Bank of America도 2021년 4월 들어 기후변화 관련 투자를 위해 1조 5,000억 달러의 금융을 마련하겠다는 목표를 밝혔다.

마스터카드의 탄소 계산기

자료: mastercard.us

국내에도 순환 경제Circular Economy[1]를 선도하는 기업들이 속속 등장하고 있다. 두산중공업은 폐플라스틱을 이용해 수소를 생산하는 기술 개발에 뛰어들었다. 플라스틱에 열을 가해 얻은 가스로 수소를 생산하는 개질기를 개발했으며, 이를 통해 하루 300킬로그램에서 향후 하루 3톤까지 생산량을 끌어올릴 전략이다.

SK종합화학과 코오롱인더스트리는 2021년 하반기에 '생분해 플라스틱PBAT'을 출시할 계획이다. 기존 플라스틱은 자연분해되는 데 100년의 시간이 소요되지만, PBAT는 6개월 내에 분해된다. 양 사는 2023년까지 연간 5만 톤 이상으로 생산력을 끌어올려 시장을 선점한다는 포부다. 한화솔루션은 산업통상자원부의 국책 과제인 '폐

---

1 순환 경제(Circular Economy)란 자원 절약과 재활용을 통해 지속 가능성을 추구하는 친환경 경제 모델을 말한다. '자원 채취(take)-대량 생산(make)-폐기(dispose)'가 중심인 기존의 '선형 경제(Linear Economy)'에서 환경보호를 위한 새로운 경제 모형으로 전환되고 있다.

폐플라스틱 수소화 공정도

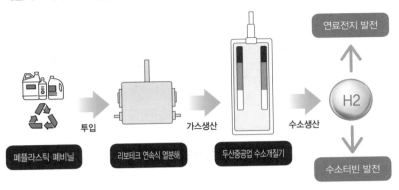

자료: 두산중공업

플라스틱 열분해유 기반 나프타 생산기술' 사업의 주관기업으로 선정되었고, 플라스틱을 재활용하는 기술 개발에 착수했다. 이 기술은 폐플라스틱을 이용해 나프타를 생산하고, 에틸렌이나 프로필렌 등과 같은 플라스틱 기초 원료를 재생산하는 방식이다.

SKC는 매립 시 단기간 내 100% 분해되는 친환경 포장재를 생산하고 있다. SPC그룹의 배스킨라빈스, 파리크라상, 던킨, 파스쿠찌, SPC삼립에 이르기까지 다양한 상품에 SKC의 포장재를 활용할 계획이다.

NH농협은행은 '탄소포인트제'에 가입한 고객에게 0.1%p의 신용대출 우대 금리를 제공하기 시작했다. 탄소포인트제는 온실가스를 줄일 수 있도록 가정, 상업, 아파트 단지 등에서 전기, 상수도, 도시가스의 사용량을 절감하고 감축률에 따라 포인트를 부여하는 전 국

탄소포인트제 운영 체계

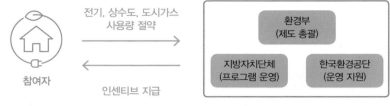

자료: 환경부

민 온실가스 감축 실천 프로그램이다. 환경부가 추진하고 한국환경공단이 주관하고 있다.

S(사회), 사회문제 부상과
기업의 역할 재정의

기업이 사회문제를 외면하면 사회로부터 외면당한다. 이제는 저출산·고령화, 성차별, 인권 등과 같이 기업을 둘러싼 사회환경 문제에 기업의 책임 있는 행동을 요구하고, 내부 고객이라 할 수 있는 종업원들의 복지, 노동, 안전 등의 문제에도 적극적인 움직임을 제안한다. 나아가 기업의 공급업체 등과 같은 관계사와 윈윈할 수 있는 공정한 협업 체계를 갖추는 것도 요구된다. 이러한 모든 책임 있는 행동을 기반으로 기업이 지속 가능한 성장을 이룰 수 있는 것이다.

한때 세계 대표 전자기업이었던 소니는 국제신용평가사 무디스로부터 '투자 부적격' 등급을 받을 정도로 바닥까지 추락했다. 그런 소니가 《월스트리트저널Wall Street Journal》이 선정한 세계 100대 지속가능 기업에 1위를 차지했다(2020년 12월). 더 이상 혁신할 수 없다는 평가를 받았던 소니는 과거의 제조업에서 소프트웨어와 미디어 사업으로 전환하는 데 성공했다. 비즈니스 모델을 완전히 전환하는 서비스화Servitization를 이루면서 ESG 경영을 동시에 추진했다. 재생 플라스틱을 사용해 환경문제에 앞장섰고, 기업 정보의 투명성을 높이며 지배구조 면에서도 선도적인 모습을 보였다. 특히나 사회문제 해결에서 우수한 접근을 한 사례로 평가받았다. 두드러지는 점은 저출산이라는 일본의 사회문제를 해결하기 위해 직원들에게 불임치료 지원 제도를 도입했다는 점이다. 휴가, 근무시간 단축 및 치료비 보조 등을 지원해 이직률을 낮추고 직원들의 직무 만족도를 끌어올렸다.

미국 반도체 기업 엔비디아NVIDIA[2]는 파트너 기업들과 ESG 활동을 이행하는 것으로 유명하다. 특히, 공급업체 등의 협력사들과 동반 성장을 목표로 하고 있다. 전 세계 자동차 기업들과 파트너십을 체결하고, 자율주행 생태계를 조성하기 위해 노력하고 있다. 또한 스마트팜 사업을 통해 지역 농가에 도움을 주고 스타트업을 지원하는 '엔비디아 인셉션 프로그램NVIDIA Inception Program'을 통해 협력사들에

---

2 GPU(Graphic Processing Unit, 그래픽스 처리장치)의 창안사이자, 인공지능 컴퓨팅 분야의 세계적인 선도기업으로 현대적 컴퓨터 그래픽을 재정의하고 병렬 컴퓨팅의 변혁을 일으켰다.

비즈니스 기회를 제공했다. 엔비디아의 기술지원과 교육 및 네트워킹을 무상으로 제공함으로써 협력사들이 무엇을 필요로 하는지에 집중하고 그 필요를 충족하는 방향으로 ESG 경영을 실천하고 있다. '나' 중심이 아니라, '함께'가 중심이 되는 것이다.

유한킴벌리는 사회문제를 해결하고, 이를 통해 비즈니스 기회를 창출하는 데 상당한 노력을 기울여 왔다. CSVCorporate Social Value(공유가치 창출)를 기업의 중요한 가치로 설정하고, 이를 실천하기 위한 구체적인 계획들을 실천했는데, 특히 고령화의 빠른 진행과 노인 빈곤 문제가 심각하다는 점에 집중했다. 시니어를 위한 일자리를 창출해 시니어 일자리 모델을 사회에 확산시키며, 이를 통해 시니어 비즈니스 기회를 확대했다. 시니어 비즈니스 소기업 육성, 치매 예방 교육을 제공하는 시니어 케어 매니저 육성, 시니어 일자리 플랫폼 임팩트 피플스 지원 등 여러 방면으로 다양하게 기여해 왔다.

G(지배구조), 소비자들은 무엇을 요구하는가?

사실 ESG 경영에서 가장 중요한 것은 'G'다. 친환경산업을 중심으로 돈이 몰리기 때문에 비즈니스 목적으로 'E'에 관심을 둘 수밖에 없고, 기업 이미지에 민감한 경영진들은 'S'를 관리해야만 한다. 즉, 기업들의 보여주기식 목적으로 'E'와 'S'를 신경 쓸 수 있지만, 'G'는 진정성 없이 불가능하다. 러셀 인베스트먼츠 리서치Russell Investments Research의 〈2020 Annual ESG Manager Survey〉에 따르면 투자자들은 투자 판단에 있어 지배구조(G)를 가장 중요하게 고려한다고 답했다. E, S, G가 서로 독립적이라고 판단할 수 있지만, 사실 E와 S는 G에 의해 결정된다. 다시 말해 환경과 사회에 대한 기업의 책임 있는 활동과 투자는 CEO를 비롯한 경영진의 의사결정에 달려 있다.

지배구조란 기업 혹은 경영진이 사업을 잘하고 있는지 외부 시각에서 관리하도록 만든 시스템을 뜻한다. 대개 이사회, 사외이사를 가리키며 경영진이 특정 이해 관계자에게 편향되지 않고 잘못된 의사결정을 내리지 않도록 감독하고 견제하기 위한 시스템이다. 지배구조가 제대로 작동하지 않으면 오너 리스크Owner Risk로 연결되고, 이는 기업이 복구되기 어려운 수준의 충격 혹은 파산으로 치닫기도 한다.

2008년 글로벌 금융위기의 주범이었던 미국의 투자은행 리먼브

ESG 요소별 투자 판단의 중요도

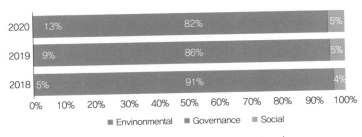

자료: Russell Investments Research(2020.11.), 〈2020 Annual ESG Manager Survey〉

라더스의 사례가 대표적이다. 당시 리처드 폴드Richard Fuld 회장은 매우 공격적인 성장 전략을 채택했다. 상업용 부동산 등과 같은 고위험-고수익 투기 등급의 채권 매입을 늘렸고, 특히 서브프라임 모기지(비우량 주택담보대출) 투자를 밀어붙였다. 경쟁사를 이겨야겠다는 일념으로 독단적인 경영을 단행한 것이다. 당시 사외이사 10명 중 9명은 은퇴자였고 금융업 경험을 가진 사외이사는 2명뿐이었다. 구조적으로 경영진을 감독할 역량과 의지가 부족하다는 리먼 이사회의 지적이 있었지만 리처드 폴드는 이를 무시했다. 이 사례는 지배구조 문제가 자사의 몰락뿐만 아니라 세계 경제에도 충격을 줄 수 있다는 것을 보여준다.

국내 지배구조 대응 측면에서 대표적인 사례로 손꼽히는 기업은 풀무원이다. 환경과 사회적 이슈에도 매우 적극적인 대응을 하고 있지만, 지배구조 면에서는 거의 독보적이다. 풀무원의 남승우 전 대표는 33년의 오너 경영을 마감하고 2018년 '1호 사원' 이효율 대표에게 경영권을 이임했다. 국내 상장기업 중 가족이 아닌 전문 경영인에게 경영권을 승계한 경우는 사례를 찾기 매우 힘들다. 이사회 시스템도 투명성을 갖추었다고 인정받는다. 이사진을 선임하는 데 독립성뿐만 아니라 전문성, 경영 마인드 및 사회적 지명도 등의 평가 기준을 고려해 공정한 프로세스를 갖추고 있다고 평가된다. 그 결과 풀무원은 식품기업 최초로 4년 연속 ESG 통합 A+등급을 획득하고 최우수기업상을 받았다.

ESG는 더 이상
선택이 아니다

ESG 경영은 기업의 본질이다. 마케팅 전략도 아니고, 경영기획팀은 과제도 아니다. ESG를 요구하는 사회의 목소리 또한 유행이 아니다. ESG는 시대적 패러다임이다. 거스를 수 없다는 뜻이다. 이러한 ESG는 수단이 아니라 목적이어야 한다.

ESG 경영을 실천하는 기업은 ESG를 외치지 않는다. 유니레버는 CSRCorporate Social Responsibility(기업의 사회적 책임) 전담 부서를 해체했다. 이는 개별 부서가 하는 일이 아니라 전사적 목표여야 한다는 점에서 내린 결정이었다. 유럽의 주요 기업들은 ESG 경영을 외치지도, 전담 부서를 만들지도 않는다.

더불어 그린워싱Greenwashing[3]을 분리해 평가할 필요가 있다. 어학 실력보다 어학 점수 올리기에 급급하듯, 친환경을 외치지만 실천하지 않는 모습들이 발견되곤 한다. ESG 평가 시스템의 객관성과 독립성을 갖추도록 유도하고, 우리 경제의 건전한 ESG 경주가 이행될 수 있도록 사회환경을 조성하는 ESG 정책도 요구되겠다.

개인 투자자 입장에서도 ESG를 고려해야 할 시점이 왔다. ESG가 하나의 기업 경쟁력으로 부상하는 만큼 주식투자 의사결정에서 유

---

3 친환경을 선언하고 있지만, 실제 행동은 전혀 그렇지 않은 것을 말한다. green(녹색)과 white washing(세탁)의 합성어다.

망한 산업인지, 재무적으로 탄탄한지를 확인함과 동시에 ESG 행보
가 견실한지를 판단할 필요가 있다. 현재 국내외 다양한 ESG 펀드
상품이 등장하고 있다(다음 표 참조). ESG를 일시적인 유행이 아니라
패러다임 변화임을 인식하고, 장기 투자 관점에서 이러한 흐름을 고
려해야 하겠다.

국내 ESG 펀드 수익률 상위

(단위: 억 원, %)

펀드명	설정액	수익률		
		6개월	연초 이후	1년
브이아이FOCUSESGLeaders150	204	40.82	18.14	69.96
미래에셋좋은기업ESG	186	34.69	14.1	63.72
우리지속가능ESG	128	41.44	12.98	–
한화ARIRANGESG우수기업	45	26.98	12.79	42.29
삼성KODEX 200ESG	229	41.34	12.38	70.81
미래에셋TIGERMSCIKOREAESG리더스	449	36.44	11.07	65.27
마이다스책임투자	2808	34.57	10.49	76.77

자료: 에프앤가이드
주: 2021년 5월 4일 기준.

메타버스,
현실을 초월한 가상

독도에 다녀왔다. 흔들리는 헬기를 타고 얼마간 하늘을 날자, 긴장감이 사라지고 기대감으로 교차했다. 수많은 갈매기가 홍해를 가르듯 비켜서자 장엄한 독도의 모습이 나타났고, 기대감은 어느새 경이롭다는 감동으로 바뀌었다.

사실 나는 가상·증강현실 기술로 독도에 다녀왔다. 그 경험이 너무 생생해, 순간순간 현실 속에서 실제 독도에 다녀온 게 아닐까 하고 착각하게 된다. 가상과 현실의 구분이 와해되었다. 즉, 가상에서의 경험과 현실에서의 경험 간의 경계가 사라진 것이다.

가상과 현실
구분의 와해

        현실의 나는 '취준생'이지만, SNS에서의 나는 '플렉스'다. 플렉스flex[4]는 요즘 MZ세대를 중심으로 "(부나 귀중품을) 과시하다, 뽐내다"를 뜻하는 용어로 통용되고 있다. 여행의 추억을 간직하기 위해 사진을 찍는 것인지, '멋진 여행을 즐기는 인물'임을 SNS에 올리기 위해 사진을 찍는 것인지 헷갈릴 정도다. 쉽게 드나들 수 없는 근사한 레스토랑의 음식 사진도, 살 수는 없지만 구독 서비스로 경험할 수 있는 명품 옷과 고급 차도 '현실 속의 나의 모습'을 대변해 주기보다 '남들이 인식해 주기를 바라는 나의 모

---

4 플렉스(Flex)는 '돈을 쓰며 과시하다', '지르다'라는 뜻으로 사용되는 단어다. '구부리다'라는 뜻에서 파생해 '몸 좋은 사람들이 등을 구부리며 근육을 자랑'하거나 1990년대 미국 힙합 문화에서 래퍼들이 부나 귀중품을 뽐내는 모습에서 유래되었다. 젊은 층을 중심으로 '(부나 귀중품을) 과시하다, 뽐내다'라는 의미로 쓰인다. 플렉스를 목표로 돈을 모은 밀레니얼 세대들이 명품 구매 시장에 뛰어들고 있으며 소셜 네트워크 서비스(SNS) 등을 통해 플렉스하는 게 그들 사이에서 트렌드가 됐다.

습'이다. 그러한 모습을 SNS라는 공간에 표출하고 있는 것이다.

가상과 현실이라는 간극에서 연예인 악성 댓글 문제가 대두된 적이 있었다. 사이버 공간에서 익명성이라는 가면에 기대어 범죄를 저지른 이는 초등학생. 실제로는 때 묻지 않은 평범한 아이지만, 현실 세상을 구분하지 못한 '가상의 나'는 '현실의 범죄자'가 되고 만다. 현실과 분리된 가상의 세계로 생각했지만, 사실 가상과 현실이 와해된 세상인 것이다. 인터넷과 디지털 기술은 가상의 세계를 가져왔고 메타버스라는 신대륙을 발견하기에 이른다.

'다시' 부상한
메타버스 물결

메타버스가 다시 부상했다. 많은 사람이 메타버스를 코로나19 이후 처음 등장한 신조어로 생각하는 경향이 있지만 이는 오해다. 구글 스칼러Google Scholar 툴을 이용해 조사한 결과, 메타버스에 관한 논문은 2000년대 이전부터 존재했고 이후 가파르게 증가해서 2009년 전 세계에서 약 687편이 게재된 것으로 확인된다. 이후 메타버스에 관한 논문 편수는 감소해 오다가 2018년부터 다시 증가세로 전환되었다. 2020년에는 세계 메타버스 논문 및 특허 건수가 약 449편으로 큰 폭으로 증가했다.

대중의 관심도 유사한 양상이지만 더욱 폭발적이다. 구글 트렌드Google Trend 툴을 이용해 메타버스에 관한 관심도를 분석한 결과

메타버스 논문 편수 및 관심도 추이

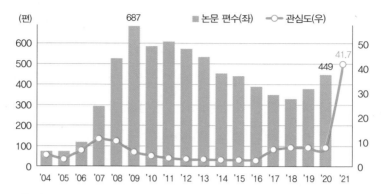

자료: 한국경제산업연구원

주1: 논문 편수는 구글 스칼러를 통해 연도별 논문 및 특허 건수를 산출.
주2: 관심도는 구글 트렌드에서 추출한 월별 검색 관심도를 활용해 연평균으로 환산함(검색 빈도가 가장 높은 경우
100, 검색어에 대한 데이터가 충분하지 않은 경우 0을 나타냄).

2007년에 관심이 증가했다가 2017년부터 다시 고조되는 흐름을 보였다. 특히, 2021년에는 메타버스에 관한 관심도가 가히 폭발적이다. 관심도는 논문 및 특허 건수를 선행하는 경향이 뚜렷하기 때문에 2021년 이후의 과학, 기술, 산업적 관심이 논문 및 특허 건수만큼 크게 나타날 것으로 전망된다.

메타버스에 대한 관심이 증폭되는 것은 그만큼 사용자들이 가상세계로 뛰어들고 있다는 뜻이다. 사용자들의 관심만큼이나 기술적 기반이 고도화되고 범용화되고 있다. 가상현실VR, Virtual Reality과 증강현실AR, Augmented Reality이 가장 대표적인 기술 기반이고, 이는 혼합현실MR, Mixed Reality 그리고 더 나아가 확장현실XR, eXtended Reality로 진보하고 있다. 3D 영상, 홀로그램과 같은 콘텐츠 기술과 빅데이터를 실

세계 XR 시장 규모 추이 및 전망

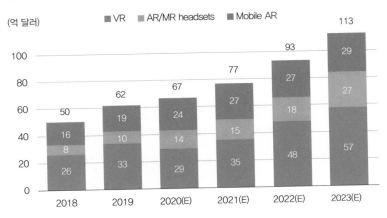

자료: A Nielsen Company

시간으로 교환할 수 있는 5G 네트워크 또한 확산하고 있다. 더욱이 메타버스가 게임산업을 넘어 유통, 교육, 제조, 금융 등의 전 산업에 걸쳐 활용되면서 시장이 급성장하고 있다. 세계 메타버스를 이루는 핵심 기술, 소프트웨어 및 하드웨어 시장이 2021년 약 77억 달러에서 2022년 약 93억 달러 규모로 증가할 것으로 전망된다.

메타버스는 무엇인가?

메타버스metaverse는 meta(초월)와 universe(현실 세계)의 합성어로 가상공간과 현실 세계가 융합 및 상호작용하는 3차원의 초현실 세상을 의미한다. ASF_{Acceleration Studies Foundation}는 메타버스를 가상과 현실을 이분법적으로 보는 접근에서 벗어나, 교차점_{junction}, 결합_{nexus}, 수렴_{convergence}의 관점에서 해석했다. 이 책에서는 메타버스를 물리적 실재와 가상 공간의 실감 기술을 통해 상호작용하고 결합하여 만들어진 융합 세계로 정의하겠다.

메타버스는 각 유형이 명확하게 분리되기보다는 점차 경계가 허물어지는 경향이 있지만 크게 4가지로 분류된다. 첫째, 증강현실_{AR}은 일상에 가상의 콘텐츠(이미지 등)가 투영된 것을 말한다. 물리적 환경에 디지털 콘텐츠가 겹치는 것이다. 가장 대표적인 사례가 포켓몬GO다. 스마트폰 카메라로 현실 장소를 비추고 화면에 보이는 포켓몬을 찾아 잡는 게임으로 유명하다.

둘째, 라이프로깅_{Lifelogging}이다. 이는 일상의 디지털화를 뜻한다. SNS는 이미지, 영상 및 텍스트를 이용해 사용자의 일상을 담는 가상공간이 되고 있다. SNS에는 나의 아바타_{Avatar}가 있고, 아바타를 통해 다른 아바타와 상호작용한다. 결국 일상을 디지털화하고, 이를 통해 '디지털 미_{Digital Me}'가 형성된다. 현실 공간의 '나'는 하나뿐이지만, 가상공간에서는 그 특성에 알맞은 '다양한 나'가 존재한다. 싸이월드(1990년대 유행한 한국형 SNS) 속의 나, 페이스북 속의 나, 인스타그램 속의 나, 제페토 속의 나, 유튜브 속의 나처럼 각각 존재하고, 각자의 가상공간에서 살아간다.

셋째, 거울 세계_{Mirror Worlds}다. 라이프로깅이 개인의 일상을 디지털화했다면, 거울 세계는 세상을 디지털화한 것이다. 물리적 세계를

메타버스의 개념

메타버스

가상공간

현실 세계

실감 기술

자료: AI Hub

메타버스의 분류

증강(Augmentation)

외부 환경(External)

개인·사적(Intimate)

① 증강현실
(Augmented Reality)

포켓몬고

② 라이프로깅
(Lifelogging)

페이스북,
인스타그램

③ 거울 세계
(Mirror Worlds)

구글 어스

④ 가상현실
(Virtual Reality
or Virtual Worlds)

세컨드 라이프,
호라이즌

가상(Virtualization)

자료: ASF(Acceleration Studies Foundation)

가능한한 사실적으로 재현하되 추가 정보를 더해 '정보적으로 확장된informationally enhanced' 플랫폼이다. 현실 공간의 건물이나 사물들의 모습을 그대로 가상공간에 복제한다는 면에서 '디지털 트윈digital twin[5]으로 구현된다. 예를 들어 현실의 공장을 가상의 디지털 공간에 복제해 놓고, 실시간으로 공장을 모니터링하고 제어할 수 있는 것이다. 그밖에도 댐이나 발전설비 등과 같은 산업 현장의 운영 실태

---

5 디지털 트윈(Digital Twin)은 미국 제너럴 일렉트릭(GE)이 주창한 개념으로, 현실 속 사물을 쌍둥이처럼 컴퓨터에 만들고 현실에서 발생할 수 있는 상황을 컴퓨터로 시뮬레이션함으로써 결과를 예측하는 기술이다. 디지털 트윈은 제조업뿐 아니라 다양한 산업·사회문제를 해결할 수 있는 기술로 주목받는다. 기본적으로는 다양한 물리적 시스템의 구조, 맥락, 작동을 나타내는 데이터와 정보의 조합으로, 과거와 현재의 운용 상태를 이해하고 미래를 예측할 수 있는 인터페이스라고 할 수 있다. 물리적 세계를 최적화하기 위해 사용될 수 있는 강력한 디지털 객체로써, 운용 성능과 사업 프로세스를 대폭 개선할 수 있다.

를 시뮬레이션하고 모니터링하는 데 유용하게 활용되고 있다. 일상 속에서도 가장 많이 사용되고 있는 예로는 내비게이션이다. 도로를 스크린에 투영시키고 주행과 관련한 다양한 정보를 제공하고 있다.

넷째, 가상현실VR이다. 증강현실이 현실 세계에 가상 콘텐츠가 투영되는 방식이라면, 가상현실은 가상 세계에 개인이 들어간 것이다. 기존 게임이 현실 공간에 있는 개인이 가상의 모습을 경험하는 방식이라면, 가상현실 게임은 현실을 완전히 잊고 그 공간으로 들어가는 방식이다. 소비자들이 훨씬 실감 나는 게임을 즐길 수 있는 가상현실 기술은 게임산업뿐만 아니라 교육, 유통, 금융, 스포츠, 오락 등 전 산업에 걸쳐 도입되고 있다.

메타버스가 열어준
새로운 세상

이렇듯 메타버스는 새로운 세상을 열어젖혔다. 첫째, 증강현실 기술을 활용한 산업들은 소비자에게 새로운 경험을 제공하고 있다. IKEA는 실제 가구가 배치될 공간과 잘 어울리는지를 확인할 수 있는 애플리케이션을 도입했다. 가구의 질감과 명암을 정밀하게 표현하고, 제품의 크기, 디자인, 기능까지 실제 제품 비율을 적용해 배치할 수 있다. 나이키 피트FIT는 스마트폰 카메라를 발에 대면 수초 내로 정밀하게 매핑하고 발의 치수를 저장

IKEA place 증강현실 애플리케이션

자료: IKEA

한다. 저장된 데이터는 많은 소비자의 구매 이력 등의 데이터와 결합해 최적의 신발 사이즈를 제안해 준다. 워너비WANNABY라는 스타트업은 증강현실 기술을 사용해 실제 느낌으로 신발을 미리 신어보거나, 매니큐어를 칠해보고, 반지를 착용안 다음 구매를 진행할 수 있는 플랫폼을 개발해 세계적으로 주목을 받고 있다.

둘째, 일상의 디지털화 즉 라이프로깅은 '현실의 나'가 '디지털 미'를 통해 새로운 세상을 여는 것이다. 네이버Z는 3D 아바타를 기반으로 가상공간에서의 나를 창조하고 세상과 소통할 수 있는 제페토를 출시했다. 전 세계 2억 명이 사용하고 있는 제페토는 공간을 꾸미고 다양한 패션을 살 수 있을 뿐만 아니라, 아바타의 제스쳐로 디지털 미를 표현하고 많은 사람과 소통할 수 있다. 제페토 월드에서 아바타 버전의 뮤직비디오를 찍은 가수 블랙핑크의 버추얼 팬

제페토에 구현된 디지털 미

자료: 네이버Z

사인회에는 4,600만 명이 넘는 이용자가 모여들기도 했다. 해외 명품 브랜드 구찌GUCCI는 아바타가 착용할 수 있는 60여 개의 의상과 핸드백을 제페토에 출시했다. 또한 제페토 이용자는 아바타 의상을 직접 제작하고 다른 이용자에게 판매할 수도 있다. 아이템의 80% 이상이 이용자가 직접 제작한 것으로, 하루 7,000~8,000개의 신제품이 오른다.

셋째, 거울 세계는 지구를 손바닥 위에 올려놓은 듯한 경험을 제공한다. 디지털 트윈으로 모든 세계를 복제해 구현하고, 이를 손바닥 안에서 조정·통제할 수 있도록 해준다. 스마트 홈의 주요 기능 중 하나는 집 밖에서 집을 관리하는 것이고, 스마트 팩토리의 주요 기능 중 하나는 공장을 원격으로 조정하는 것이다. 스마트 시티도 마찬가지다(스마트 시티에 관한 내용은 「19. 2022년 눈앞에 그려질 스마트 시티」 챕터에서 자세히 다루고 있다).

대표적으로 구글 어스Google Earths는 세계 전역의 위성사진을 수집하고 일정 주기로 업데이트해 시시각각 변화하는 지구의 모습을 3차원 지도로 보여준다. 또한 브루마불처럼 가상 부동산을 사고파는 게임 '어스 2Earth 2'가 열풍이다. 가상화폐 열풍처럼 가상 부동산 투자에도 상당한 관심이 몰렸고, 웬만한 지역은 매물이 없어서 매수가 힘들 정도다.

넷째, 가상현실은 비대면과 온라인 환경에서 사용자가 실감 나는 경험을 할 수 있도록 해준다. '세컨드라이프second life'는 린든랩Linden Lab이 출시한 가상현실 게임이다. 게임이라고 하지만 MZ세대에겐 일상적인 놀이가 되었다. 사용자는 자신의 세계관을 담은 시공간을 구성하고, 아바타를 통해 현실 세계와 다른 세상에 접속할 수 있다. 게임뿐만이 아니다. 판타웍스는 다양한 안전교육을 현장감 있게 구현하고 있다. 그동안의 교과서적인 교육은 현실성이 떨어져 '교육

판타웍스의 VR 안전교육 콘텐츠

자료: 판타웍스

따로 현장 따로'였지만, 가상현실 기술로 구현한 콘텐츠는 책상 앞에 앉아 공장이나 건설 현장에 접속한다. 지게차나 컨베이어벨트를 직접 타면서 다양한 재난 위험 상황을 가상으로 경험할 수 있게 하는 것이다. 그 밖에도 화재 사고나 교통사고 등에 대응할 수 있는 학교 안전교육 콘텐츠를 제공하고 있다.

유통업계도 상당하다. 폭스바겐은 업계 최초로 초실감화 마케팅을 도입했다. 프리미엄 브랜드 아우디 판매를 촉진하기 위해 비대면화된 환경에서도 소비자가 가상현실 기술을 통해 차량을 경험해 보고 구매 여부를 결정할 수 있는 여건을 마련했다. VR 스토어에서 기기를 통해 자동차의 세부 사항과 부가적인 자료들을 직접 보여주는 방식으로 마케팅을 진행하고 있다.

폭스바겐의 아우디 VR 스토어

자료: Audi MediaCenter

메타버스
초현실 전략

가상은 허상이 아니다. 많은 소비자가 가상 세계로 뛰어들고 있다. 특히 MZ세대는 또 하나의 자아를 가상 세계에 투영시켜 삶을 꾸미고 있다. 그중 Z세대가 경제활동을 시작하고 구매력이 향상되면서 가상 세계를 이용한 소비자와의 소통은 기업들이 외면할 수 없는 채널이 되었다. 한편 언택트 시대에는 모든 서비스가 비대면 환경에서 전달되어야 한다. 기업들은 '어떻게 하면 비대면 혹은 온라인 환경에서도 옷을 입어본 것처럼 느끼게 하고 사도록 만들까?'와 같은 구체적인 고민을 해야 한다. 그리고 그 해답을 메타버스를 통해 찾을 수 있어야 한다.

기업들은 비즈니스 모델의 전환뿐만 아니라 신산업 기회로써 방향성을 모색해야 한다. 정부는 5G 보급에 이어 이미 6G 개발에 착수했다. 디지털 뉴딜 정책의 일환으로 비대면 산업을 육성하고 메타버스 시장 성장을 촉진하는 등 다양한 지원 정책을 내놓고 있다. 콘텐츠, 통신 네트워크, 소프트웨어, 애플리케이션, 하드웨어(헤드셋 등)와 같은 메타버스 관련 신산업 진출을 검토할 필요가 있는 것이다.

정부는 메타버스를 선도할 수 있는 정책적 기반을 마련해야 한다. 스타트업이나 중소기업들이 메타버스 밸류체인의 주요 영역들로 진입할 수 있도록 R&D 예산을 편성하고, 지속적으로 경쟁력을 강화해 나갈 수 있도록 이끌 필요가 있다. 무엇보다 메타버스 기술을 적용할 기업들의 수요를 선제적으로 파악하고, 맞춤화된 콘텐츠를 제공할 수 있도록 가이드라인을 마련해 준다면 메타버스 밸류체인이 더욱 더 강력해질 수 있겠다. 모든 변화는 저항을 받기 마련이다. 강력한 규제나 기존 산업과의 갈등과 같은 저항이 만만치 않을 것이다. 기업들이 저항을 이겨낼 수 있는 정책적 방향성도 필요하겠다.

구독경제를
구독하라

동네마다 음반 가게가 있던 시절, 테이프가 늘어지도록 음악을 들었던 기억이 난다. 방 안에는 좋아하는 가수들의 테이프들이 수북이 쌓여 있기도 했다. 이제 음반 가게를 찾아보기 힘들어 테이프는 손에 없지만 여전히 음악을 듣고 있다. 다만 음반 가게는 애플리케이션으로, 테이프는 스트리밍으로 변화했다. 음반을 '소유'했던 시절에서 음악을 '경험'하는 것으로 바뀌었고, 상품을 '구매'하던 행위는 서비스를 '구독'하는 행위로 바뀐 것이다. 즉, 소유 경제에서 구독경제로의 전환이 일어난 것이다.

구독경제란
무엇인가?

구독경제subscription economy란 사전적으로 '일정 금액을 내고 정기적으로 제품이나 서비스를 받는 것'을 통칭하는 경제 용어다. 구독경제는 사실 오래전부터 있었다. 우리는 신문, 우유, 녹즙, 학습지 등과 같은 '유형의 상품'을 정기적으로 구독해 왔다. 전세나 월세와 같은 제도 역시 많은 국민이 사용하는 주거 서비스라는 구독경제의 산물이고, 은행 대출 역시 이자라는 일정한 구독료를 지급하고 자금을 이용해 온 셈이다. 근래에 들어서는 통신, 인터넷, 뉴스레터 등 거의 모든 재화와 서비스에 이르기까지 구매가 아닌 구독으로 전환되고 있다.

자동차를 예를 들어보자. 소유 경제는 자동차를 대리점에서 구매하는 것이고, 공유경제는 누군가 소유하고 있는 자동차를 여러 소비자들이 특정한 조건으로 차용하는 것이다. 구독경제는 생산자에게 일정한 비용을 지불하고 자동차를 이용하는 모델이기 때문에, '소유'의 과정이 전혀 없고 '경험'만 있다. 소유는 '물건의 가격만큼' 대가를 지불하는 것이고, 경험은 '사용한 만큼' 대가를 지불하는 것이다. 한편 렌털 서비스는 한 대의 차를 의무 보유 기간 동안 이용하는 방식이지만, 구독 서비스는 다양한 차종을 돌아가며 이용할 수 있다는 점에서 큰 차이가 있다. 즉, 구독 서비스는 '경험'이라는 측면이 더욱 강조된 것이다.

소유 경제 vs. 공유경제 vs. 구독경제 모델 비교

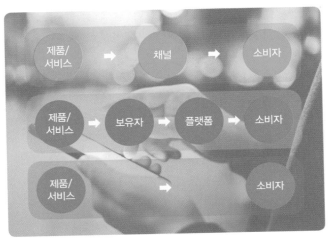

왜 구독경제가
커지는가?

디지털 콘텐츠와 플랫폼은 구독경제로의 전환을 가속화하고 있다. 콘텐츠 산업은 테이프와 CD 같은 유형의 재화를 구매하는 방식에서 파일을 다운로드하는 방식으로 전환되었고, 이제 디지털 플랫폼을 이용해 실시간으로 스트리밍하는 방식으로 또다시 전환했다. 다운로드 방식까지는 '구매'였지만, 스트리밍 방식은 '구독'이다.

디지털 콘텐츠를 다운로드하는 방식에는 소위 '복사해 붙여넣기'가 가능하다는 점에서 저작권 보호의 어려움과 콘텐츠 생산자에게 투명한 수익을 보장해 주지 못한다는 한계가 있었다. 스트리밍 방식

세계 음악 시장 규모 추이

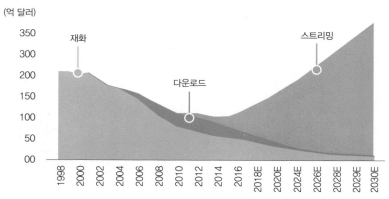

자료: Goldman Sachs, 〈Music in the Air〉

의 디지털 콘텐츠 구독경제는 이러한 한계를 극복하는 비즈니스 모델인 것이다. 골드만삭스는 최근 〈Music in the Air〉 보고서를 통해 2030년 세계 음악 시장 규모가 410억 달러에 달할 것이고 이 중 스트리밍 시장이 340억 달러(약 82.9%)를 차지할 것으로 추정했다.

기업들이 구독 서비스를 새로운 비즈니스 모델로 주목하면서 전 산업에 걸쳐 확대되고 있다. 첫째, 구독 서비스는 잠김 효과Lock-in effect를 유도할 수 있다. 구독 서비스는 기존 모델과 달리 경쟁사 서비스로 전환하는 고객[6]을 막고, 장기적으로 이용자의 충성도를 높일

---

6 경영학에서는 고객 전환 행동(customer switching behavior)이라고 하며, 이를 일으키는 요인을 찾는 연구가 활발히 진행되고 있다. 산업계에서는 전환 행동을 줄일 수 있도록 하는 마케팅, 경영전략 등의 노력을 하고 있으며, 그중 구독 서비스 모델이 하나의 전략으로 부상하고 있다.

수 있는 기업 전략이 되고 있다. 즉, 진실된 장기 충성도True Long-term
Loyalty 고객을 확보하는 수단인 것이다. 둘째, 구독 서비스는 수요를
예측할 수 있다는 측면에서 생산, 공급사슬 관리, 인력 배치 등 경영
전반에 걸친 위험과 비용을 줄일 수 있다. 크레디트 스위스Credit Suisse
는 세계 구독경제 시장 규모가 2000년 2,150억 달러에서 2015년
4,200억 달러 규모로 성장했고, 2020년까지 약 5,300억 달러 규모로
성장할 것으로 추산했다. 실제로 S&P 500 기업의 매출 증가율과 구
독경제의 성장세는 극명한 차이를 보이고 있다. S&P 500 기업은 코
로나19의 충격으로 2020년 -10% 수준의 충격이 있었지만 구독 서
비스는 오히려 12% 증가했다.

구독경제 인덱스 vs. S&P 500 및 미국 소매 판매 인덱스 비교

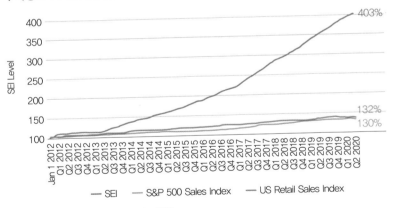

자료: Zuora, Subscription Economy Index 2020

주: SEI(Subscription Economy Index, 구독경제 인덱스), S&P 500 Sales Index(S&P 500 기업 매출 인덱스), US
Retail Sales Index(미국 소매 판매 인덱스).

구독 서비스는 소비자의 마음을 사로잡기도 한다. 특히, 소비 트렌드를 이끌고 있는 밀레니얼 세대는 음악, 영화뿐만 아니라 프리미엄 커피, 수제 칵테일, 명품 패션, 고급 자동차에 이르기까지 일상 대부분을 구독 서비스로 다채롭게 꾸미고 있다. 플렉스를 추구하는 밀레니얼 세대는 아르바이트해서 모은 돈으로 SNS 등에 멋진 모습을 표현할 수 있는 아이템에 열광하고 있으며, 구독을 통해 이를 실현하고 있다. 취업 문이 급격히 좁아진 1980년 이후 출생자들은 만족하는 상품을 구매할 여력이 부족하지만, 구독을 통해 자아를 표출하기도 한다. 기존 세대들은 소유해야 직성이 풀렸지만, 밀레니얼 세대는 경험을 중시한다. 또한 기존 세대들이 가성비를 추구했다면, 밀레니얼 세대는 가심비[7]를 추구한다.

구독 서비스,
어디까지 왔을까?

구독 서비스는 콘텐츠, 식품, 생필품, 자동차 등에 이르기까지 지속적으로 넓어지고 있다. 먼저 구독 서비스를 이끄는 디지털 콘텐츠 산업을 주목해 보자. 전 세계 넷플릭스 Netflix 유료 구독자 수는 2020년 3분기 1억 9,500만 명을 돌파했고,

---

7 가심비는 '가격 대비 마음의 만족도'를 뜻하며, 주요한 소비 트렌드로 부상하고 있다. '가성비'에서 파생된 말로, 싼 가격에도 마음의 만족감을 채울 수 있는 소비 형태를 일컫는다.

현재 약 2억 명에 달하는 것으로 추산된다. 코로나19 이후 집에서 보내는 시간이 늘어나면서 구독자가 더욱 늘어나는 모습이다. 음악 스트리밍 서비스 스포티파이Spotify는 빅데이터를 이용해 이용자의 기호와 감정 상태를 파악하고 맞춤화된 음악 플레이 리스트를 제공하는 등 서비스를 다양하게 확대했다.

또한 소비자들은 음식료품을 구독하고 있다. 제주 삼다수는 생수를, 쥬비스는 다이어트 식품을, 동원F&B는 반찬을, 버거킹은 커피를 구독 서비스로 제공하고 있다. 남양유업은 케어비Care B라는 이유식 구독 서비스를 론칭해 월령별로 맞춤화된 식단을 제공하고, 술담화는 전통주 소믈리에가 고른 전통주를 정기 배송해 주는 서비스를 시작했다. 신세계 백화점은 과일 구독 서비스를 운영해 소비자가 직접 장을 봐 무거운 과일을 옮기는 시간과 비용을 줄이고 다양한 계절과일을 맛볼 수 있어 좋은 반응을 이끌고 있다. 일본의

이유식 구독 'Care B'

자료: 남양유업

맥주 구독 'Home Tap'

자료: KIRIN

후치HOOCH는 전 세계 유명 레스토랑이나 바 등에서 매일 한잔의 음료를 즐길 수 있고 맥주 회사 기린KIRIN은 홈탭Home Tap이라는 구독 서비스를 선보여 한 달에 두 번 고객이 원하는 날짜에 맥주를 배달해 준다.

구독 서비스는 생활 전반에 걸쳐 깊숙이 들어와 있다. 달러 셰이브 클럽Dollar Shave Club은 면도날을 집 앞으로 배달해 주는 구독 서비스를 도입해 세계 면도기 시장을 주도하고 있던 질레트Gilette를 앞질렀다. 밀리의 서재는 5만 권의 도서를 무제한 즐길 수 있는 월정액 구독 서비스를, 꽃 배달 쇼핑몰 쿠카kukka는 2주에 한 번 꽃을 배송해 주는 구독 서비스를 론칭했다. 내가 대한민국 지식대상 심사위원 자격으로 처음 접했던 오픈갤러리Open Gallery는 큐레이터가 계절별로 원화 작품을 선정해 운송/설치/교체해 주는 구독 서비스를 도입했으며 시장의 반향을 일으키고 있다.

심지어 자동차도 구독하는 시대다. 캐딜락의 북 바이 캐딜락Book by Cadillac, 볼보의 케어 바이 볼보Care by Volvo, 포르쉐의 포르쉐 패스포트 Porsche Passport, BMW의 엑세스 바이 비엠더블유Access by BMW, 도요타의 킨토 원Kinto one 등 다양한 자동차 구독 서비스가 도입되었다. 국내에서는 현대자동차가 '현대 셀렉션'을 시작했고, '제네시스 스펙트럼'과 '기아 플렉스' 등의 자동차 구독 서비스를 운영하고 있다. 예를 들어 월 구독료 99만 원을 지불하고, 6가지 차종 중 하나를 선택해 이용할 수 있는 방식이다. 한 종의 자동차로 이용 거리 등의 제약을 두고 이용하는 렌털 서비스와는 차이가 있다.

오픈갤러리의 미술품 구독 서비스

계절별 미술품 교체

- 3개월 마다 새로운 작품으로 교체를 통해 공간의 느낌을 새롭게 만들어 드림

원스톱 서비스

- 큐레이터와 전문 설치기사가 방문하여 운송/설치/교체까지 원스톱으로 편리하게 관리해 드림

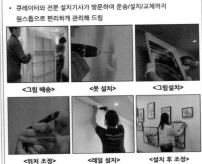

자료: 오픈갤러리

한편, 자동차를 넘어 모든 교통 서비스를 구독하는 방향으로 경제가 전환하고 있다. 버스, 지하철, 택시, 철도, 자전거, 스쿠터, 주차장, 카셰어링, 라이드셰어링과 같은 이동에 관한 모든 재화나 서비스를 구독하는 서비스가 등장했다. 이를 MaaS Mobility as a Service라고 한다. 핀란드에서는 이러한 모빌리티의 미래를 이끄는 플랫폼으로 윔Whim이 등장했다. 버스, 택시, 공유 자전거 요금을 각각 지불하는 방식이 아니라, 월 정액료를 내고 모든 이동 수단을 이용하는 방식으로 바뀐 것이다.

MaaS(Mobility as a Service) **- 이동의 구독 서비스**

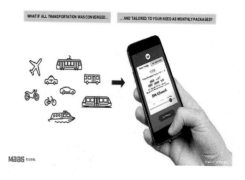

자료: MaaS Global

구독경제
대응 전략

구독경제가 부상하고 있다. 모든 것이
구매에서 구독으로 전환되고 있는 현상이 뚜렷하게 전개되고 있는
것이다. 2021년에는 이러한 전환이 가속화될 것으로 전망된다. 항
상 이러한 전환기에는 혼란이 있기 마련이다. 소비자는 이미 전환된
서비스로 달려가고 있는데, 기업의 제도나 표준의 전환은 더디게 움
직이기 때문이다. 예를 들어, 구독 서비스가 무료에서 유료로 전환
될 시 안내가 미흡하거나, 구독 신청은 쉽지만 해지하는 절차가 복
잡하게 설계되어 있기도 하다. 구독 서비스 취소에 대한 환불 조치
가 미흡한 경우도 있다. 제도적으로 구독경제 결제 관련 표준약관을
마련하고, 구독 서비스의 허점을 악용하는 업체에 대한 관리 감독도

강화될 필요가 있다. 언택트 사회로 변화하는 경제에서 자영업자들이 어떻게 비즈니스 모델을 전환해야 할지 알리고, 스타트업이 새로운 구독 서비스 모델을 시도할 수 있도록 나침반 역할도 게을리할 수 없다.

기업들은 그동안 '판매'하던 재화와 서비스를 '구독' 서비스로 전환할 수 있도록 전략을 강구해야 한다. 디지털 플랫폼을 확보하고, 빅데이터로 소비자들의 소비 패턴을 분석해 맞춤화된 구독 서비스를 제공할 필요가 있다. 정부의 구독경제 진흥을 위한 제도 개선도 비즈니스 전략을 기획하는 데 모니터링해야 할 대상이다. 소비자들의 잠재된 구독 서비스를 발굴해 가심비를 충족시켜야 하고 영구적인 소비자로 만들기 위한 '잠김Rock-in의 전쟁'에서 경쟁력을 갖추어야만 한다. 이제는 앞서서 구독경제를 구독해야 한다.

18

온택트 시대,
라이브 커머스의 부상

2015년에 있었던 일이다. 당시 현대경제연구원 선임 연구원으로
서 〈온라인 쇼핑의 부상과 경제적 효과〉, 〈한류 기반 소비재K-Product
의 수출 현황과 시사점〉 보고서를 게재했던 경력으로 정부가 주최
한 수출 전략 자문회의에 초대되었다. 온라인 쇼핑 동향을 주제로
발제를 하고 이어지는 토론 시간에 의견을 개진했는데, 의견의 요지
는 아직 내수용으로만 머물러 있는 국내 기업들의 우수 소비재들을
해외 주요 온라인 쇼핑몰에 입점할 수 있도록 지원할 필요가 있다
는 것이었다. 그러나 다양한 신흥국에 주재원으로 근무한 경험이 있
는 지역 전문가들은 해당국의 온라인 쇼핑 시장이 매우 미미하다는
근거로 반대하는 입장을 밝혔다.

경제는 현재가 아니라 경향성을 보는 것이다. 경향성에 기초해 미래를 전망하는 것이 경제를 바르게 보는 것이다. 2015년 세계 온라인 쇼핑 비중은 7% 수준에 머물러 있었고 한국은 13% 수준이었다. 2021년 세계 온라인 쇼핑은 전체 도소매 판매액의 약 20%에 달하고, 한국은 약 39%에 달할 것으로 전망된다. 2015년 당시 온라인 쇼핑 거래가 미진했지만 시장이 가파르게 성장하고 있는 경향성을 읽었다면 적절한 정책들이 뒷받침되었을 것이고 한국의 소비재 수출은 지금보다 더 낫지 않았을까? 2021년 지금에는 리테일 산업에 어떠한 거스를 수 없는 변화가 전개되고 있을까? 그 경향성을 들여다보자.

언택트Untact를 넘어
온택트Ontact 시대로

언택트는 코로나19가 가져온 것이 아니다. 그렇다고 4차 산업혁명이 가져온 것도 아니다. 대면에서 비대면으로의 전환은 3차 산업혁명 즉, 인터넷과 PC가 가져온 것이다. 인터넷과 PC가 보급되면서 은행 업무를 창구에서 하지 않게 되었다. 인터넷 뱅킹은 언택트 시대를 만들었다. 시장이나 대형마트에 가서 장을 보지 않아도 된다. 온라인 쇼핑 그 자체가 언택트다. 우편으로 보내던 서류는 오히려 더 빨리 보낼 수 있게 되었다. 이메일은 언택트 업무 환경을 만들었다. 언택트 시대는 코로나19 이전에 찾아온 것이다.

코로나19가 가져온 건 온택트 시대다. 이미 대면Contact에서 비대면Untact으로의 전환이 일어났다면, 물리적으로 만나지 않더라도 디지털 기술을 기반으로 '연결On'을 더한 온택트Ontact, On+Contact로 또 한

코로나19와 온택트 시대로의 전환

자료: INNOCEAN

번 전환되고 있다. 즉, 온라인 환경에서도 교류하고 연대하며 협력하는, 다른 의미의 대면 시대가 온 것이다. 다양한 문화·스포츠·교육 행사가 취소되고, 일과 학교는 재택근무와 원격수업으로 전환되었다. 교회, 대형마트 등과 같은 집객시설은 이용마저 제한되었다. 물리적으로 거리 두기를 유지해야 하는 상황이지만, 이러한 모든 활동이 정상적으로 운용되어야 했다. 이에 '연결'이 요구되었고, 온택트 시대가 도래한 것이다.

이제는 가상·증강현실 기술을 이용해 비대면 환경에서도 가수의 공연을 실감 나게 관람할 수 있다. 카드회사들은 위치 기반 빅데이터 기술을 활용해 이용자의 소비 패턴을 읽고, 실시간으로 이용자에게 필요한 쿠폰을 발송해 줄 수 있게 되었다. 디지털 헬스케어 기업들은 이용자의 바이오 데이터를 수집·분석함으로써 실시간 건강관리를 받을 수 있도록 해주고 있다.

플랫폼 기업들은 이용자의 감정과 기호 등을 기반으로 맞춤화된 콘텐츠를 스트리밍하고 있으며, 안면인식 기술을 활용한 키오스크는 소비자의 구매 이력 등에 대한 데이터를 기초로 상품을 추천해 주고 자동화된 지급 결제 서비스까지 제공하고 있다. 인공지능 로봇 반려견은 보안이나 간병 서비스도 제공할 만큼 다양한 상호작용이 가능하다. 이 밖에도 원격의료, 재택근무, 원격교육, 홈트레이닝 등 연결이 강화된 온택트 플랫폼의 사례들은 무궁무진하다.

라이브 커머스의
급부상

　　　　　　　　　언택트에서 온택트로 전환된 대표적인 사례는 유통산업에서 찾아볼 수 있다. 이커머스e-commerce(전자상거래)에서 라이브 커머스Live Commerce로의 전환이다. 라이브 커머스는 라이브 스트리밍Live Streaming과 전자상거래e-commerce의 합성어다. 오프라인 매장에서 점원과 소비자가 대화하듯 온라인 환경에서 '실시간 동영상'을 통해 '양방향'으로 '소통'하며 쇼핑하는 방식이다. 소비자들은 라이브 커머스 방송을 보면서 채팅창을 이용해 궁금한 사항을 질문하고 다른 소비자들과 의견을 교환할 수 있다.

　세계적으로 온라인 쇼핑 시장이 지속적으로 성장하는 가운데, 라이브 커머스의 영역이 확대되는 모습이다. 중국은 라이브 커머스 시장이 급성장하는 대표적인 국가다. 타오바오 라이브, 티엔마오 라이브 등과 같은 전자상거래형 라이브 커머스뿐만 아니라, 도우인과 콰이쇼우 라이브 등과 같은 SNS형 라이브 커머스가 중국의 라이브 커머스 시장을 이끌고 있다. 한국은 라이브 커머스 시장이 온라인 쇼핑에서 차지하는 비중이 2020년 0.3% 수준에 머물렀지만, 2021년 1.5%, 2022년 2.9%로 성장할 것으로 전망된다. 라이브 커머스 시장의 초기에는 패션, 화장품, 식품을 중심으로 거래가 이루어졌지만, 현재 가전, 가구, 각종 생활 서비스에 이르기까지 확대되고 있다.

　라이브 커머스가 부상한 배경은 다양하다. 첫째, 미디어의 변화

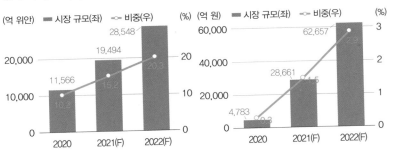

중국 라이브 커머스 시장 전망

(억 위안) ■ 시장 규모(좌) ● 비중(우) (%)

	2020	2021(F)	2022(F)
시장 규모	11,566	19,494	28,548
비중	10.2	15.2	20.3

한국 라이브 커머스 시장 전망

(억 원) ■ 시장 규모(좌) ● 비중(우) (%)

	2020	2021(F)	2022(F)
시장 규모	4,783	28,661	62,657
비중	0.3	1.5	2.9

자료: 한국경제산업연구원, 통계청, iResearch
주1: 온라인 쇼핑에서 라이브 커머스가 차지하는 비중.
주2: 도소매 판매액 실적·전망치와 온라인 쇼핑 실적·전망치를 추산하고, 업계에서 추정한 라이브 커머스 비중을 반영해 한국 라이브 커머스 시장 규모를 전망함.

다. 스마트폰 보유율은 2020년 93.1%에 이른다. 하지만 10~50대를 기준으로 하면 98%를 초과했다. 국민의 상당수가 TV가 아닌 스마트폰을 필수매체로 인식하는 비중은 2019년 60%를 훌쩍 넘어 2020년 67.2%에 이른다. 둘째, 소비 트렌드의 변화다. 특히, 디지털에 익숙한 MZ세대가 전체 소비 트렌드를 이끄는 선도자Trend Setter로 부상하면서 소비자들을 라이브 커머스로 불러 모으고 있다. 재미있는 콘텐츠와 범용화된 플랫폼이 만나면서, '장보기'가 일이 아닌 놀이처럼 하나의 문화로 형성되고 있다. 셋째, 산업의 대응이다. 유튜브, 페이스북, 인스타그램, 틱톡 등과 같은 소셜 미디어 기업들이 커머스 기능을 도입하고 있다. 또한 네이버 커머스, 쿠팡 등과 같은 이커머스 기업들뿐만 아니라, 전통적인 유통사들도 대거 진입하고 있다.

필수매체 인식 추이

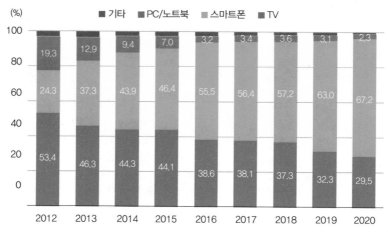

자료: 방송통신위원회, 〈2020년 방송매체 이용 행태 조사〉

라이브 커머스는
패러다임의 전환이다

　　　　　　라이브 커머스는 단순히 새로운 시장만을 의미하지 않는다. 산업의 패러다임 자체가 완전히 바뀌는 것을 의미한다. 첫째, 소비자가 바뀌고 있다. 장을 보기 위해 별도의 시간을 할애해 발품을 팔아 제품을 찾는 주동적 소비자active consumer에서, 짬을 내서 물건을 구매하고 최적화된 제품을 제안해 주길 기대하는 피동적 소비자passive consumer로 전환되고 있다.

　둘째, 구매 방식의 전환이다. 기존에는 오프라인 매장이든 온라인 쇼핑 공간이든 제품이 사람을 기다렸다. 사람이 물건을 찾았던 방식인 것이다. 이제 물건이 사람을 찾아 나서야 한다. 소비자들의 구매 결정 시간을 축소하는 것은 매우 중요한 경쟁력이 되었다. 업무를 보거나 잠자기 전 등과 같은 일상 중에 잠시 시간을 내서 소비하는 이들을 만족시켜야 한다.

셋째, 채널의 전환이다. 기존 온라인 채널은 판매자와 소비자 간 소통이 없었다. 제품이 진열되어 있고 소비자가 선택했다. 이제는 진열식 채널에서 상호작용식 채널로 전환되고 있다. 채널에서의 판매자와 소비자, 소비자와 소비자 간의 실시간 소통은 구매 결정 시간을 축소함으로써, 피동적 소비자에게 최적화된 필수 요소가 되었다.

넷째, 판매자의 전환이다. 과거 제조사는 생산의 주체였고 유통사는 판매의 주체였다. 이제 제조사가 라이브 커머스 시장의 판매자가 되었다. 제조사는 소비자들이 궁금해하는 것을 가장 잘 답변해 줄 판매자의 역할을 하고 복잡한 유통 단계를 축소함으로써 비용을 절감할 수 있다. 사실, 판매자는 '누구나'가 되었다. 농산물을 재배하는 농부도, 해당 분야의 영향력을 행사하는 인플루언서도, 소비자들이 동경하는 연예인도 누구나 판매를 할 수 있게 바뀌었다. 나도 얼마 전 네이버 쇼핑 라이브에 출연한 적이 있다. 경제 분야 전문가 2명이 미리 정해진 책에 관해 대화를 나누는 방식이었고, 출판사는 라이브 커머스를 통해 책을 판매할 목적이었다.

온택트 시대,
라이브 커머스 대응 전략

이제 모든 것이 비대면화된 환경에서 이루어지고 있는 만큼, 최적화된 온택트 서비스를 공급할 수 있어야만 한다. 첫째, 모든 것이 라이브 커머스로 판매될 것이라고 가정하자. 책, 명품, 스마트폰, 자동차에서 주택, 생활 서비스, 교육 서비스, 전문 서비스까지 안 될 게 뭐가 있을까? 제조업계든 서비스업계든 라이브 커머스 시장 진출을 고려해야 한다. 둘째, 차별화된 콘텐츠를 확보해야 한다. 라이브 커머스의 핵심은 범용화된 플랫폼이고, 이는 콘텐츠를 기반으로 이용자를 유입시켜야 한다는 뜻이다. 무엇을 팔지 고민하기에 앞서, 어떤 콘텐츠로 이용자를 모이게 할 것인지 그 고민이 선행되어야 한다. 셋째, 신뢰 관리가 필요하다. 허위 광고, 과잉 정보, 저품질·저사양 등에 소비자가 불신을 갖게 되면, '소통'에 기반한 채널의 특성상 치명상을 입을 수 있다. 한 사람의 불신이 모두의 불신으로 번지기 때문이다. 객관적 사실에 기초한 정보를 제공하고, 과장 광고가 아닌 진솔한 소통이 기본이 되어야 한다. 마지막으로, 디지털 기술을 기반으로 차별화된 온택트 서비스를 제공해야 한다. 단순히 비대면화하는 것은 경쟁력이 없다. 가상·증강현실 기술을 이용해 소비자에게 실감 나는 경험을 제공해 주고, 빅데이터를 활용해 초맞춤화된 제품을 추천할 수 있어야 한다. 인공지능을 활용해 24시간 상담을 제공해 주는 등 과거의 이커머스와 다른 미래의 라이브 커머스로 나아가야 한다.

19

2022년 눈앞에 그려질
스마트 시티

스마트 시티Smart City가 세계적으로 주목받고 있다. 스마트 시티는 교통, 환경, 보건, 교육 등의 다양한 영역에서 시민들이 경험하는 문제를 디지털 기술로 해결하고, 데이터에 기반한 자원을 효율적으로 운용하는 도시를 말한다. 세계적인 시장조사기관 스태티스타Statista는 향후 글로벌 스마트 시티 사업에 투입될 자금의 규모가 2019년 6,083억 달러에서 2025년 1.12조 달러에 달할 것이라고 전망했다.

글로벌 스마트 시티 시장 규모

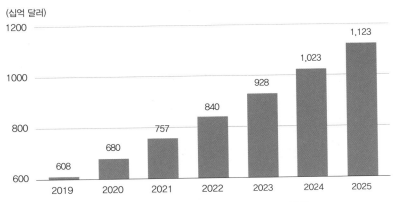

(십억 달러)

자료: Statista(2020. 4.), 〈Spending on smart city projects worldwide from 2019 to 2025〉

스마트 시티의
부상 배경

　　　　　　　　스마트 시티 부상의 첫 번째 원인은
인구·경제의 변화다. 세계적인 저출산·고령화 현상의 심화는 인구
구조의 변화를 야기하고, 이는 글로벌 경제의 저성장 국면을 장기화
시킬 것으로 예상된다. 인구 감소와 저성장이 지속되면서 기존 인프
라의 노후화가 진행될 것이다. 또한, 신규 생활 인프라 수요가 감소
하면서 현재와 같은 대규모 도시개발사업의 효용성이 낮아질 가능
성이 크다. 이민과 같은 다른 외생적인 변화가 없을 경우 안정적인
인구 유지를 위해 필요한 합계 출산율은 2.1명이지만, 세계적인 저
출산 현상으로 도시 쇠퇴가 발생하는 것이다.

두 번째 원인은 기후·환경의 변화다. 도시가 온실가스 배출의 주범으로 지목되면서 친환경 도시에 대한 국제적 관심이 뜨겁다. 실제로 지구 전체 면적에서 도시가 차지하는 비중은 2%에 불과하지만, 지구 온실가스의 70%는 도시에서 만들어지고 있다. 도시에서 발생한 온실가스는 시민들의 건강을 위협하는 악순환으로 이어진다. 2018년 10월 세계보건기구WHO는 전 세계 아이들의 93%가 매일 유해 공기를 흡입하고 있다고 발표했다.

마지막 세 번째 원인은 기술의 발전이다. 디지털 기술 기반의 4차 산업혁명이 효율적인 스마트 시티를 구현하고 있다. 빅데이터, 인공지능, 블록체인, 사물인터넷IoT, 클라우드, 가상현실 등 4차 산업혁명의 핵심 디지털 기술들이 도시 내 초연결·초지능을 가시화할 것이다. 통신, 도로 등 기존 도시 공간의 맥락 속에서 개별적으로 설계된 도시 인프라가 디지털 기술을 중심으로 통합·연계되어 이전에는 볼 수 없었던 새로운 도시의 모습이 탄생하는 것이다. 한편, 스마트 시티는 지능형 플랫폼 경제의 핵심이 될 것이다. 스마트 시티에 거주하는 시민들이 만들어내는 다양한 형태의 데이터를 공유함으로써 이전에는 볼 수 없었던 혁신적인 기술과 서비스의 등장이 예상된다.

여기에서는 급격한 미래 사회 변화가 예상되는 시점에서 세계 각국이 문제 해결을 위해 노력하고 있는 스마트 시티 조성 사업 추진 동향을 살펴보고자 한다. 스마트 시티가 가져올 일상의 변화와 글로벌 스마트 시티 구축 동향을 확인해 보고, 국내 스마트 시티 구축 동향과 시사점을 제시하고자 한다.

스마트 시티가 가져올
일상의 변화

눈앞에 그려질 첫 번째 변화는 '스마트 교통'이다. 도로 환경 센서를 통해 지면 온도, 결빙, 적설량, 강우량, 안개, 습도 등의 데이터를 수집해, 운전자가 실시간으로 기상 여건을 확인할 수 있게 함으로써 안전운전을 보조해 주는 서비스가 등장할 전망이다. 시민들이 복잡한 도시에서 삶의 질이 떨어지는 요소로 가장 많이 꼽는 것이 교통난과 주차난이다. 대중교통과 공유 자동차를 포함한 모빌리티 서비스가 수요예측 모델에 기초해 최적화된 형태로 제공되고 유휴 주차공간 정보가 플랫폼에 공유된다면 교통난과 주차난은 해소될 것이다. 이 서비스는 2021년 시범사업을 거쳐 2022년에 등장할 것이다. 통합 모빌리티 서비스MaaS 플랫폼을 활용해 이용자가 니즈에 맞는 교통 서비스를 자유롭게 이용할 수 있는 환경이 조성될 것으로 보인다.

자료: 세종 스마트 시티 국가 시범도시 시행계획(2019.2.)
주: 통합 모빌리티 서비스 플랫폼 개념도.

스마트 시티가 지향하는 두 번째 목표는 '건강한 도시'다. 도시 자체가 확장적 의미의 병원이 되는 것이다. 세종시 스마트 시티 시범 사업에는 도시 내 모든 병원이 하나의 네트워크로 연결된다. 진료 가능 시간, 전문 의료진 상황, 예상 대기시간 등을 관리하는 병원 정보 통합 관리 플랫폼을 개발해 시민들에게 신속한 의료 정보를 제공할 계획이 포함되어 있다. 병원들은 인공지능을 도입해 환자의 검진 결과를 판독하고, 의료진의 진단을 보조하며 오진율을 최소화해 나간다. 로봇 팔을 활용해 정밀수술을 진행하고 만성질환자들을 지속적으로 관리할 뿐만 아니라, 사물인터넷을 활용해 터널, 다리 등의 사고 위험을 감시하고, 미세먼지 모니터링 장비 및 제어 시스템을 구축해 공기 질을 관리한다.[8]

또한 스마트 시티는 '에너지 자립화'를 목표로 한다. 공공건물 및 유휴 공간에 태양광 발전을 비롯한 재생에너지 인프라를 확충하여 도시 내 필요한 전력을 스스로 생산하고, 시민들이 스마트 그리드를 이용해 전력을 거래할 수 있도록 추진하고 있다. 시민이 에너지를 생산하고 판매하며 소비까지 하는 에너지 프로슈머Prosumer, Producer + Consumer가 된다.

프랑스, 스웨덴, 네덜란드, 중국 등의 국가는 도로 태양광RIPV, Road Integrated Photo Volatic을 도입해 시범사업을 추진하고 있고, 세종시의 자

---

8 전국 지자체들이 미세먼지 저감에 노력하고 있는 가운데, 시흥시는 2020년 10월 세계 최초로 라이다(LiDAR) 미세먼지 관리 시스템을 도입했다. 이는 지역 수요 기반 스마트 시티 비즈니스 창출 모델 개발 및 실증 과제의 연구 성과로, 2018년 국토교통부·과학기술정보통신부 주관 '스마트 시티 혁신 성장 동력 프로젝트' 실증도시 선정으로 지원받은 연구비가 기반이 되었다.

프랑스 도로 태양광과 세종시 자전거도로 태양광 지붕

자료: CAMPUS for SCIENCE & TECHNIQUES

전거도로 태양광 지붕은 세계가 주목하고 있는 우수 사례다. 2017년
에 발표한 '재생에너지 3020 이행 계획'과 2020년 발표한 '그린 뉴
딜' 사업과 맞물려, 전기차·수소차 충전 인프라를 확대하고, 폐기물
을 자원화하는 등의 노력에 집중할 것이다.

'초연결 도시Connected City'는 스마트 시티가 목적하는 무형의 인프
라다. 먼저 리빙랩Living Lab이 각 지자체에 확산할 것이다.[9] 세계적으
로 스마트 시티의 모델로 손꼽히는 네덜란드 암스테르담뿐만 아니
라 국내에도 대전시의 '건너유' 리빙랩, 성남시의 시니어 리빙랩, 광

9　리빙랩은 지역 내 발생하는 다양한 사회문제들에 대해 시민이 주체가 되어 해결책을 찾아 나
　가는 개방형 실험실을 의미한다.

주시 청소년 화해 놀이터 등 사례들이 상당하다. 한편 블록체인 기술을 도입해 허위나 조작이 불가능한 모바일 투표 시스템이 확대될 것이다. 시정 운영 등에 시민의 의견이 투명하게 반영되어 시민이 만들어가는 도시가 구현될 전망이다. 더욱이 지역화폐를 활용해 기본소득을 제공하는 등 효율적인 복지행정과 지역 경제 활성화의 선순환을 추진할 것이다.

글로벌 스마트 시티
구축 동향

스위스 경영개발대학원IMD의 세계경쟁력센터는 싱가포르의 기술설계대학SUTD과 파트너십을 맺고 매년 〈스마트 시티 인덱스Smart City Index〉를 발표한다. 해당 발표에 따르면 2020년 전 세계에서 가장 스마트한 도시는 싱가포르(1위), 헬싱키(2위), 취리히(3위), 오클랜드(4위), 오슬로(5위) 순이다. 부산과 서울은 각각 46위와 47위를 기록했다. 글로벌 도시들과 비교했을 때 한국의 대표적인 도시인 부산과 서울의 순위는 낮은 수준에 머물러 있다.

(1) 스마트 교통을 혁신하는 싱가포르: 싱가포르는 2025년까지 디지털 사회 구축을 목표로 '스마트 네이션Smart Nation' 건설을 추진하고 있다. 싱가포르는 2014년 '스마트 네이션 이니셔티브Smart Nation Initiatives'를 정부 주도로 시작했으며 2017년에는 성공적인 스마트 시

세계 스마트 시티 순위

순위	도시	등급	순위	도시	등급
1	싱가포르	AAA	26	로스앤젤레스	BBB
2	헬싱키	AA	27	샌프란시스코	BBB
3	취리히	AA	28	헤이그	BBB
4	오클랜드	AA	29	로테르담	BBB
5	오슬로	AA	30	토론토	BBB
6	코펜하겐	AA	31	예테보리	BBB
7	제네바	AA	32	홍콩	BBB
8	타이베이	A	33	하노버	BBB
9	암스테르담	A	34	더블린	BBB
10	뉴욕	A	35	덴버	BBB
11	뮌헨	A	36	보스턴	BBB
12	워싱턴 D.C	A	37	시애틀	BBB
13	뒤셀도르프	A	38	베를린	BBB
14	브리즈번	A	39	피닉스	BBB
15	런던	A	40	버밍엄	BBB
16	스톡홀름	A	41	시카고	BBB
17	맨체스터	A	42	아부다비	BB
18	시드니	A	43	두바이	BB
19	밴쿠버	A	44	프라하	BB
20	멜버른	A	45	마드리드	BB
21	몬트리올	A	46	부산	BB
22	함부르크	A	47	서울	BB
23	뉴캐슬	A	48	사라고사	BB
24	빌바오	BBB	49	바르셀로나	BB
25	빈	BBB	50	텔아비브	BB

자료: IMD·SUTD(2020.9.), 〈Smart City Index 2020〉

티 조성 사업을 위해 미국 달러 기준 약 17억 달러의 정부 자금을 투입했다. 싱가포르는 민간 영역의 참여가 부족한 초기 단계에 총리실 산하로 스마트 시티 사업을 총괄하는 SNDGO_{Smart Nation and Digital}

Government Office를 설치했으며, GovTech_{Government Technology Agency}를 시행

기관으로 두었다.[10]

또한, 싱가포르 정부는 '스마트 모빌리티 2030_{Smart Mobility 2030}' 비

전을 제시하면서 지능형 교통 시스템_{ITS, Intelligent Transport Systems}의 시작

을 알렸다.[11] 더불어 통합 모빌리티 서비스와 공유경제 플랫폼을 활

용해 수요자의 니즈에 맞춘 새로운 스마트 모빌리티 시장도 개척하

고 있다. 2017년 12월에 설립된 싱가포르의 전기차 공유업체 블루

싱가포르의 전기차 공유업체 블루SG와 자율주행 스쿠터

자료: CAMPUS for SCIENCE & TECHNIQUES

---

10 GovTech는 사이버 보안, ICT 인프라, 빅데이터, 인공지능 등 디지털 트랜스포메이션을 위한
    핵심 기술 플랫폼을 제공해 싱가포르의 스마트 네이션을 보조하고 있다.

11 스마트 모빌리티 2030은 싱가포르의 육상 교통 건설 업무를 담당하는 LTA(Land Transport
    Authority)와 지능형 교통 시스템을 담당하는 ITSS(Intelligent Transport Society Singapore)
    가 협력해 진행하는 스마트 교통 시스템 공동 개발 프로젝트다. 스마트 모빌리티 2030은 자
    율주행차, 오픈 데이터, 비대면 결제, 보안 시스템, 클라우드 등 다양한 디지털 기술들과 데
    이터를 활용하는 것에 초점을 맞췄다. 이를 통해 실시간으로 도로 교통 수요를 예측하고 최
    적의 도로 교통 상태를 유지하는 등 데이터에 기반해 싱가포르의 도로 교통 시스템을 관리
    하는 것을 목표로 한다.

SG_BlueSG_는 세계에서 두 번째로 큰 전기차 공유업체로 성장했다. 세계 최초로 수요기반 전기 스쿠터 공유 서비스를 시작한 스쿠트비_Scootbee_는 고객들이 스마트폰 애플리케이션을 통해 시간과 날짜만 입력하면 전기 스쿠터가 고객의 집 앞까지 스스로 주행해서 오는 서비스를 제공하고 있다.

(2) 리빙랩을 이끄는 헬싱키: 핀란드의 헬싱키는 세계에서 가장 모범적인 스마트 시티 사례로 지목된다. 특히, 헬싱키 도심 북동쪽에 위치한 옛 항구 도시 칼라사타마_Kalasatama_는 현재 세계에서 시민의 참여가 가장 활발히 이루어지는 리빙랩이다. 2014년부터 '스마트 칼라사타마_Smart Kalasatama_'를 추진하고 있으며, 애자일 파일럿팅 프로그램_The Agile Piloting Programme_,[12] 리빙랩, 혁신가 클럽_Innovator's Club_[13] 등 다양한 스마트 시티 인프라를 구축하고 2035년까지 1만 개의 일자리를 창출해 현재 3,000명인 칼라사타마의 주민 수를 2만 5,000명까지 늘리겠다는 계획이다. 헬싱키시는 현실 도시의 모습을 가상 세계에 그대로 옮겨놓은 디지털 트윈 프로젝트를 진행하고 있다. 디지털

---

12 헬싱키에서는 애자일 파일럿팅 프로그램을 통해서 스타트업 혹은 규모가 작은 기업들이 칼라사타마에 실제 거주하고 있는 주민들과 함께 스마트 시티와 관련된 서비스를 개발할 수 있도록 지원하고 있다. 개발된 기술은 칼라사타마 지역 내에서 실제로 상용화되어 곧바로 적용할 수 있기 때문에 일상생활과 밀접한 연관이 있는 기술들이 개발되고 있다. 이는 스마트 시티 사업에 대한 시민의 참여를 재고하는 역할을 하고 있다.

13 혁신가 클럽은 매년 4회 개최되는 칼라사타마 내 스마트 시티 개발 플랫폼 지역 네트워크다. 연구원, 스타트업, 대기업, 비정부기구(NGO's), 공무원, 시민 등 칼라사타마의 스마트 시티 개발 전략과 직간접적으로 관련된 모든 참여자가 함께 모여 다양한 아이디어를 공유하는 행사다.

디지털 트윈으로 구현한 칼라사타마와 가상현실을 통한 풍향 분석

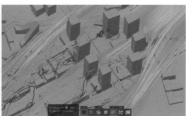

자료: AEC Business

트윈에서 만들어지는 다양한 데이터를 기업과 시민에게 개방함으로써 또 다른 혁신적인 스마트 시티 서비스들이 만들어지리라 기대하고 있다. 현재 가상 세계에서 풍향을 분석해 고층 빌딩 신규 건설의 적합성을 평가하는 서비스들이 검토되고 있다.

또한, 칼라사타마는 시민과 기업들이 워크숍을 진행할 수 있는 칼라사타마 도시 연구실Kalasatama Urban Lab을 제공하고 있다. 도시 연구실을 이용하면 3D 모델링 등의 다양한 디지털 기기를 활용해 스마트 시티 서비스를 실험해 볼 수 있다. 또한 학교, 사무실 등 민간시설을 대여해 공유 공간으로 만들 수 있는 슈퍼 플렉시 스페이스super flexi-space 리빙랩 프로그램도 운영 중이다.

(3) 지속 가능한 에너지 도시, 취리히: 취리히는 '취리히 2035 전략 Strategies Zurich 2035'을 발표해 당면하고 있는 도시 문제들의 해결책을 제시하고 있다. 그리고 그 핵심에는 지속 가능한 에너지와 스마트

시티 조성이 있다. 먼저 취리히는 시민들과 '전력 사용량을 줄이기'를 시도했다. 가장 대표적인 예가 '2000-Watt Society' 프로젝트다.[14] 다음으로 취리히가 추진하고 있는 전략은 스마트 빌딩 관리 시스템Smart Building Management System이다.[15] 취리히에서 사용되는 약 40%의 에너지가 빌딩 관리에 소모되고 있다. 취리히는 지능형 도시 관리 시스템을 통해 전력 사용량을 최소화하는 동시에 이산화탄소 배출량을 줄이게 되었다.

취리히는 스마트 교통 인프라Smart Transportation Infrastructure 구축에도 노력하고 있다. 2017년부터 취리히 도로 곳곳에 스마트 도로조명Smart Streetlight이 설치되기 시작했다. 스마트 도로조명은 차량이 지나갈 때만 전력을 사용한다. 도로에 차가 없다면 시스템이 전력을 끊어 에너지 소비를 최소화한다. 이렇게 저장된 전력은 전기차 충전에 사용된다. 또한 교통, 환경 등 주변 상황에 대한 데이터 수집이 가능하다. 공공 와이파이로 사용되기도 하며 비어 있는 무료 주차공간을 찾아주거나 도로 위 쓰레기통을 비워야 할 때를 자동으로 알려줘 불필요한 에너지 소비를 최소화시키는 기능도 갖고 있다.

취리히는 더 나아가 도시 곳곳에 그린 시티Green City를 조성하고 있

---

14 이는 취리히 시민이 1년간 평균적으로 사용하는 에너지 소비량을 5000와트에서 2000와트로 줄이려는 취지에서 진행되었다. 취리히는 데이터를 활용한 에너지 소비 패턴 분석, 디지털 기술을 활용한 에너지 효율화 등을 추진하고 있다.

15 취리히는 2015년부터 도시에 있는 빌딩에 지능형 도시 관리 시스템을 구축하기 시작했다. 냉난방 시스템, 전력 장치, 조명 등 빌딩 내 많은 에너지를 사용하는 장치들을 자동화해 효율적으로 건물 시설을 관리할 수 있다.

다. 그린 시티에서 사용되는 에너지 대부분은 재생에너지로 확충된다. 소형 태양 전지판을 이용해 에너지를 저장하고 냉난방은 지하수를 이용하는 등 지속 가능한 도시 구축 프로젝트가 추진되고 있다. 그 결과 취리히에서 사용되는 전기 에너지의 82%가 재생에너지를 통해서 만들어지고 있다.

국내 스마트 시티
구축 동향 및 시사점

정부는 2019년 7월 15일 '제3차 스마트 시티 종합계획(2019~2023)'을 수립해 고시했다. 2016년 5월 스마트 시티 사업 정책 총괄 부서 '도시경제과' 신설을 시작으로, '스마트 시티 특별위원회' 신설, '스마트 시티 추진 전략' 발표 등 제3차 스마트 시티 종합계획 수립을 위한 사전 작업을 마쳤다. 제3차 스마트 시티 종합계획에서는 과거 신도시에만 획일적으로 적용되던 스마트 시티 조성 사업을 '국가 시범 도시', '기존 도시', '노후 도시'로 세분화해 단계별로 접근했다. 국가 시범 도시에서의 경험을 바탕으로 도출한 선도 모델을 기존 도시와 노후 도시로 확산시키겠다는 계획이다. 또한, 스마트 시티 사업에 대한 시민의 체감을 높이기 위해 교통, 스마트홈, 환경 등 시민의 일상생활과 밀접한 기술들을 집중적으로 육성할 계획이다. 지능형 CCTV, 자율주행, 미세먼지 감지 센서, 제로 에너지 빌딩 등 다양한 기술들이 후보로 선정되었다.

정부는 시민이 스마트 시티 사업에 적극적으로 참여할 수 있도록 다양한 제도적 방안도 마련할 계획이다. 크라우드 펀딩, 리빙랩, 창업생태계, 스마트 시티 표준화, 스마트 시티 공식 홈페이지 구축 등이 추진되고 있으며, 이를 통해 스마트 시티 사업에 국민적 관심이 높아질 것으로 기대하고 있다. 한편, 정부는 기술 개발을 활성화하기 위해 2018~2022년까지 1,313억 원의 예산을 들여 '스마트 시티 혁신성장동력 R&D' 사업을 추진해 오고 있다. 2021년까지는 스마트 시티 실증 사업을 추진하고, 2022년부터는 상용화된 스마트 시티를 국민들이 경험하게 될 것이라 계획하고 있다.

그러나 시민들의 기대는 그 이상이다. 이에 따라 2022년을 목표로 한 스마트 시티가 성공적으로 눈앞에 그려지기 위한 전략이 필요하다. 첫째, 데이터에 기반해야 한다. 스마트 시티가 목표로 한 4대 변화는 모두 데이터의 수집-분석-활용을 전제로 한다. 디지털 경제의 핵심 자원이 석유가 아닌 데이터인만큼, 스마트 시티 성공을 위해 데이터 허브를 성공적으로 구축하고 활용할 수 있도록 해야겠다.

둘째, 디지털 트윈의 적용이다. 디지털 트윈은 도시를 가장 효율적으로 관리하고 문제를 해결할 수 있는 최적의 플랫폼이다. 이를 활용해 현실 도시의 각 부문을 컴퓨터 속 가상 도시로 구현해야 한다.

셋째, 디지털 격차를 해소할 방안을 마련해야 한다. 스마트 시티로 구현될 일상의 변화에 적응하지 못하는 디지털 소외계층이 발생할 수 있고, 이는 스마트 시티의 궁극적인 철학에 부합하지 않는다.

변화가 눈앞에 그려지기 전에, 시민들이 그 변화를 충분히 인식하고 변화된 환경에 걸맞은 삶을 영위할 수 있도록 하는 정부의 노력이 선행되어야 하겠다.

HR 플랫폼이 열어놓은
스마트 워크 시대

기업이 생존하기 위해서는 단순히 디지털 시대를 준비하는 것이 아니라(Do Digital), 디지털 조직 그 자체(Be Digital)가 되어야만 한다. 산업 각 영역에서 디지털 트랜스포메이션이 빠르게 진행되면서 디지털 기술이 접목되지 못한 비즈니스 전략은 더는 유효하지 않게 되었다. 하지만 모든 기업이 디지털 트랜스포메이션에 성공하는 것은 아니다. 더 이상 '어떤 디지털 기술을 도입해야 하는가?'라는 고민에만 머무르면 안 된다. 조직의 생각과 문화는 과거에 머물러 있으면서, '컴퓨터'를 도입한다고 디지털 기업이 될 리 없다.

근로조건,
어디까지 왔나?

한국은 G7 정상회의에 2년 연속 초대
받으며, 세계가 인정하는 선진국의 위상을 유지하고 있다. 세계 10위
경제 규모, 세계 9위 교역 규모, 세계 7위 수출 규모 등 한국이 세계
에서 높은 위치를 차지하는 기록들은 국민에게 상당한 자부심을 주
기에 충분하다. 그런데 몇몇 수치심을 주는 기록들이 있다. 그중 하
나가 근로시간이다. 한국의 근로자들은 많이 일한다. 2019년 기준
한국의 연평균 근로시간은 2,083시간으로 OECD 국가 중 멕시코
(2,140시간)에 이어 2위다. 이는 OECD 평균(1,683시간)보다 600시간
이나 많은 수준이다.

OECD 주요국 연평균 근로시간

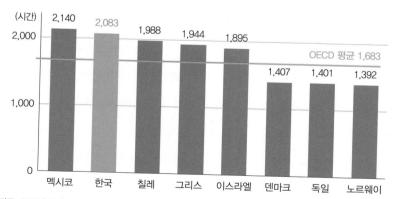

자료: OECD(2020)

주: 근로시간은 2019년 기준.

정부는 근로시간 단축 및 유연근무제 도입을 위한 다양한 정책을 펼쳤다. 2018년 7월부터 300인 이상의 사업장과 공공기관을 대상으로 주 52시간 근무제가 시행되었고 2021년 7월부터는 5인 이상, 50인 미만의 사업체에도 본 제도가 적용되기 시작했다. 그 밖에도 시차 출퇴근제, 근무시간 선택제, 남성 육아휴직 사용 확대 등과 같은 근로조건을 유연화하기 위해 노력했다.

기업들은 HR[16] 플랫폼 도입을 통해서, 유연한 근로조건 조성과 근로시간 단축이라는 숙제를 풀어야 하는 상황에 놓이게 되었다. 더욱이 코로나19로 기업들은 재택근무를 시도(해야만)했고, 이를 경험한 인재들은 재택근무 가능 여부를 이직할 조직의 조건으로 고려하기 시작했다. 또한 급격히 진행되는 디지털 트랜스포메이션의 물결은 조직·인사관리의 근본적인 변화를 요구하고 있다. HR 플랫폼을 도입하는 기업과 그렇지 못한 기업의 격차가 벌어지고 있는 것이다. 이제 스마트 워크smart work 시대가 왔다.

---

16 Human Resource(인적자원)는 기업을 운영하는 데 필요한 여러 가지 요소 중 하나로, 채용부터 교육, 업무 평가, 급여, 배치, 승진 등에 걸친 인사관리를 의미한다. 크게 HRM(Human Resource Management, 인적자원관리)과 HRD(Human Resource Development, 인적자원개발)로 구분된다. HRM은 인력을 충원하고 활용해 조직 성과를 높이는 영역이고, HRD는 구성원의 능력을 강화하는 분야다.

HR 플랫폼이 가져온
업무 환경의 혁명

　　　　　　　　디지털 트랜스포메이션 시대에 적합
한 민첩하고Agile 유연한 인사조직을 만들기 위한 다양한 시도들이
이루어지고 있다. 우선 데이터에 기반한 HR 플랫폼의 등장이다. 인
공지능, 블록체인, 빅데이터, 메타버스 등의 디지털 기술은 채용-업
무-평가-보상이라는 직장에서의 경험을 통합적으로 관리할 수 있
게끔 만들고 있다. 즉, 디지털 기술을 활용해 효율적인 인사관리가
가능해진 것이다. 국내외 주요 HR 플랫폼을 중점 영역별로 구분하
면 아래와 같다.

국내외 주요 HR 솔루션 분류

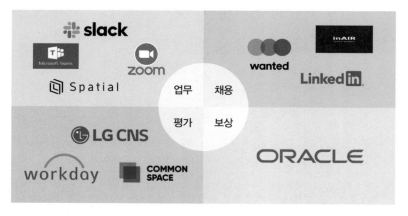

주: 각 HR 플랫폼은 특정 영역뿐만 아니라 HR 전반에 걸쳐 솔루션을 제공하거나 확대해 나가고 있다. 여기에서는
　　경쟁력이 있거나 중점을 두고 있는 영역을 중심으로 분류했다.

먼저, 채용 과정을 살펴보자. 기업이 적합한 구직자를 찾기 위해서는 상당한 시간과 비용이 소요된다. 기업은 최적의 인재를 채용하기 위해서 구직자들이 제출한 이력서를 꼼꼼하게 살펴보고 일일이 대면 면접을 진행해야만 한다. 하지만 코로나19로 가속화된 디지털 트랜스포메이션은 이러한 채용 풍경을 180도 변화시켰다. 인공지능 면접, 온라인 인·적성검사, 화상 면접과 같은 비대면 채용이 삼성, SK, LG 등의 그룹사들을 중심으로 도입되었다. 최근에는 대기업뿐만 아니라, 스타트업과 공공기관, 지자체에 이르기까지 비대면 채용이 확산하고 있다.

인공지능을 활용한 면접이 대기업, 공기업에 널리 확산하면서 비대면 채용은 앞으로도 지속될 것으로 보인다. 인공지능을 활용한 채용 플랫폼 원티드Wanted와 소셜 네트워크 기능을 적극적으로 활용해 특정 업계 사람들의 커뮤니티를 기반으로 성장한 링크드인Linked in의 폭발적인 성장이 대표적인 예다. 비대면 채용 플랫폼이 가파르게 성장하는 이유는 무엇보다 채용 과정을 빠르게 진행해 다양한 거래 비용을 줄일 수 있다는 점이다.

비대면 면접 솔루션의 대표적인 예는 마이다스아이티의 AI 채용 솔루션 인에어inAIR다. 인에어는 비언어적인 특성(시선, 표정, 음성 등)을 분석하는 것은 물론이고, 영상 면접과 인성검사, 적성검사 등의 평가 요소를 복합적으로 제공해 사용자가 구직자를 다각도로 평가할 수 있도록 한다. 인공지능을 활용한 비대면 면접은 채용 절차를 간소화해 인사관리 비용을 최소화하는 동시에, 구직자를 더욱 객관

인에어의 인공지능 기반 역량 평가

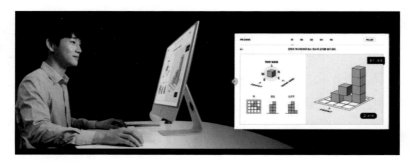

자료: 마이다스아이티

적으로 평가할 수 있어 채용 절차의 공정성을 높일 수 있다. 비대면 면접 솔루션으로 시작한 인에어는 현재 상시 성과관리, 정기 인사평가를 포함한 '목표 기반 성과 경영 솔루션'으로 서비스를 확대하고 있다.

둘째, 업무 환경 역시 과거와 달라지고 있다. 코로나19로 재택근무가 보편화되면서 회의, 세미나, 교육 등 대인 접촉이 필요한 업무에서도 비대면 업무 방식이 도입되었다. 그 결과 팀즈Teams, 슬랙Slack과 같은 협업 툴과 줌Zoom과 같은 화상회의 솔루션이 큰 폭으로 성장했다. 각각의 플랫폼은 차별화된 서비스를 제공하고 있다. 마이크로소프트의 팀즈는 업무 소프트웨어인 오피스365, 아웃룩, 원드라이브 등이 연계되어 공동의 문서 작업에 특화되어 있고, 슬랙은 조직 구성원 전체에게 공유되는 단체 대화방으로 소통에 최적화되어 있다. 줌은 화상회의 및 강의(교육)에 특화된 서비스를 제공하고 있으며, 손쉽게 사용 가능한 인터페이스를 경쟁력으로 영역을 넓히고 있다.

가상현실 및 증강현실 협업 플랫폼 스타트업 스페이셜Spatial은 더욱 진보된 형태의 비대면 업무 환경을 제시한다. 스페이셜은 인공지능을 활용해 이용자 사진을 기반으로 실물과 닮은 아바타를 구현하고 주변의 3차원 공간을 디지털 작업 환경으로 전환하는 솔루션을 제공하고 있다. 아바타는 실제 사람과 유사한 느낌이 들도록 표정부터 얼굴 근육의 미세한 움직임까지 고려되어 만들어진다. 3차원 가상 사무실 공간 홀로그래픽 오피스holographic office는 사용자들이 물리적으로 떨어져 있음에도 불구하고 마치 같은 공간에서 함께 일하고 있다는 느낌을 받을 수 있다. 서로 연결되어 있다는 느낌을 받기 힘들어 협업에 한계가 있다는 지적을 받는 기존 화상회의 방식과 텍스트 기반의 협업 툴이 지닌 단점을 보완한 것이다.

스페이셜 홀로그래픽 오피스 솔루션의 핵심은 높은 업무 참여도다. 사용자들은 디지털 작업 환경에서도 실제 업무 환경과 똑같이 포스트잇을 붙이거나 화이트보드에 메모하면서 아이디어 회의를 할 수 있다. 정면에 있는 사람의 말소리는 앞에서, 옆에 앉은 사람의 말소리는 옆에서 들리는 등 실감 나는 가상공간 구현으로 가상과 현실의 구분을 모호하게 만든다.

자유로운 분위기의 공간이 구현된 홀로그래픽 오피스는 창의적인 업무 환경을 가능하게 만든다. 인공지능을 활용해 어떠한 3차원

스페이셜의 홀로그래픽 오피스

자료: 스페이셜

공간도 디지털 작업 환경으로 전환할 수 있기 때문이다. 가령 커피를 즐길 수 있는 휴식 공간, 축구 등의 운동을 함께 즐길 수 있는 공간도 구현이 가능하다. 사용자들이 일에 집중하고 싶을 때는 독립된 자신만의 공간에서 일할 수 있으며, 다른 사람들과 유대감을 느끼고 싶을 때는 언제든 휴식 공간으로 이동할 수 있다. 미래에 홀로그래픽 오피스가 오프라인 오피스를 대체할 수도 있다는 이야기가 나오는 이유다.

셋째, 업무 능력에 대한 공정한 평가와 보상의 시작인 인사관리 체계도 달라지고 있다. 클라우드 기반의 SaaSSoftware as a Service형 솔루션에 교육, 각종 법률과 규제에 따른 대응 등 기술과 서비스가 접목된 HR 플랫폼이 등장하고 있다. SaaS는 네트워크를 통한 구독형 소프트웨어 서비스를 의미한다. 과거에 개별적으로 판매되던 소프트웨어를 클라우드에 설치하고, 사용자는 이를 온라인으로 대여해 쓰는 것이다. SaaS는 다양한 소프트웨어를 클라우드에 설치해 통합적으로 관리되고, 사용자가 언제 어디서나 접근할 수 있다는 장점으로 데이터 기반의 체계적인 인사관리 시스템을 위한 필수 요소로 주목받고 있다. 인력 운영 계획부터 성과관리, 인재개발, 보상, 복지, 퇴직에 이르는 모든 인사관리 업무가 하나로 통합되는 것이다.

LG CNS의 넥스트 HR은 한국형 HR SaaS로 일컬어지며 국내 환경에 최적화된 솔루션을 제공한다. 국내 인사관리에서 중요한 세법, 사대보험, 연말정산, 근로기준법, 개인정보보호법 등 법령의 변화를 바로 반영해 민첩한 인사관리를 가능하게 한다. 지능형 온라인 교육 플랫폼, 빅데이터, 챗봇, RPARobotic Process Automation 등의 서비스도 넥스트 HR과 연계되어 있다. 특히, 인공지능과 빅데이터를 적극적으로 활용해 각 조직 구성원 개인에게 철저히 맞추어진 인사관리가 가능해질 것으로 기대된다.

세계 3,200개 이상의 고객사를 확보하고 있는 워크데이Workday의 HR 솔루션 역시 상당한 주목을 받고 있다. 워크데이의 HR 솔루션은 단일 클라우드 시스템으로 웹, 모바일 기기 어느 것에서도 최신 버전을 제공해 단일화된 사용자 경험을 제공한다. 특히, 데이터를 직원 스스로 관리하고 학습 리소스를 이용해 미래의 진로를 구축할 수 있다는 점이 강점이다. 직원들은 자신의 경력, 보유기술, 훈련기록 등을 실시간으로 확인할 수 있고, 원한다면 직무 이동을 원하는 부서의 멘토에게 조언을 받을 수도 있다.

국내 비대면 채용 플랫폼 시장을 이끄는 원티드 역시 HR 솔루션 커먼스페이스Commonspace의 서비스를 인수하고 기업 고객 대상 서비스를 강화한다고 밝혔다. 커먼스페이스는 기업 인사관리에 필요한 모든 서비스를 담고 있는 '원스톱 HR 플랫폼'이다. 출퇴근 관리부터 전자문서 발급 및 결재, 외부 협업 툴 연동 등의 서비스가 포함되어 있다.

마지막으로, 오라클Oracle의 HR 솔루션은 빅데이터와 소셜 네트워크 서비스에 집중한 서비스를 제공한다. 많은 직원이 회사 내부의 HR 시스템보다 링크드인과 같은 소셜 네트워크 서비스에 더욱 자세한 프로필을 작성한다는 점에 주목하는 것이다. 오라클 HR 애플

오라클 HR 솔루션 예시

자료: 오라클

리케이션 내에 소셜 추천 및 소싱 기능을 통합적으로 운영해 빅데이터를 수집하고, 이를 바탕으로 최적의 인재 고용 및 의사결정을 도출할 수 있다는 것이 오라클 HR 솔루션의 핵심이다. 광범위한 빅데이터 수집은 명확하고 공정한 보상 체계로 이어지고, 이는 조직 구성원이 일터에서 경험하는 노동에 대한 만족감을 높이는 역할을 한다.

스마트 워크 시대, 무엇을 준비해야 하는가?

스마트 워크 시대다. 시간과 장소에 얽매이지 않고 언제 어디서나 일할 수 있는 시대가 온 것이다. 구성원의 일과 삶의 균형을 찾아주고 효율적인 업무 환경을 구현하는 HR 플랫폼 도입은 기업 경쟁력의 한 요소가 될 것이다. 더욱이 노동시장의 주축으로 성장할 MZ세대들이 효율적이고 유연한 근무 환경을 적극적으로 요구하고 있다. 따라서 혁신적인 HR 플랫폼 도입은 인사부서만의 고민이 아닌 전사적으로 고려해야 할 전략이 될 것이다.

스마트 워크 시대, 조직 자체의 전환이 필요하다. 인사관리 제도, 조직문화, 구성원의 인식에 이르기까지 총체적인 변화가 단행되어야 한다. 최고 경영자를 중심으로 스마트 워크 추진 조직을 구성해

스마트 워크 개념

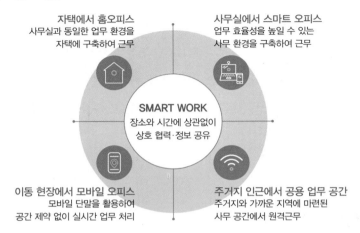

자택에서 홈오피스
사무실과 동일한 업무 환경을
자택에 구축하여 근무

사무실에서 스마트 오피스
업무 효율성을 높일 수 있는
사무 환경을 구축하여 근무

SMART WORK
장소와 시간에 상관없이
상호 협력·정보 공유

이동 현장에서 모바일 오피스
모바일 단말을 활용하여
공간 제약 없이 실시간 업무 처리

주거지 인근에서 공용 업무 공간
주거지와 가까운 지역에 마련된
사무 공간에서 원격근무

자료: KPC

기술적 인프라를 구축하고 사용 매뉴얼을 공유하는 등 모든 구성원
이 변화를 수용할 수 있도록 해야 한다. 한편, '일하는 시간'이 아니
라 '일의 결과'를 중심으로 변화해야 한다. 구성원을 관리하고 통제
하는 시대는 지났다. 산출물들을 공유하고 상호 피드백이 원활히 이
루어지는 게 필요하다. 스마트 워크 플랫폼을 구성한 기업들은 구성
원을 신뢰하고 산출물에 기반해 평가하는 인식과 문화가 절대적으
로 필요하다.

4부

2022년 경제전망과
대응 전략

21

경제전망의
주요 전제

역사적으로 2020년을 '포스트 코로나'로 명명한다면, 2021년은 '포스트 백신'의 시대다. 2020년 코로나19의 충격이 세계 경제를 대혼란으로 몰아놓았다면, 2021년은 백신의 보급과 함께 그 충격에서 벗어나는 지점이다. IMF의 경제전망 보고서는 주제를 통해 시대적 경제 상황을 명확히 제시했다. 2020년 4월에는 "The Great Lockdown(대봉쇄)"이라고 표현했지만, 2021년 4월에는 "Recoveries(회복)"라는 문구가 들어가 있다. 2020년 출간한 『포스트 코로나 2021년 경제전망』에서 2021년을 '이탈점Point of Exit'이라고 표현한 것도 같은 맥락에서다.

《The Economist》 표지 　　　　 IMF 경제전망 보고서 표지

자료: 《The Economist》(2021.3.)　　　　자료: IMF(2021.4.)

　　2022년에는 상당한 수준으로 경제가 회복되어, 팬데믹 위기 이
전 수준으로 돌아가는 시점 즉 회귀점Point of Tuning Back으로 전망된다.
물론 세계 경제가 총량적(평균적)으로 회복된다고 해서 그 회복세를
모두가 실감하는 것은 아니다. 어떠한 시나리오로 회복세가 진전
될 것인지를 들여다보는 일은 '준비된 나'를 만드는 첫 단계가 될
것이다.

경제전망은 어떻게 봐야 할까?

한국이라는 '배'는 세계라는 '바다'를 먼저 보아야 알 수 있다. 아무리 튼튼히 지어지고, 연료가 충분하며, 성실한 선원들을 충분히 확보한 배라고 할지라도, 폭풍을 동반한 파도를 만나면 움직일 수 없다. 더욱이 대외의존도가 높은 한국 경제의 구조적 특징으로 인해 세계 경제를 먼저 들여다봐야 한다. 즉, 한국의 경제를 전망하는 일은 세계 경제의 흐름을 어떻게 바라보고 있는지에 대한 전제가 선행될 필요가 있다.

한국 경제는 세계 경제의 흐름과 크게 역행한 적이 없다. 일반적으로 경제전망을 수행하는 국내 주요 연구기관들은 세계 경제, 주요국 경제, 국제무역, 국제유가, 환율 등에 대해서 IMFInternational Monetary Fund(국제통화기금), 세계은행World Bank, WTOWorld Trade Organization(세계무역기구), OECD(경제협력개발기구), EIAU.S. Energy Information Administration(미국에너지정보청) 등의 국제기구 전망치를 전제로 한다. 즉, 한국 경제를 전망할 때 세계 경제의 주요 변수들은 국제기구의 전망치에 의존해 전제하는 것이다.

2020~2021년
세계 경제 회고

코로나19가 불현듯 찾아와 2020년 세계 경제를 헤집어 놓았다. 세계 경제성장률은 -3.1%를 기록했고, 이는 1930년대 대공황 이후 가장 충격적인 숫자였다. 실물경제는 대혼란이었다. 세계 주요 공장들의 가동은 중단되고, 수출 계약이 줄줄이 취소되었다. 마스크 대란으로 약국 앞에 수백 명의 사람들이 줄을 섰고, 음압 병상 부족을 호소하는 도시들이 넘쳐났다. 갑작스럽게 도입된 재택근무와 초등학생부터 대학생 할 것 없이 원격수업에 적응해 나가는 동안 국가 간 항공을 비롯한 모든 교통이 멈춰 서다시피 했다. 주식시장은 폭등과 폭락을 반복했고, 금리는 역사상 가장 낮은 수준으로 떨어졌다. 국제유가는 선물시장에서 배럴당 -37달러라는 역사상 전무후무할 듯한 금액으로 떨어졌고, 금값은 역사상 고점을 갱신 또 갱신해 나갔다.

2021년 백신이 등장했다. 세계 주요 선진국들은 서로 경주하듯 백신 확보에 나섰고, 경제 충격에서 딛고 일어서는 기회를 맞이했다. 확진자가 더 늘어나기도 했지만 불안감이 더 커지는 않았다. 학습효과Learning Effect가 작용한 것이다. 코로나19에 어떻게 대응해야 하는지 알게 되었다. 더 이상 마스크 대란은 없었고, 원격수업, 재택근무, 비대면 결제는 'Abnormal(이상한 것)'이 아니라 'New Normal(새로운 표준)'이 되었다. 2021년으로 미루어졌던 2020 도쿄 올림픽도 비교적 정상적으로 이행되었다. 가계의 소비 심리와 기업의 투자 심리 또한 팬데믹 이전 수준으로 돌아왔다. 다만, 막대하게 공급된 유동성과 유례없이 낮은 금리는 자산 가치를 엄청나게 끌어올렸고, 국제유가를 비롯한 모든 원자재 가격이 치솟아 인플레이션 공포를 느끼기도 했다. 경기는 어느덧 강한 회복세를 보이기 시작했다. 과잉 유동성에 따른 부작용을 해소하기 위해 기준금리를 인상하는 등 통화정책은 긴축으로 옮겨가기 시작했다.

2022년
세계 경제 전망

2022년 세계 경제는 회귀점이다. 경제 회복세는 2021년 뚜렷하게 진전되다가 2022년에는 팬데믹 위기 이전 수준으로 돌아올 전망이다. IMF,[1] 세계은행,[2] BIS,[3] OECD[4] 와 같은 국제기구들은 이와 같은 전망에 한목소리를 내고 있다. 백신을 성공적으로 도입한 국가들을 중심으로 기업들이 적극적인 생산 활동과 기술교류 등을 진행하며 신산업 투자를 진척시키고 있다. 2020년부터 각국이 단행했던 확정적 재정정책과 완화적 통화정책의 효과가 더해지고, 내구재 소비가 뚜렷하게 회복되듯 가계의 소비 활동도 상당히 강하게 전개될 것으로 보인다. WTO는 억눌렸던 교역이 활발하게 전개되고 원자재를 비롯한 주요 교역 품목의 가격이 상승함에 따라 수출도 반등에 성공할 것으로 전망했다.[5]

---

1 IMF(2021.10.), 〈World Economic Outlook〉

2 World Bank(2021.6.), 〈Global Economic Forecast〉

3 BIS(2021.6.), 〈Annual Economic Report 2021〉.

4 OECD(2021.3.), 〈Economic Outlook〉

5 WTO(2021.3.), 〈Trade Statics and Outlook〉

델타 변이 등과 같은 돌파 감염이 확산이 하나의 변수로 등장했지만, 세계 주요 기구들은 우려할 만한 수준은 아니라고 강조하고 있다. 백신 접종이 상당한 수준에 도달한 나라들은 '일상으로의 복귀'와 '위드 코로나With Corona'를 선언하며 코로나19와 함께하는 방법을 선택했다. 치료제 개발 등으로 코로나19가 종식된다면 세계 금융시장과 실물경제는 강력한 급반등을 보이겠지만, 변이 바이러스라는 변수를 안고 살아가는 위드 코로나를 가정한다면 완만한 회복세를 보일 것이다.

IMF는 2022년 세계 경제성장률을 4.9%로 전망했다. 이는 2021년 10월의 전망으로, 2021년 1월 4.2%에서 4월 들어 4.4%, 7월 들어 4.9%로 상향 조정했고 그 기조를 유지하고 있다. 그만큼 세계 경제

IMF의 2022년 세계 경제전망

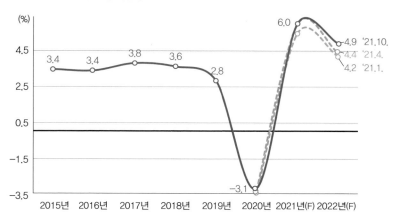

자료: IMF(2021.10.), 〈World Economic Outlook〉
주: 2021년 1월과 4월 전망은 각각의 점선으로, 2021년 10월 전망은 실선으로 표시함.

는 종전보다 긍정적 시그널에 집중하는 양상이다. 자산 버블 붕괴와 신흥국 부실 등과 같은 부정적 시그널(하방 압력)들이 존재하지만, 비교적 각국이 통화정책을 매우 점진적으로 전환해 나가며 잘 대응하고 있다.

성장률이라는 숫자를 해석하는 데 있어 유의할 점이 있다. 2022년 세계 경제성장률이 2021년에 비해 하락하는 흐름을 보고, 2021년보다 2022년이 '안 좋아진다'라고 해석해서는 안 되겠다. 2020년 세계경제가 -3.1%로 추락했음을 고려해 보자. 2021년 세계 경제성장률이 기저효과Base Effect[6]에 따라 숫자만 크게 나타났을 뿐이다. 2022년 세계 경제성장률도 기저효과가 남아 있을 것이기에 4.9%라는 숫자를 과도하게 해석하지 말아야 한다. 하지만 상당한 수준으로 성장하는 흐름인 것만은 확실하다.

기저효과의 개념을 명확히 설명하기 위해 쉬운 비유를 들어보겠다. 한 농부가 매년 100상자의 사과를 수확한다고 가정해 보자. 2020년에는 농사가 안돼 50상자로 줄었다. 2021년에는 조금 나아져 80상자를 수확했다. 증가율로 보면 60%로 엄청나게 증가한 것 같지만, 사실 평년보다 못하다. 2022년 사과 수확량을 평균 수확량인 100상자라고 해보자. 2021년 수확량이 평년에 못 미치는 80상

---

6 경제지표를 평가하는 과정에서 기준 시점과 비교 시점의 상대적인 수치에 따라 결과에 큰 차이가 나타나는 현상을 말한다. 호황기의 경제 상황을 기준 시점으로 현재의 경제 상황을 비교할 경우, 경제지표는 실제 상황보다 위축된 모습을 보인다. 반면, 불황기의 경제 상황을 기준 시점으로 비교하면 경제지표가 실제보다 많이 부풀려 나타날 수 있다.

자였기 때문에, 25%라는 여전히 높은 증가율이 나온다. 기저효과가 2022년에도 일정 부분 남아 있는 것이다.

2022년
주요국별 전망

관건은 '불균형 회복Uneven Recoveries'이다. 세계 경제는 총량적인 관점에서 뚜렷하게 회복할 것이지만, 선진국을 중심으로 나타나는 현상일 뿐 개도국들은 그렇지 못하다는 얘기다. 세계은행의 표현이 명확하다.[7] "Global Recovery Strong but Uneven as Many Developing Countries Struggle with the Pandemic's Lasting Effects(많은 개도국은 팬데믹 장기화에 따른 영향으로 세계적 회복세와는 다른 불균형한 상태에 이를 것이다)."

세계은행의 팬데믹 이후 회복 시나리오는 다음과 같다. 팬데믹 이전 상황(2019년)을 0으로 가정했을 때, 2022년 선진국들은 이전 수준으로 돌아올 전망이다. 그러나 신흥국들은 회복의 속도가 매우 미미하고, 저소득국은 오히려 불황의 장기화로 경기 침체가 추가적으로 진전된다. 세계은행뿐만 아니라, BIS, OECD, WTO도 2022년 경제전망을 표어로 "Uneven Recoveries(불균등한 회복)"이라고 내걸었다.

2021년에 나타나기 시작한 불균형 회복세는 2022년에 더 격화될

---

7   World Bank(2021.6.), 〈Global Economic Forecast〉

세계은행의 팬데믹 이후 회복 시나리오

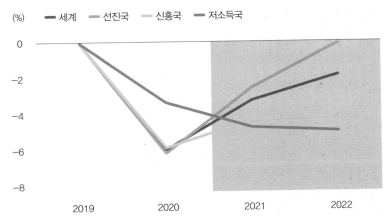

자료: World Bank(2021.6.), 〈Global Economic Forecast〉
주: 원어 EMDEs(emerging market and developing economies)는 신흥국으로, LICs(low-income countries)는 저
소득국으로 번역·표시함.

것으로 보인다. IMF는 2021년 4월 "Divergent Recoveries(불균형 회
복)"라는 표현을 제시했다. 코로나19 확진자 증가 속도보다 백신 접
종 속도가 빨라지면서 나라마다 다양한 경로로 경기 흐름이 진전
된다는 의미다. 백신을 확보한 선진국들은 팬데믹 충격에서 벗어
나는 모습인 반면, 개도국들은 보건·방역 대응 능력이 부족한 데
다가 백신도 채 확보하지 못해 팬데믹 위기에서 벗어나기 어렵다.
2021년 7월 들어서는 "Fault Lines Widen"이라는 표현을 했다. Fault
line은 지구과학에서 사용되는 단층선이라는 용어인데, 단층이 벌어
지듯 선진국과 개도국의 격차가 더 벌어지고 있음을 경고하는 표현
이다.

세계 경제의 불균형 회복

자료: IMF
주: 두 삽화는 IMF가 2021년 4월, 7월 세계경제전망(World Economic Outlook)보고서를 발표할 때 홈페이지에 게시한 삽화다.

　　주요국별로 살펴보자. 미국, 유로지역Euro Zone, 일본과 같은 선진국들은 신흥개도국에 비해 2020년 팬데믹의 충격을 더 일찍, 더 크게 경험했다. 그러나 2021년 매우 뚜렷한 반등에 성공했고, 2022년까지 강한 회복세를 유지할 전망이다. 특히 미국의 바이든 신정부는 친환경산업과 보건·의료 영역에 재정을 투입했고, 세계 주요국들과 협상을 유도해 반도체, 배터리, 디스플레이와 같은 주요 첨단 제조업들을 자국에 내재화Internalization하는 전략을 추진하고 있다. 내구재 Durable Goods 소비가 매우 뚜렷하게 나타나고 있는 것은 미국 경제의 강한 도약을 보여주는 증거다.

중국의 반등세도 매우 강하다. 대부분의 선진국이 2020년 2분기에 코로나19의 충격을 받았던 것과는 달리, 중국은 2020년 1분기에 가장 먼저 경험했다. 하지만 가장 빠르게 치고 일어선 나라도 바로 중국이다. 2021년에는 지역 내 감염에도 불구하고 소매 판매 호조가 이어지고 있고, 의료·방역용품 등의 대외 수요로 높은 수출 증가세를 이어갔다. 정부의 엄격한 방역정책이 서비스 회복을 지연시키고는 있지만, 취약계층에 대한 정책 지원과 국채 발행을 통한 인프라 사업을 강화하면서 2022년 실물경제가 활성화될 것으로 전망된다.

문제는 신흥국이다. 신흥국은 코로나19의 재확산으로 인한 경기 불확실성 우려가 고조되고 있다. 신흥국들은 재정을 과도하게 투입해 정부부채가 GDP 대비 60%로 확대되었고, 2022년 추가 경기부양을 위한 재정이 충분치 않을 전망이다. 특히 터키, 브라질, 러시아, 멕시코, 칠레 등은 원자재 가격이 폭등하면서 인플레이션이 위협적으로 작용하고 있다. 또한 선진국으로의 자본 이탈이 염려되는 상황에 서둘러 금리 인상을 단행하고 있다.

신흥국들의 주요 불확실성 요인을 정리하면 다음과 같다. 첫째, 공급망 교란이다. 전기전자·IT 분야 핵심 생산 거점인 동남아 지역

IMF의 2022년 주요국별 경제전망

(%)

구분	2018년	2019년	2020년	2021년 (F)	2022년(F)		
					2021년 1월 전망	2021년 4월 전망	2021년 10월 전망
세계 경제성장률	3.6	2.8	-3.1	5.9	4.2	4.4	4.9
선진국	2.3	1.7	-4.5	5.2	3.1	3.6	4.5
미국	2.9	2.3	-3.4	6.0	2.5	3.5	5.2
유로지역	1.9	1.5	-6.3	5.0	3.6	3.8	4.3
일본	0.6	0.0	-4.6	2.4	2.4	2.5	3.2
신흥개도국	4.6	3.7	-2.1	6.4	5.0	5.0	5.1
중국	6.8	6.0	2.3	8.0	5.6	5.6	5.6
인도	6.5	4.0	-7.3	9.5	6.8	6.9	8.5
브라질	1.8	1.4	-4.1	5.2	2.6	2.6	1.5
러시아	2.8	2.0	-3.0	4.7	3.9	3.8	2.9
ASEAN-5	5.4	4.9	-3.4	2.9	6.0	6.1	5.8
세계 교역 증가율	3.9	0.9	-8.2	9.7	6.3	6.5	6.7

자료: IMF(2021.10.), 〈World Economic Outlook〉
주: ASEAN-5는 인도네시아, 말레이시아, 필리핀, 태국, 베트남을 가리킨다.

의 공장 셧다운 및 납품 지연 등이 잇따르면서 반도체 등의 공급난
이 가중될 소지가 있다. 둘째, 자본 이탈이다. 안전 자산 선호 강화
로 신흥국 자산에 대한 외국인 투자자금 이탈 및 통화절하 압력이
강화될 전망이다. 신용 위험이 고조됨에 따라 자금 조달의 어려움도
커질 우려가 있다. 셋째, 성장 둔화다. 추가 경기부양 여력이 제한적
인 상황에서 고강도 봉쇄 조치로 인해 소비·투자 수요가 위축되고

신흥국 불확실성 3대 경로

구분		경로별 파급 영향
❶ 공급망 교란	• 제조업 경기 부진 • 공급망 병목 심화	▸ ASEAN 제조업 PMI 13개월래 최저치인 44.6 기록 ▸ 말레이시아 반도체 생산량 15~40% 감소 전망 ▸ 상하이컨테이너운임지수(SCFS) 통계 집계 이후 최고치
❷ 자본 이탈	• 안전 자산 선호 강화 • 신용 위험 고조	▸ 외국인 자금 유입 축소('20.4Q 2,475억 달러 '20.2Q 726억 달러) ▸ 신흥국 통화지수 6월 10일 고점 이후 −3.5% 약세 전환 ▸ Fitch, 필리핀 국가신용등급(BBB) '부정적'으로 하향
❸ 성장 둔화	• 소비 및 투자 회복세 지연 • 성장 전망 하향 조정	▸ 주요 신흥국 소비자신뢰지수 '19년 말 대비 −2.5~−8.6P ▸ 태국, 베트남 '22.1Q까지 관광업 완전 회복 가능성 60% ▸ IMF, 금년 신흥국 성장률 6.3%로 하향(4월 대비 0.4%p↓)

자료: 국제금융센터

트래블 버블 등을 통한 관광 서비스업 활성화도 차질이 생길 가능성이 있다.

2022년
국제유가 전망

국제유가의 강세 기조는 유지되나, 완만하게 안정화될 것으로 보인다. 2021년 3분기 70달러대의 고점을 기록한 이후 매우 완만한 하락을 전망한다. 국제유가는 2020년 2분기 저점을 기록한 이후 2021년 뚜렷하게 반등했다. 주요 국제 에너지 기구들은 2022년에는 국제유가가 소폭 하락할 것이지만, 공급 부족 여건이 이어지면서 강세 기조를 유지할 것이라 의견을 모으고 있다.

EIA u.s. Energy Information Administration(미국에너지정보청)는 WTI와 Brent 유가가 2021년 각각 65.9달러, 68.7달러에서 2022년 각각 62.4달러, 66.0달러 수준으로 하락할 것이라고 전망했다.[8] 단, 델타 변이 추이에 따라 국제유가 변동성이 커질 것이라고 예상된다. 주요국의 이동 제한 완화가 지연되면서 항공유를 중심으로 한 수요 회복이 지체될 것이다.

국제유가에 영향을 미치는 주요 변수 중 강세를 뒷받침하는 요인에는 재고 감소 및 공급 부족이 있다. 미국을 비롯한 주요국의 경기 회복으로 수요가 확대됨에 따라 원유 재고가 충분하지 않을 것으로 보인다. 그러나 국제유가의 약세 요인이 더욱 강하게 작용하는 모습이다.

미국 연방준비제도의 테이퍼링과 기준금리 인상이 조기 시행될 것으로 예상되면서 달러화 강세가 나타나기 시작했다. 연방준비제도가 통화정책을 긴축으로 선회하기 시작하면서 안전 자산 선호 현상이 부각되고 WTI 선물·옵션에 몰렸던 자금이 달러로 이동할 것으

8 EIA(2021.8.), 〈STEO(Short-Term Energy Outlook)〉

주요 국제유가 동향 및 전망

(달러/배럴)

구분	2019	2020	2021					2022				
			Q1	Q2	Q3	Q4	연간	Q1	Q2	Q3	Q4	연간
WTI	57.0	39.2	58.1	66.2	69.8	68.3	65.7	65.1	63.8	61.3	59.3	62.4
Brent	64.4	41.7	61.1	68.9	72.7	71.3	68.6	68.6	67.3	65.0	63.3	66.0

자료: EIA(2021.9.), 〈STEO(Short-Term Energy Outlook)〉

로 보인다. OPEC+[9]와 미국이 제한적 범위 내에서 증산을 진행할 가능성도 약세 요인으로 작용한다.

2022년
주요국 환율 전망

　　　　　　　　　경제 상식이 되어버렸다. 대표적인 안전 자산 하면 금이다. 불확실성Uncertainty 또는 위험Risk이 커질수록 금값은 오른다. 이를 흔히 안전 자산 선호 현상[10]이라고 한다. 국제 금 가격은 2020년 팬데믹 위기가 닥치자 연일 역사상 최고점을 갱신

9　OPEC+는 OPEC과 러시아 등 주요 동맹 산유국들의 연합체다. 2019년 1월 기준 OPEC(석유수출국기구, Organization of Petroleum Exporting Countries) 회원국은 중동 5개국(사우디아라비아, 쿠웨이트, 아랍에미리트, 이란, 이라크), 아프리카 7개국(나이지리아, 리비아, 알제리, 앙골라, 가봉, 콩고, 적도기니), 베네수엘라, 에콰도르 총 14개국이다.

10　주식이나 회사채 같은 위험 자산보다 채무 불이행 위험이 없는 무위험 자산으로 시중 자금이 몰리는 현상을 가리킨다.

했다. 2020년 한 해 최고점을 몇 차례 갱신했는지 모르겠다. 불확실성이 극도로 고조되었던 2020년 7월에는 역사상 최고점인 1,975.9달러를 기록했고, 이후 하향 안정화되었다. 이전 도서 『포스트 코로나 2021년 경제전망』에서 "2020년 고조되었던 불확실성이 2021년에는 상당한 수준으로 해소되면서, 최고가를 기록했던 금값은 안정화될 것으로 전망한다. 원유선물 ETF 투자를 시도하는 것도 적절할 수 있겠다"(p.273)라고 명확히 강조했다. 변이 바이러스 위협이 극적으로 격화되지 않는 한, 2022년 금값은 안정세를 지속할 것으로 전망된다.

달러는 금과 함께 안전 자산으로 대표된다. 그러나 달러 가치에 영향을 주는 다른 요소(미국 자체적인 이슈)[11]가 있기 때문에, 불확실성이 작아지더라도 강세를 나타낼 수 있다. 2022년 달러 가치는 강세를 지속할 전망이다. 첫째, 통화 가치는 곧 그 나라의 '경제력'을 보여준다. 2022년 미국 경제가 강한 진전strong progress을 보임에 따라 달러 가치가 상승할 가능성이 높다. 둘째, 통화 가치는 곧 그 나라의 '돈의 가치'를 보여주기도 하므로, 테이퍼링과 기준금리 인상이 진전됨에 따라 달러 강세가 뒷받침될 수 있다. 물론, 세계 각국도 통화정책을 긴축적으로 전환해 나갈 것이기 때문에 통화정책의 영향이

---

11 실제 2020년 2분기 금과 달러 두 지표가 다른 방향으로 이동했다. 2020년 하반기 코로나 19 확산으로 불확실성이 고조됨에 따라 안전 자산 선호 현상이 증대되지만(국제 금 가격 상승), 미국 자체적인 이슈(통화정책, 안보 문제, 전염병 확산, 경제 위기 등)가 부정적으로 작용했다. 미국을 중심으로 그 충격이 집중되고 의회에서 추가 재정부양책 규모와 관련해 교착 상태가 지속되면서 달러는 약세로 전환되었다. 이런 현상을 달러와 금의 탈동조화(decoupling) 현상이라고 한다.

자료: 한국은행, COMEX(Commodity Exchange, Inc., 뉴욕상품거래소)
주: 매월 종가 기준.

강력하게 작용되긴 어려울 것이다.

미국은 '경기 회복 → 인플레이션 → 통화정책 정상화'로 이어지는 일련의 코로나19 극복 수순을 차질 없이 밟으면서 강달러 압력이 점증될 것으로 전망된다. 대규모 경기부양책에 힘입어 2021년 2~3분기 중에 팬데믹 이전의 GDP 수준을 회복했다. 미국 연방준비제도의 통화정책 정상화 속도가 강달러 폭을 결정할 것이다. 고용 회복 여부와 인플레이션 압력 장기화 등에 주안점을 두고, 긴축적 통화정책이 얼마나 빠른 속도로 이루어지는지 관찰해야 한다.

2022년 유로화는 약세 기조를 보일 전망이다. 2021년 하반기까지는 유로존의 경기 반등에 대한 기대가 유로화의 강세 요인으로 작용해 왔다. 그러나 경기 반등이나 인플레이션 압력이 ECBEuropean

Central Bank(유럽중앙은행)의 통화정책을 긴축적으로 전환할 만큼 강하지는 않으리라고 본다. 유로화의 움직임은 ECB의 자산매입 규모에 대한 결정이다. ECB가 자산매입 규모를 빠르게 축소하는 결정을 내린다면 약보합세 기조를 보일 가능성이 있다.

2022년 엔화와 위안화도 약세를 보일 것으로 전망된다. 일본의 경기 반등이 뚜렷하지 않고, BOJBank of Japan(일본은행)는 완화적 통화정책을 유지할 전망이다. 이러한 여건이 미국과 대비를 이루며 약세가 나타날 것으로 예상된다. 한편, 중국은 다른 국가들보다 먼저 회복세에 진입했던 만큼 (기저효과 상쇄 등으로) 둔화 국면도 빠르게 도래할 전망이다. 중국 정부가 환율 안정 의지를 드러내며 위안화 강세 대응을 강화해 나가고 있지만 미국 달러화가 약세로 전환되지 않는 한 어려울 것으로 보인다.

주요국 환율 동향 및 전망

(엔/달러, 달러/유로, 위안화/달러)

구분		3개월	6개월	9개월	12개월
엔화 (109.71)	평균 최고/최저	110.50(-0.7%) 116/105	111.13(-1.3%) 116/106	112.00(-2.0%) 116/105	111.25(-1.4%) 116/106
유로화 (1.1880)	평균 최고/최저	1.1910(+0.3%) 1.26/1.15	1.1813(-0.6%) 1.26/1.14	1.1714(-1.4%) 1.26/1.13	1.2025(+1.2%) 1.25/1.14
위안화 (6.4560)	평균 최고/최저	6.4430(+0.2%) 6.60/6.25	6.4488(+0.1%) 6.60/6.25	6.4467(+0.1%) 6.60/6.17	6.3800(+1.2%) 6.55/6.15

자료: 국제금융센터, JP Morgan, Goldman Sachs 등 12대 해외 투자은행들의 환율 전망 평균
주1: 2021년 9월 3일 기준.
주2: 유로화는 1유로당 달러, 엔화와 위안화는 1달러당 해당 통화.
주3: ( )안은 최근 대비 절상(또는 절하) 폭.

2022년 한국 경제전망과 대응 전략

2022년
한국 경제전망

끝날 때까지 끝난 것이 아니다. 코로나19와 인류는 짧은 인연이 아닌가 보다. 델타 변이를 비롯한 변이 바이러스의 확산과 돌파 감염은 여전히 상수가 아닌 변수다. 매우 희망적인 것은 백신의 보급이다. 변이로 인해 신규 확진자가 증가할지라도, 그 충격은 상쇄될 것이다. 백신은 확진자 수가 늘어도, 사망자 수는 줄어들도록 하기 때문이다.

입원 환자 277명 중 230명(83%)이 백신 미접종자다. 집중치료실 ICU 환자(68명) 중 미접종자(61명) 비중은 89%에 달하고, 인공호흡기

코로나19 입원 환자 동향 분석

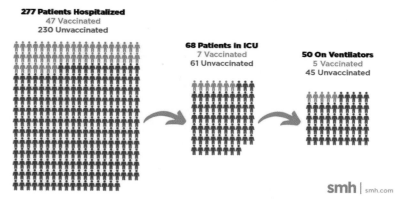

자료: Sarasota Memorial Hospital(2021.8.30.)

Ventilators 환자(50명) 중 미접종자(45명) 비중은 90%에 이른다. 백신이 감염 자체를 막지는 못할지라도 중증으로 번지는 걸 막는 데 상당한 효과가 있음을 보여주는 지표들이다.

많은 나라가 바이러스와의 공존을 선택하는 모습이다. 바이러스 박멸이 불가능한 것임을 인식하기 시작하며, 코로나19를 어쩔 수 없이 삶의 일부로 받아들여야 한다는 공감대가 세계적으로 퍼져나가고 있다. 이러한 움직임을 서구에서는 '리빙 위드 코비드19Living With Covid-19'라 부르고, 한국에서는 '위드 코로나With Corona'라고 부른다. 백신 접종을 통해 '팬데믹(세계적 대유행병)'에서 '엔데믹(지역 풍토병)'으로 바이러스의 영향력이 줄었기 때문이다.

한국도 단계적 일상 회복을 준비하는 모습이다. 사실 일상으로의 회복은 치료제가 개발된 이후일 때 안전하다. 팬데믹이었던 신종플루도 결국 치료제 타미플루가 개발되어 엔데믹으로 바뀐 것이다. 그러나 치료제를 막연히 기다릴 수 없어 싱가포르와 같은 모범 국가의 방식을 대안으로 채택하는 모습이다. 싱가포르는 예방접종 완료율이 80%를 기록했음에도 불구하고 신중한 방역 완화 정책을 펼치고 있다. 싱가포르는 코로나19의 치명률(0.88%)이 독감 치명률(1.0%)을 밑돈다. 엔데믹인 계절 독감처럼, 국가의 통제를 따르는 것이 아니라 개인이 자율적으로 결정할 수 있도록 많은 국가가 움직이고 있다. 미국 전염병 전문가인 파우치 소장은 "인구 대다수가 백신 접종을 마치면 우리는 2022년 봄쯤 코로나19를 통제할 수 있을 것"이라고 말했다.

2022년 한국경제 전망은 다음과 같은 3가지 시나리오를 전제로 한다. 새로운 방역 체계인 위드 코로나 시대가 오겠지만, 코로나19 확진자와 사망자 수에 따라서 낙관적 혹은 비관적 전망이 갈릴 것이다.

2022년 한국 경제전망에 대한 전제

시나리오1	낙관적 시나리오: 방역 성공과 치료제 개발 전제(위드 코로나)
시나리오2	중립적 시나리오: 간헐적 확산 전제(위드 코로나)
시나리오3	비관적 시나리오: 심각한 재확산 전제(위드 코로나)

먼저, 시나리오1은 매우 낙관적인 상황을 전제로 한다. 높은 예방접종 완료율과 점진적 방역 조치 완화를 가정한 것이다. 치료제가 조기에 도입될 가능성이 크다고 가정했을 때, 완전한 일상으로의 복귀가 시작될 것이다. 여행 서비스를 비롯한 관광 및 전반적인 대면 서비스업은 뚜렷한 회복세가 예상된다. 이로 인해 자영업자들의 창업이 적극적으로 시작되면 상가 공실률은 떨어지기 마련이다. 세계 교역이 활발해지고 기업들도 매우 적극적으로 투자를 단행하면서 고용 충격이 빠른 속도로 해소될 가능성이 높다. 경제뿐만 아니라 일상마저 팬데믹 위기 이전 수준으로 돌아갈 것이다. 한국 경제는 3.3% 수준의 강한 성장세를 보일 것으로 전망된다.

시나리오2는 중립적인 가정을 전제로 한다. 위드 코로나 상황이지만 간헐적으로 코로나19 확진자가 발생해 불확실성이 남아 있는 상황이다. 긍정적 기대가 세계적으로 확산함에 따라, 위드 코로나를 선언한 (예방접종 완료율이 높은) 국가 간의 교역이 늘어난다. 대규모 박람회(국제전자제품박람회 등)와 스포츠 행사(베이징 동계 올림픽 등)가 정상적으로 개최되고, 기업인들의 교류와 해외여행이 점진적으로 증가할 것이다. 완전한 일상으로의 복귀는 어렵지만, 경제만큼은 팬데믹 위기 이전 수준으로 돌아갈 것이다. 한국 경제는 2.9% 수준의 회복세를 전망한다.

시나리오3은 가장 비관적인 상황을 전제한다. 새로운 변이 바이러스가 등장해 코로나19의 재확산이 심각해지며, 치명률도 독감 수준 이상으로 유지될 것이라는 가정이다. 위드 코로나를 선언하고 새

2022년 한국 경제전망

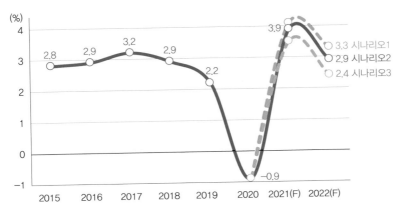

자료: 한국은행
주1: 2021년 10월 13일 기준 전망치임.
주2: 시나리오2는 기준이 되는 중립적 전제, 시나리오1은 낙관적 전제, 시나리오3은 비관적 전제를 의미함.

로운 방역 체계에 진입한 것이 무색해지는 상황이다. 일상으로의 복귀가 지연되며, 더 이상 버티지 못하는 자영업자의 폐업이 속출하게 된다. 불확실성이 완전히 해소되지 않은 상황에서 기업들은 안정적인 매출처만으로 국한해 소극적 투자를 단행할 것이다. 고용을 비롯한 내수 회복이 뚜렷하게 나타나기 어려워진다. 매우 비관적인 상황임에도 불구하고 가까스로 팬데믹 위기 이전 수준에 근접해갈 것으로 보인다. 한국 경제는 잠재성장률을 밑도는 2.4% 수준의 미진한 회복세를 나타낼 것으로 전망한다.

경제성장률이란?

경제 = GDP

경제성장률 = GDP 증가율

경제 = GDP = C + I + G + netEx

(C는 소비, I는 투자, G는 정부 지출, netEx는 순수출을 의미)

경제성장률은 경제 규모(GDP)가 전년 경제 규모에 비해 얼마나 증가했는지를 보여주는 지표다. 경제를 구성하는 항목이 소비(C), 투자(I), 정부 지출(G), 순수출(netEx)이기 때문에, 경제성장률은 C, I, G, netEx의 (가중)평균적인 증가율이 되는 것이다. 투자는 건설 투자, 설비 투자, 지식 재산 생산물 투자로 구분되나, 지식 재산 생산물 투자는 비중이 미미하여 전망의 대상에서 제외한다. 정부 지출도 유사한 이유로 전망의 대상에서 제외한다. 국내외 주요 연구기관들도 같은 방법을 취한다.

2022년 부문별
한국 경제전망

2022년 한국 경제가 부문별로 어떻게 팬데믹 위기 이전 수준으로 돌아갈 것인지에 주목해야 한다. 경제를 구성하는 주요 부문인 소비, 투자, 수출 전반에 걸쳐 상당한 수준의 진전이 있을 것으로 보인다. 2021년 한국경제는 내수(소비

+투자) 회복은 미진했지만, 수출 중심으로 상당한 회복세가 나타났다. 2022년 한국 경제는 내수와 외수가 균형 있게 회복될 것으로 전망된다. 시나리오2를 전제로 한 주요 부문별 전망치를 상세히 들여다보자.

(1) 소비

"경제는 심리다"라는 말을 종종 한다. 소비 심리가 회복되면 실제 소비가 증가하는 법이다. 소비 심리는 이미 2021년부터 코로나19 이전 수준으로 돌아왔다. 코로나19 확진자 증가세가 2020년 하반기보다 2021년 하반기에 더 높게 나타났음에도 불구하고, 가계가 느끼는 불안과 공포는 해소된 지 오래다. 학습효과다. 코로나19가 장기화하면서 어떻게 대처해야 하는지 알게 되었다. 마스크를 사기 위해 약국 앞에 길게 줄을 설 일도 없고, 재택근무와 원격수업에서 어떻게 소통해야 하는지 혼란스러워할 일도 없다. 인터넷 뱅킹, 온라인 쇼핑, 키오스크 사용도 익숙해졌다.

2022년 들어 음식·숙박, 예술·스포츠·여가 등 대면 서비스 수요가 많이 늘어날 것으로 보인다. 코로나19의 충격을 집중적으로 받았던 대면 서비스가 제자리로 돌아오면서, 소비 총량이 큰 폭으로 증가할 전망이다. 특히, 2022년 재정정책의 방향성이 양극화 해소에 초점을 두고 있는 만큼 저소득층을 중심으로 직접 일자리가 확대되고, 소득지원이 가해짐으로써 서민의 소비 여력은 개선될 것이다. 소비는 소득의 함수고 국민 경제의 소득 수준은 고용이 결정한다. 자영업 창업을 비롯한 신규 취업자가 증가하면서 소비 활동이 왕성해질 것이다. 위드 코로나를 맞이한 경제 주체들은 심리적 안정을 찾을 것이고, 한국 경제는 방역 조치 완화로 뚜렷한 소비 진작 효과가 나타날 전망이다.

(2) 투자

투자 회복세는 소비 진작 속도보다 다소 느릴 것으로 전망한다. 투자는 2021년에 이어 회복세를 유지할 것이나, 투자 증가율이 경제 성장률을 밑돌 것으로 보인다. 마치 소비가 한 반의 평균 성적을 끌어올리고, 투자는 평균을 살짝 낮추게 만드는 것처럼 말이다. 여기에서 투자는 크게 건설 투자와 설비 투자로 구분되는데 각각을 구분해 살펴보자.

건설 투자는 정부의 인프라 투자에 힘입어 2021년 플러스로 반등하는 데 성공했고, 2022년에는 이러한 흐름이 더욱 강해질 것으로 전망된다. 건설 투자는 다시 토목과 건축으로 나뉜다. 먼저 토목 부문의 흐름이 견조할 것이다. 앞서 2022년 예산안을 통해 제시한 바와 같이(「9. 2022년 국가 운영 방향: 한국판 뉴딜 2.0」 참조), 정부가 중점을 두고 있는 영역 중 하나가 한국판 뉴딜 2.0이다. 그린 뉴딜 사업에 정부 예산 및 민간자본이 대폭 투입되어, 신재생에너지 및 친환경 인프라 투자가 증가할 전망이다. 지역 균형 뉴딜에도 상당한 예산이 투입되어 지역에 혁신산업단지 등을 조성하고 균형 발전 인프라를 확충하며 토목 부문의 건설 투자가 늘어날 것이다.

건축 부문의 경우 공공주택 공급 노력이 있긴 하지만, 부동산 시장에 대한 강력한 규제로 인해 민간 건설사의 주택 건설이 냉랭할 것으로 보인다. 상업용 건물의 경우에도 중대형 상가를 중심으로 공실률이 상당히 높아 당분간 투자가 지연될 것이지만, 공업용 건물은 2021년부터 이어져 온 설비 투자의 견조한 흐름에 영향을 받아 착공이 늘어날 전망이다.

2019년 출간한 『한 권으로 먼저 보는 2020년 경제전망』에서 "설비 투자는 2020년에 유일하게 개선되는 부문으로 예측된다"라고 했는데 실제 그랬다. 그다음 해 『포스트 코로나 2021년 경제전망』에서 "2021년에도 설비 투자가 가장 두드러지게 회복될 부문이 될 것으로 전망된다"고 했는데 역시 그랬다. 낮은 수준의 기준금리가 2021년 8월까지 유지됨에 따라 기업들의 투자 심리가 뚜렷하게 나타났다. 2022년에도 K-반도체 전략을 비롯해 백신 양산, 차세대 자동차 개발, 메타버스 하드웨어 및 서비스 기반 구축 등의 영역에 R&D 예산과 민간자본이 집중적으로 투입될 전망이다. 신소재 개발을 위한 화학산업의 투자와 친환경 생산시설 구축을 위한 철강과 조선산업의 투자도 증가할 것이다. 다만, 2020년과 2021년 이어져 온 높은 설비 투자 증가세로 역기저효과High Base Effect[12]가 나타날 것이

---

12 기저효과는 경제지표를 평가하는 과정에서 기준 시점과 비교 시점의 상대적인 수치에 따라 그 결과에 큰 차이가 나타나는 현상이다. 기저효과는 광의의 의미로 저점(Low Base)과 비교해 부풀려지게 나타나는 경우와 고점(High Base)과 비교해 축소되어 나타나는 경우를 모두 포괄한다. 그러나 협의의 의미로는 기저효과는 전자의 경우로 한정해 Low Base Effect를 주로 의미하고, 후자를 역기저효과(High Base Effect)로 표현한다.

다. 2022년 설비 투자 증가율은 높지 않을 것으로 판단된다.

(3) 수출

한국의 대외거래는 세계교역량과 동행해서 움직이는 경향이 있다. 주요 국제기구들의 2021년과 2022년 세계교역량과 국제유가 및 원자재 가격의 전망치는 하나같이 역기저효과로 설명된다. 2021년에 극적으로 수출이 반등했고 무역이 호황을 이루었기 때문에 2022년에는 증가세가 둔화할 것이라는 판단이다. WTO는 세계교역량이 2021년 8.0% 증가한 데 이어, 2022년에도 4.0% 수준으로 증가세가 둔화할 것으로 전망했다.[13] IMF도 세계교역량이 2021년 9.7%, 2022년 7.0%의 흐름을 나타낼 것으로 전망했고,[14] 세계은행도 세계교역량이 2021년 8.3%, 2022년 6.3%로 다소 둔화할 것으로 전망했다.[15] EIA는 국제유가가 2021년의 고점에서 2022년 완만하게 하락할 것으로 전망했으며,[16] 교역량에 영향을 크게 미치는 주요 원자재 가격도 소폭 안정화할 것으로 판단하고 있다.

F.O.Bfree on board(본선 인도 가격) 기준의 재화 수출은 견조한 흐름을 유지할 것이나 증가세는 둔화하는 모습을 보일 전망이다. 세계무역에 역기저효과가 작용했지만, 한국의 수출에서 그 경향이 더욱 강하

13 WTO(2021.3.), 〈Trade Statistics and Outlook〉

14 IMF(2021.7.), 〈World Economic Outlook Update〉

15 World Bank(2021.6.), 〈Global Economic Prospects〉

16 EIA(2021.8.), 〈STEO(Short-Term Energy Outlook)〉

2022년 부문별 한국 경제전망

(전년 동기비)

구분	2016년	2017년	2018년	2019년	2020년	2021년 (F)	2022년 (F)
경제성장률(%)	2.9	3.2	2.9	2.2	−0.9	3.9	2.9
민간 소비(%)	2.6	2.8	3.2	2.1	−5.0	2.7	3.3
건설 투자(%)	10.0	7.3	−4.6	−1.7	−0.4	0.8	2.5
설비 투자(%)	2.6	16.5	−2.3	−6.6	7.1	9.0	2.2
수출 증가율(%)	−5.9	15.8	5.4	−10.4	−5.5	20.1	2.3
소비자물가(%)	1.0	1.9	1.5	0.4	0.5	2.1	1.4
실업률(%)	3.7	3.7	3.8	3.8	4.0	4.0	3.9
취업자 수 증감 (만 명)	23.1	31.6	9.7	30.1	−21.8	19.5	23.5

자료: 한국은행, 한국무역협회, 통계청
주1: 2021년 10월 13일 기준 전망치임.
주2: 수출 증가율은 재화의 수출(F.O.B)을 기준으로 함.
주3: 시나리오2(중립적 시나리오)를 전제로 전망함.

게 나타날 것이다. 한국의 수출이 더욱 탄력적인 흐름을 보이는 데다가, 2021년 수출 증가율이 20%를 초과하는 '광폭 행진'을 보였기 때문에 역기저효과가 더 크게 작용할 것이다.

2022년 회귀점, 어떻게 대응해야 하는가?

지금의 미국을 있게 한 인물로 거론

되는 몇 명이 있다. 그중 '철강왕'이라고 불리는 앤드루 카네기Andrew Carnegie(1835~1919)[17]는 비판적 시각과 긍정의 평가가 혼재되어 있다. 몇 가지 업적을 중심으로 그를 살펴보자.

카네기가 남긴 첫 번째 업적은 미국의 동부와 서부를 연결한 것이다. 그는 1마일(약 1.6킬로미터)에 달하는 미시시피강을 연결하는 이즈다리Eads Bridge를 건설했는데, 그때까지 미국은 대교 건설 중에 4분의 1이 붕괴하거나 실패해 그토록 긴 철교 건설에 성공한 적이 없었다. 카네기는 남북전쟁 당시 목재로 만들어진 교각들이 쉽게 불에 탄다는 단점을 보고 철과 탄소를 합금한 신소재 강철과 베서머법Bessemer Process[18]이라는 강철 제조 기술을 도입했다. 그는 환경의 변화를 기민하게 살폈고, 변화에 걸맞은 신소재와 신기술을 활용한 것이다.

둘째, '산업의 쌀'이라 불리는 철강을 미국 전역에 공급했다. 당시 미국에서의 강철 수요는 카네기 회사의 생산량을 초과할 정도였다. 강철에 대한 가장 큰 수요는 철도 산업에서 발생했는데 기존의 철도 교량을 철제로 교체하기 시작하면서 미국 전역에 엄청난 속도로

---

17 1835년 스코틀랜드의 작은 마을에서 태어났다. 아버지는 섬유 가내공업을 하던 노동자였고, 어머니는 구멍가게를 운영했다. 가난에서 벗어나지 못해 13세에 초등학교를 중퇴하고 가족과 함께 미국 펜실베이니아로 이주했다. 카네기는 어려서부터 온갖 일을 닥치는 대로 했다. 기차역에서 심부름하던 이민자 소년이었던 그는 석탄 화부, 방적 공장 노동자, 기관 조수, 전보 배달원, 전신기사 등으로 일하면서 기회를 살폈다. 1853년 전신국의 단골손님인 펜실베이니아 철도회사의 피츠버그 지부장 토머스 스콧에게 스카우트되면서 카네기의 역사가 시작된다. 훗날, 토머스 스콧은 카네기가 사업가로 성장할 수 있도록 조언을 준 스승이자 멘토의 역할을 했다.

18 베서머법은 녹은 선철에서 강철을 대량 생산할 수 있는 공정으로, 비용이 적게 드는 장점이 있다. 발명가 헨리 베서머가 1855년에 특허를 취득했다.

교량 개통 모습

이즈다리

자료: The History Channel(2012), 〈미국을 일으킨 거
인들(The Men Who Built America)〉

자료: 미주리 역사 박물관

철도가 깔렸다. 카네기는 향후 강철 수요가 지속해서 늘어날 것으로
판단했고 강철 공장을 건설하기에 이른다. 12만 평에 달하는 거대한
크기에 하루 22톤을 양산할 수 있는 제철소였다. 다른 기업들은 막대
한 자금 투자에 주저했지만, 카네기는 미래를 보았던 것이다.

카네기가 남긴 세 번째 업적은 미국의 도시 건설이다. 어느덧 철
도가 과잉 건설되어 물자가 초과하기에 이른다. 철도 사업이 위기
에 놓인 것이다. 또 다른 철강의 수요처를 찾아야 했다. 남북전쟁 이
후 미국의 인구가 폭발적으로 증가했는데, 도시에는 인구를 감당할
건물이 부족했다. 당시 미국 건물은 철재를 사용하지 않는 저층 건
물로 이루어졌었는데, 카네기는 여기서 철강의 수요를 발견했다. 철
강을 활용해 초고층 건물skyscraper을 짓는 것이었다. 그는 세계 최초
의 초고층 건물인 시카고의 홈인슈어런스 빌딩에 자신의 강철을 사
용했다. 초고층 건물 건설은 지금의 시카고와 뉴욕과 같은 대도시가

등장한 배경이 되었다.

시카고의 홈인슈어런스 빌딩

그가 남긴 몇 가지 업적에는 한 가지 공통점이 있다. 현재를 본 것이 아니라, 미래를 본 것이다. 앞서 언급한 카네기가 남긴 명언을 다시 강조하고 싶다. "The world of great opportunity is available now, as it has always been, only for those with great vision(위대한

자료: Andrew Carnegie 홈페이지

기회는 누구에게나 온다. 다만 미래를 전망하는 시야가 있는 자만이 그 기회를 잡을 수 있다)." 2022년 경제를 전망했다면, 어떻게 대응할지를 모색해 2022년을 위대한 기회로 만들어보자. 2022년을 맞이하는 3대 경제주체(가계, 기업, 정부)가 어떻게 대응해야 할지 그 제안을 담아본다.

(1) 가계의 투자적 대응

"변화에 투자하라". 매 경제전망서를 발표할 때마다 강조하는 표현이다. 물론 여기서 투자는 '나 자신에 대한 투자'도 포함된다. 즉, 2022년 경제가 어떻게 전개될지를 들여다보고 변화할 환경에 대한 대응을 고민해야 한다. 금리를 비롯한 글로벌 통화정책의 향방이 바뀌기 시작했다. 돈의 가치는 움직일 수밖에 없다. 돈의 가치가 움직이니 자산의 가치도 움직이기 마련이다.

돈의 이동이 시작되었다. 이른바 머니 무브Money Move다. 수도꼭지

를 마음껏 풀었다가, 이제 조금씩 잠그고 있다. 완화의 시대에서 긴축의 시대로 옮겨가는 것이다. 테이퍼링이 단행되고 기준금리를 인상하는 지금, 시중금리도 이미 먼저 반응해서 상승하고 있다. 또한 금융위원회는 가계부채를 총량적으로 억제하기 위해 대출 규제를 강화하고 있다. 2021년 상반기까지는 공격적 투자가 유리했을지 모르지만, 2021년 하반기 이후부터는 지키는 투자가 필요하다. 역사상 가장 낮았던 금리가 이제 상승하는 시기를 맞이했기 때문에 현금 보유 비중을 늘려나갈 필요가 생겼다. 저축은행 예금 금리는 연 2%대 중반까지 오르고, 금융사들이 연 5%에 달하는 특판 예·적금을 내놓고도 있다. '영끌·빚투' 시대는 끝났다.

이제는 2022년 경제전망에 기초한 투자가 필요하다. 『포스트 코로나 2021년 경제전망』의 독자들로부터 다음과 같은 문구에 화답을 받았다. "2020년 고조되었던 불확실성이 2021년에는 상당한 수준으로 해소되면서, 최고가를 기록했던 금값은 안정화될 것으로 전망한다. 원유선물 ETF 투자를 시도하는 것도 적절할 수 있겠다. 주요 국제기구들은 글로벌 수요 증가로 국제유가가 2021년 하반기까지 상승세를 지속할 것으로 보고 있다."(p.273) 2021년은 국제유가를 비롯한 대부분의 원자재 가격이 치솟았다. 앞서 많은 챕터를 통해 강조했듯, 2022년에는 미국 국채나 선진국 ETF 투자가 적절할 수 있다. 불균형 회복이라는 세계 경제전망에 기초한 판단이다. 한편, 친환경산업을 비롯한 ESG 펀드 혹은 탄소배출권 거래제 가격을 연동한 간접투자 상품도 중장기적으로 유망한 영역이 될 것이다. 거스를 수 없는 기후 리스크, 그린 뉴딜, ESG 열풍이라는 산업 트렌드에 기초한 전망이다.

또한 포트폴리오 관리가 필요하다. 주식투자 비중은 낮추되, 실적에 기반하는 종목에 장기 투자하길 권한다. 투자 열풍이 분 것은 한국 경제에 긍정적인 모습이지만, 아직 투자 방법이 성숙하지 않다는 것에는 아쉬움이 든다. 종목 짚어주기에 혈안이고, 종일 주식 차트만 바라보면 본연의 업무는 온데간데없어진다. 어제 사고, 오늘 팔고를 반복하는 투자 방식은 지속 가능할 수 없다. 찬찬히 살펴보면 부상하는 유망 산업이 있고, 그 산업의 성장을 리드하는 기업이 있다. 그러한 변화를 지켜보면서 '동업하는 마음'으로 주식을 보유하고, 중장기적으로 투자하는 연습이 필요하다.

부동산 투자는 유의해야 할 점이 많다. 기본적으로 금리가 상승하는 국면에 주택 가격이 강한 상승세를 보이긴 어려울 것이란 판단이다. 다만 부동산 정책이 어떻게 제시되느냐에 따라 수요와 공급이 다른 방향으로 움직일 것이기 때문에 정책 발표에 예의주시할 필요가 있다. 특히, 2022년 대선이 있고 새로운 정부가 등장함에 따라 그동안의 부동산 정책 기조가 유지될 것인지, 아니면 전혀 다른 방향으로 선회할 것인지 주시해야 한다. 새 정부가 등장해 발표될 첫 번째 부동산 정책으로 기조를 파악하거나, 주요 후보들의 공약집을 보고 미리 방향성을 가늠해 볼 수도 있겠다.

이 책을 읽는 독자의 주거 유형, 주거 지역, 소득 수준 등이 다를 것이기 때문에, 맞춤화된 대응 전략을 제시하는 데는 한계가 있다. 하지만 몇몇 주요 대상별로 3가지 제안을 할 수 있다. 첫째, 실수요자라면 '청약을 통한 신규 주택 분양' 시도를 권한다. 둘째, 중대형 상가를 비롯한 상업용 부동산 투자를 권한다. 단계적으로 일상 회복이 시작되면 대면 서비스업이 제자리를 찾기 마련이다. 폐업보다는 창업 열기가 더 커질 것이다. 고점에 달하는 중대형 상가 공실률은 2021년 하반기 점차 완화되기 시작할 것이다. 셋째, 다주택자가 주택을 매도할 계획이라면 가치 상승 폭을 고려해 매도할 매물을 선택해야 한다. GTX 등과 같은 교통 인프라나 신도시 건설 계획 등과 같은 이슈들을 고려해 선택하길 추천한다.

진로 설계나 취업 준비를 위한 제언도 몇 가지 담아본다. 먼저 유망한 산업에서의 기회를 찾고 필요로 하는 역량을 계발할 수 있어야 한다. 넓은 세상에서 판이 어떻게 움직이는지 보아야 하는 것이다. 둘째, 취업을 준비하는 청년들이라면 정부에서 제공하는 소프트웨어 아카데미, 산업 전문 인력 AI 교육, 반도체 설계 전문 인력 양성 등과 같은 핵심 인재 양성 사업을 적극적으로 활용해 커리어 계발의 기회를 포착해야 한다. 셋째, 면접을 대비하는 학생들이라면, 관심 있는 기업이 속한 산업의 중요한 이슈와 트렌드를 파악할 필요가 있다. 면접 등의 자리에서 중요한 흐름을 설명하고, 기업이 전략적으로 대응할 방향성을 제안할 수 있도록 준비해야 한다. 넷째, 창업을 준비하는 예비 창업자들이나 사업 재기를 고민하는 경우라

면, 폐업 및 재기 지원, 창업 교육, 소상공인의 온라인 판로 지원과
같은 사업 등을 적극적으로 활용할 필요가 있다.

(2) 기업의 전략적 대응

기업들은 변화에 기민하게 대처해야 한다. 기업은 환경에 둘러싸여 있고, 그 환경은 끊임없이 변화하고 있다. 특히 2022년은 기업에 상당한 기회들이 주어질 것이다. 경제의 탄탄한 회복은 곧 많은 기업의 업황이 개선된다는 것을 의미한다. 다만 모든 기업이 그 회복을 실감하지 않을 것이다. 환경 변화에 발 빠르게 대응하는 기업들에 그 기회가 집중될 것이다. 준비된 기업들은 경제 충격조차 피했듯이, 경제 회복도 준비된 기업에만 기회를 줄 것이다.

다만, 세계 경제가 불균형하게 회복될 것이라는 전망을 기억하자. 기업은 국외 거래 전략에 있어 이점을 반드시 고려해야 한다. 2022년은 주요 선진국들을 중심으로 경제가 탄탄하게 회복될 것이다. 하지만 개도국과 저소득 국가의 회복이 상당히 지연된다는 점은 신시장 개척과 글로벌 마케팅 전략이라는 관점에서 중요한 포인트가 될 것이다. 2020~2021년 동안 주요 원자재와 부품 공급에 차질을 겪었기 때문에 2022년에는 안정적인 수급 구조를 만들고 GVC를 효율적으로 재편하는 움직임이 가속화할 것이다. 따라서 어떤 국가가 백신 보급과 방역에 성공해 뚜렷한 회복세를 보이는지를 우선적으로 검토해 전략적 요충지를 결정해야 하겠다.

또한 신사업 진출에 투자해야 한다. 2022년은 회귀점이라고 강조

하지 않았는가? 코로나19로 억눌렸던 산업이 제자리로 찾아올 것이다. 특히 일상으로의 복귀가 진전될 때 억눌렸던 소비가 급반등할 것이다. 불황의 끝자락에는 구조조정 대상 기업들이 늘어나곤 한다. M&A 기회를 적극적으로 검토하고 성장성이 높은 사업으로의 다각화를 추진해야 한다.

신사업 진출에 대한 검토는 현재 영위하는 산업을 중심으로 고민할 필요가 없다. 산업 간의 경계가 완전히 사라지는 빅블러big blur 시대다. 범용화된 플랫폼을 보유하면 은행이 콩나물을 팔든, 콩나물 가게가 은행 서비스를 제공하든 중요치 않다. 플랫폼을 확보하고 다양한 신사업을 플랫폼에 실어야 한다.

기술 선점도 중요한 과제다. 메타버스 기술은 금융, 유통, 제조, 교육 전 산업에 걸쳐 확대 적용되고 있다. 신기술을 활용해 차원이 다른 새로운 서비스를 고객에게 전달해야 한다. 한편, 제품과 서비스를 전달하는 방식도 구독 서비스와 라이브 커머스 같은 새로운 접근으로 시도해야 할 것이다. HR 플랫폼 도입을 통해 인사 및 조직 관리를 효율화하고, 기술 인재들이 요구하는 유연 근무 시스템을 갖추어야 한다. 디지털 트랜스포메이션은 더욱 가속화할 것이기 때문에 디지털 환경에 적합한 기술과 인프라를 확보하고 솔루션을 도입해 나가야 한다.

정부의 정책 지원도 활용해야 한다. 정책 지원은 기업의 긴 여정에 우산 같은 역할을 한다. 규제자유특구 지정, 경제자유구역 혁신, 첨단산업단지 건립 등과 같은 기업 하기 좋은 여건 조성과 규제 완화를 위한 움직임이 있다. 한국판 뉴딜 2.0 사업이 제공하는 R&D 및 사업화 지원들도 기업들이 활용해야 한다. 재생에너지 3020 이행 계획은 태양광 등과 같은 재생에너지 설비 지원을 마련해 주고, 지역 균형 뉴딜 사업은 다양한 인프라 건설 사업의 기회를 줄 것이다.

새로운 경영 패러다임이 등장했다. ESG 열풍이다. ESG를 외면하면 소비자로부터 외면받는다. E(친환경 접근)를 시도해야 한다. 친환경 소재를 개발하고, 그린수소 생성 산업에 진출하며, 재사용이 가능한 리유저블Reusable 용기를 활용해야 한다. S(사회문제 해결)도 뒤로 미룰 수 없다. 저출산·고령화, 안전, 성차별 등과 같은 사회문제를 좌시하지 말고 해결하는 데 앞장서야 한다. G(지배구조 개선)는 투자자들이 고려하는 가장 중요한 요소가 되고 있다. 그동안 기업이 이윤 추구라는 재무적 목표에만 열중해 달려왔다면, 이제는 주변을 돌아보는 비재무적 목표를 중대하게 여겨야 한다. ESG 경영은 비용이 아니라 투자다. ESG는 일개 부서의 전략이 아니라 전사적으로 고민해야 할 기업의 본질이 되었다.

(3) 정부의 정책적 대응 전략

흔들리지 않는 국가를 만들어야 하지만 2022년 경제에는 너무나 많은 물음표가 놓여 있다. 코로나19와 변이 바이러스뿐만 아니라, 신정부의 등장, 통화정책 기조의 변화(기준금리 인상과 미국의 테이퍼링), 자산 버블 붕괴 가능성, 신보호무역주의 확산, 취약 신흥국 위협 등과 같은 불확실성 요소들이 상존한다. 특히 일상으로 복귀하는 과정에서 방역 체계가 붕괴할 가능성이 존재하기 때문에, 정부의 역할은 첫째도 방역, 둘째도 방역일 것이다. 경제 주체들이 다양한 위협에 흔들리지 않도록 정부는 구심점 역할을 강화하고, 다양한 시나리오에 대응할 방안들을 선제적으로 검토해야 한다. 위협 요인들이 현실화되었을 때, 기업과 가계가 지체 없이 대응할 수 있도록 안내자라는 임무를 수행해야 할 것이다.

대외 환경의 급격한 변화에 기업들이 흔들리지 않도록 해야 한다. 대외 환경은 통제할 수 없는 외재적 변수external variable이지만, 어떻게 대응하느냐에 따라 위기가 아닌 기회가 될 수 있다. 통상 환경의 구조적 변화가 일고 있는 지금, 주요국들의 환경규제가 강화되고 수입품에 대한 환경적 요구 사항이 크게 늘고 있다. ICT 규제, 디지털세 부과, CBDC 도입과 같은 디지털 보호무역주의도 등장하고 있다. 수출 대상국들의 움직임을 놓치면 기업들은 상당한 손실을 피할 수가 없다. 세계 각국이 반도체, 배터리, 디스플레이 등과 같은 산업의 내재화 전략을 추진하고 있어서, 원자재·부품 수급 차질의 우려가 커지고 있다. 따라서 2019년부터 추진해 왔던 소재·부품·장비 국산화 정책(일명 소부장)이 신정부 등장 이후로도 지속되어야 한다.

또한 새로운 좌표를 제시해 새로운 먹거리를 탐색해야 한다. 중진국에서 선진국으로 도약하는 지금까지의 성장 공식이 앞으로도 적용될 수는 없을 것이다. 개도국일 때 가격 차별화를 시도했고, 중진국일 때 품질 차별화를 추구했다면, 지금은 기술 차별화가 필요하다. 고부가가치 신산업을 포착하고, 유망 기술 인재들을 육성해야 한다. 6G, 인공지능 반도체, 첨단소재 등과 같은 신기술을 확보할 수 있도록 R&D 지원을 강화하고 기술 교류가 일어날 수 있도록 해야 한다.

아울러 통화정책의 기조 변화는 점진적이어야 한다. 한국은행은 자산 버블 붕괴 위협을 진단해야 한다. 자산 버블 붕괴 위협은 경제 위기를 지날 때 자주 등장하는데, 이는 경제 회복에 상당한 걸림돌이 되곤 한다. 그동안 실물경제 회복은 완만한데 자산 가치는 높게 치솟았다. 이러한 상황에서 통화정책의 기조가 완화에서 긴축으로 급격히 전환될 경우 통제 불가능한 상태가 올 수 있다. 즉, 실물경제는 다시 침체하고 자산 가치가 하락하면서 상당한 부실 사태가 발생할 가능성이 생긴다. 기준금리 인상 속도라는 중요한 결정과 시장의 컨센서스를 모으는 노력 등 모든 면에서 세심한 접근이 필요하다.

재정정책에 있어서는 표적이 명확해야 한다. 통화정책이 긴축적으로 움직인 상황이기 때문에, 재정정책의 정교함이 그 어느 때보다 중요하다. 더욱이 국가채무가 과다하다는 우려의 목소리가 커지고 있는 시점에서는 많은 예산을 투입하는 총량적 접근이 아니라 같은 규모의 예산을 정밀하게 사용하는 방안을 택해야 한다. 예산이 더 생산적인 경제활동을 이끄는 데 사용되고 투입된 세출 이상의 세수가 이어질 수 있도록 예산정책에 재정승수fiscal multiplier[19]를 고려해야만 한다. 예를 들어, 코로나19의 충격에서 벗어나지 못하고 있는 중소기업이나 소상공인을 명확하게 찾고, 이들이 '죽음의 계곡Death Vally'을 안전하게 건널 수 있도록 다리를 만들어주어야 한다. 다리를 건넌 이들이 한국 경제가 도약할 수 있게끔 만드는 '성장 사다리'가 될 수 있도록 말이다.

---

19 재정승수는 재정정책의 효과를 측정하기 위해 만들어진 지표로, 정부의 재정지출이 1단위 늘었을 때 국민소득이 얼마나 증가하는지를 보여주는 지표다. 재정수입, 특히 조세는 국민의 가처분소득을 감소시키기 때문에 소비지출을 감축시켜 민간 부문에서 발생하는 유효 수요를 감퇴시킨다. 또 재정지출 중 재정소비·재정투자는 민간경제로부터의 재화와 서비스의 구입으로 나타나기 때문에 유효 수요를 증대시킨다. 조세의 증가분(ΔT)이 얼마만큼의 국민소득 감소분(ΔY)을 가져오는가의 비율 $\Delta Y / \Delta T$를 재정수입승수, 또 재정지출의 증가분(ΔG)이 얼마만큼의 국민소득을 증가시키는가의 비율 $\Delta Y / \Delta G$를 재정지출승수라고 하며, 양자를 합쳐 재정승수라고 한다.

부록

주요 투자은행의 세계 경제 및
주요국 성장률 전망

* 본 내용은 국제금융센터 자료를 기준(2021년 9월 말)으로 함.

- **세계(-0.1%p↓)**: '21년 성장 전망은 델타 변이 확산, 공급 부족 장기화(재화/물류/원자재 등) 우려 등으로 주요국의 3, 4분기 전망치가 하향되어 전월 대비 소폭 하락. 물가 상방 압력 장기화 시 중앙은행들의 부담이 확대될 소지(JPM)

  - **미국(-0.4%p↓)**: 자동차, 주택 부문 등 공급 제약이 성장을 저해. 델타 변이 확산이 여행 수요를 위축시키고 있으나 그 외 서비스 부문에 미치는 영향은 제한적(Citi)
    - 정부 셧다운은 피했지만 부채 한도 협상 교착으로 일시 디폴트 가능성(JPM)

  - **유로존(0.3%p↑)**: 백신 접종 진전, 완화적 통화정책 등의 영향으로 경기 회복세 지속 예상. 코로나19 초기 확산 당시에 비해 방역 조치와 경제 성장 간 연계가 약화(Citi)
    - 9월 물가상승률이 3.4%로 급등했으나 ECB는 이를 공급 제약에 따른 일시적 현상으로 판단해 완화적 통화 기조를 장기간 유지할 것으로 예상 (Barclays)

  - **중국(-0.3%p↓)**: 델타 변이에 따른 서비스 소비 위축, 헝다 등 부동산 개발 업체들의 유동성 불안, 전력난 등 영향으로 성장 전망 악화. 제조업 마진 하락, 민간투자 위축 우려 등(Citi)

  - **일본(-0.1%p↓)**: 코로나19 5차 확산 및 반도체 공급 부족 등의 영향으로 경기 부진. 중국 성장 둔화 및 위험 회피에 따른 엔화 강세 등이 주요한 하방 리스크(Nomura)

세계 경제성장률 전망

기관명	2021ᶠ	2022ᶠ
Barclays	6.2	4.5
BNP Paribas	5.7	5.1
BoA-ML	5.8	4.6
Citi	6.0	4.6
Goldman Sachs	6.1	4.7
JP Morgan	6.3	4.6
Nomura	6.0	4.8
Societe Generale	5.7	4.4
UBS	6.2	5.0
평균	6.0(-0.1)	4.7

세계 경제성장률 추이

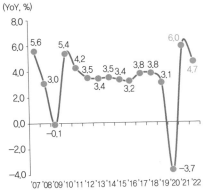

(YoY, %)

5.6, 3.0, 5.4, 4.2, 3.5, 3.4, 3.5, 3.4, 3.2, 3.8, 3.8, 3.1, -3.7, 6.0, 4.7, -0.1

'07 '08 '09 '10 '11 '12 '13 '14 '15 '16 '17 '18 '19 '20 '21 '22

* 전년 대비, 구매력 평가(PPP) 기준. 붉은색, 파란색은 각각 전월 전망치 대비 상승, 하락을 의미. 괄호는 전월 전망치 대비 변화분(%p)

미국 경제성장률 전망

구분	분기별				2021ᶠ	2022ᶠ
	21.Q3	21.Q4	22.Q1	22.Q2		
Barclays	4.5	5.0	3.5	3.0	5.8	3.7
BNP Paribas	–	–	–	–	6.0	5.3
BoA-ML	4.5	6.0	6.0	5.0	5.9	5.2
Citi	4.7	5.0	3.7	2.9	5.8	3.8
Goldman Sachs	4.5	5.0	5.0	4.5	5.3	5.0
JP Morgan	4.0	3.5	3.5	3.0	5.7	3.5
Nomura	3.1	5.1	5.8	4.8	5.7	4.6
Societe Generale	6.5	4.7	3.1	3.1	6.0	3.9
UBS	5.3	5.0	6.5	6.3	5.9	5.3
평균	4.6(-1.8)	4.9(-0.7)	4.6(0.4)	4.1(0.2)	5.8(-0.4)	4.5(0)

* 분기별 전망은 전기 대비 연율, 연도별 전망은 전년 대비 기준. 붉은색, 파란색은 전월 전망치 대비 상승, 하락을 의미. 괄호는 전월 전망치 대비 변화분(%p)

유로존 경제성장률 전망

구분	분기별				2021^f	2022^f
	21.Q3	21.Q4	22.Q1	22.Q2	2021^f	2022^f
Barclays	9.4	4.4	3.6	2.7	5.3	4.5
BNP Paribas	–	–	–	–	5.0	5.2
BoA–ML	9.2	3.4	2.6	2.1	4.8	3.7
Citi	9.0	3.8	4.3	3.3	5.2	4.7
Goldman Sachs	9.0	5.2	3.6	3.0	5.2	4.5
JP Morgan	10.0	4.0	6.0	3.5	5.4	5.2
Nomura	9.5	1.6	2.8	2.4	5.2	3.6
Societe Generale	7.6	4.8	2.8	2.5	5.1	4.0
UBS	10.1	7.4	5.4	3.0	5.1	5.3
평균	9.2(−0.7)	4.3(−0.4)	3.9(0.1)	2.8(0.1)	5.1(0.3)	4.5(0)

* 분기별 전망은 전기 대비 연율. 연도별 전망은 전년 대비 기준. 붉은색, 파란색은 전월 전망치 대비 상승, 하락을 의미. 괄호는 전월 전망치 대비 변화분(%p)

중국 경제성장률 전망

구분	분기별				2021^f	2022^f
	21.Q3	21.Q4	22.Q1	22.Q2	2021^f	2022^f
Barclays	4.6	4.7	5.5	4.6	8.2	5.5
BNP Paribas	–	–	–	–	8.2	5.6
BoA–ML	(1.4)	(5.2)	(5.5)	(6.3)	8.0	5.3
Citi	4.9	4.5	5.0	5.5	8.2	5.5
Goldman Sachs	4.8	3.2	4.4	4.8	7.9	5.5
JP Morgan	(−0.9)	(5.4)	(5.0)	(7.0)	8.3	5.2
Nomura	5.1	4.4	5.0	4.9	8.2	5.1
Societe Generale	5.5	3.3	4.5	4.8	8.0	5.0
UBS	5.8	4.0	5.0	5.4	8.2	5.8
평균	5.1(−0.3)	4(−0.4)	4.9(−0.2)	5(−0.1)	8.1(−0.3)	5.4(−0.1)

* 분기별 전망은 전년 동기 대비, ( )는 전기 대비 연율. 평균은 전기비연율 값을 제외하고 계산. 연도별 전망은 전년 대비 기준. 붉은색, 파란색은 전월 전망치 대비 상승, 하락을 의미. 평균의 괄호는 전월 전망치 대비 변화분(%p)

일본 경제성장률 전망

구분	분기별				2021[f]	2022[f]
	21.Q3	21.Q4	22.Q1	22.Q2		
Barclays	0.7	3.0	6.3	4.4	2.1	3.3
BNP Paribas	–	–	–	–	2.1	2.4
BoA-ML	−0.6	3.8	5.9	7.5	2.1	4.3
Citi	0.8	5.0	5.3	4.5	2.2	3.7
Goldman Sachs	1	8.4	2.3	1.7	2.6	2.9
JP Morgan	2.0	8.5	5.0	1.0	2.7	3.5
Nomura	1.2	6.0	7.4	7.5	2.4	4.7
Societe Generale	0.7	3.5	5.9	4.1	2.2	3.5
UBS	1.8	6.5	4.2	1.7	2.1	3.1
평균	1.0(−1.1)	5.6(−0.8)	5.3(0.9)	4.1(1)	2.3(−0.1)	3.5(0)

* 분기별 전망은 전기 대비 연율, 연도별 전망은 전년 대비 기준. 붉은색, 파란색은 전월 전망치 대비 상승, 하락을 의미. 괄호는 전월 전망치 대비 변화분(%p)

주요 투자은행의
아시아 주요국 경제지표 전망

* 본 내용은 국제금융센터 자료를 기준(2021년 9월 말)으로 함.

- **'21년 성장률 전망: 6개국(베트남·필리핀·말레이시아·한국·홍콩·싱가폴) 하향, 1개국(인도) 상향 조정**

  - **베트남(4.2%p↓)**: 3분기 성장률이 코로나19 4차 유행과 봉쇄 장기화에 따른 서비스(-9.3%) 및 제조(-5.0%) 부문의 동반 위축으로 역대 최저치인 -6.2%를 기록(Q2 6.6%, yoy). 4분기 백신 접종 가속화, 관광업 재개, 공공지출 확대 등이 예상되나 정부 목표치(3.5~4.0%) 달성은 기대난(UBS)

  - **필리핀(0.3%p↓)**: 9월 중 감염이 정점에 달한 가운데 봉쇄 조치 강화 및 백신 공급 지연, 제한적 부양 여력 등이 경기 회복세를 제약. 중앙은행(BSP)은 식품 가격 상승 등에 따른 인플레(8월 CPI 4.9%) 압력에도 불구 경기 위축 억제 위해 당분간 정책금리(2%) 동결 전망(Nomura)
    * BSP의 금년 소비자물가(CPI) 상승률 전망치는 4.1%로 물가 억제 목표 범위(2.0~4.0%)를 소폭 상회

  - **말레이시아(0.2%p↓)**: 이동 제한 명령의 여파로 공장 가동 중단 및 인력난 심화가 지속되면서 산업생산이 감소 전환(7월 -5.2%, yoy)되고 제조업 PMI가 4개월째 위축 국면(9월 48.1)에 머무르는 등 성장 모멘텀이 약화(Citi)

아시아 주요국 지표

구분	경제성장률 (Real GDP, %(%p), yoy)				물가(CPI, %, yoy)			경상수지(% of GDP)		
	2020	2021	(전월 대비)	2022	2020	2021	2022	2020	2021	2022
한국	−0.9	4.1	↓0.1	3.1	0.5	2.1	1.8	4.5	4.5	3.5
대만	3.1	6.1	−	3.4	−0.2	1.8	1.6	14.0	13.6	12.9
홍콩	−6.1	6.6	↓0.1	3.2	0.3	1.7	1.9	5.9	6.2	5.3
인도	−7.3	8.9	↑0.1	7.6	6.3	5.2	4.9	0.9	−0.9	−1.1
인도네시아	−2.1	3.3		5.2	2.0	1.6	2.6	−0.4	−0.5	−1.6
말레이시아	−5.6	3.9	↓0.2	6.4	−1.1	2.4	1.6	4.2	3.7	3.6
필리핀	−9.6	4.3	↓0.3	6.9	2.7	4.3	3.2	3.1	0.0	−0.8
싱가포르	−5.4	6.7	↓0.1	4.8	−0.2	1.9	1.5	17.1	17.5	16.5
태국	−6.1	0.9	−	4.3	−0.8	1.0	1.2	3.4	−1.9	1.1
베트남	2.9	1.4	↓4.2	7.1	3.2	2.4	3.6	4.4	1.2	2.6

* 주요 9개 해외 투자은행(Barclays, BoA–ML, Citi, Credit Suisse, GS, JPM, HSBC, Nomura, UBS) 전망을 집계
  (2021년 9월 말 기준). 빨간색, 파란색은 2021년 8월 말 대비 상승 및 하락을 표시

한국 경제전망

한국	경제성장률 (Real GDP, %(%p), yoy)			물가(CPI, %, yoy)			경상수지(% of GDP)		
	2020	2021	2022	2020	2021	2022	2020	2021	2022
Barclays	−0.9	4.0	2.9	0.5	2.2	1.7	4.6	4.0	3.4
BoA–ML	−0.9	4.3	3.5	0.5	2.0	1.9	4.6	4.4	3.9
Citi	−0.9	3.9	2.9	0.5	2.1	1.8	4.6	4.6	3.4
Credit Suisse	−1.2	4.5	3.7	0.5	2.3	1.8	−	−	−
Goldman Sachs	−0.9	4.1	3.3	0.5	2.1	1.7	−	−	−
JP Morgan	−0.9	4.3	3.9	0.5	2.3	2.2	4.6	4.5	3.9
HSBC	−0.9	3.8	2.5	0.5	2.2	2.0	4.5	4.4	2.2
Nomura	−0.9	3.6	2.0	0.5	2.1	1.7	4.6	5.4	3.1
UBS	−0.9	4.8	3.5	0.5	2.0	1.5	4.2	4.5	4.5
평균	−0.9	4.1	3.1	0.5	2.1	1.8	4.5	4.5	3.5

대만 경제전망

대만	경제성장률 (Real GDP, %(%p), yoy)			물가(CPI, %, yoy)			경상수지(% of GDP)		
	2020	2021	2022	2020	2021	2022	2020	2021	2022
Barclays	3.1	6.4	3.3	−0.2	1.9	1.9	–	–	–
BoA–ML	3.1	5.8	2.9	−0.2	1.6	1.2	14.2	14.8	15.1
Citi	3.1	6.0	4.0	−0.2	1.8	1.9	14.1	13.2	12.1
Credit Suisse	3.1	6.2	4.0	−0.2	1.8	1.7	–	–	–
Goldman Sachs	3.1	6.3	3.4	−0.2	1.9	1.6	–	–	–
JP Morgan	3.1	6.3	4.1	−0.2	1.9	2.0	14.1	11.6	10.1
HSBC	3.1	6.0	3.1	−0.2	1.8	1.4	14.2	13.3	11.5
Nomura	3.1	6.4	2.6	−0.2	1.6	1.6	14.4	15.5	14.9
UBS	3.1	5.9	3.3	−0.2	2.0	1.1	13.2	13.3	13.5
평균	3.1	6.1	3.4	−0.2	1.8	1.6	14.0	13.6	12.9

홍콩 경제전망

홍콩	경제성장률 (Real GDP, %(%p), yoy)			물가(CPI, %, yoy)			경상수지(% of GDP)		
	2020	2021	2022	2020	2021	2022	2020	2021	2022
Barclays	−6.1	6.7	2.7	0.3	1.9	2.0	–	–	–
BoA–ML	−6.1	6.4	2.4	0.3	1.7	1.6	6.5	8.5	6.0
Citi	−6.1	6.8	4.1	0.3	1.9	2.4	6.5	4.3	3.0
Credit Suisse	–	–	–	–	–	–	–	–	–
Goldman Sachs	−6.1	5.3	2.4	0.3	1.5	1.5	–	–	–
JP Morgan	−6.1	7.1	2.8	0.3	2.1	2.2	2.7	6.3	6.1
HSBC	−6.1	6.7	3.0	0.3	1.6	2.1	6.5	7.6	6.4
Nomura	−6.1	6.8	3.2	0.3	1.8	1.8	6.5	5.5	4.9
UBS	−6.1	7.0	4.7	0.3	1.4	1.7	6.5	5.0	5.2
평균	−6.1	6.6	3.2	0.3	1.7	1.9	5.9	6.2	5.3

인도 경제전망

인도*	경제성장률 (Real GDP, %(%p), yoy)			물가(CPI, %, yoy)			경상수지(% of GDP)		
	FY20/21	FY21/22	FY22/23	FY20/21	FY21/22	FY22/23	FY20/21	FY21/22	FY22/23
Barclays	−7.3	10.2	7.5	6.2	5.4	5.3	1.0	−1.1	−1.2
BoA−ML	−7.0	8.1	8.8	6.6	5.0	5.2	1.0	−0.9	−0.8
Citi	−7.3	9.5	9.0	6.2	5.3	4.7	0.9	−0.6	−0.6
Credit Suisse**	−7.0	9.5	7.4	6.6	5.5	5.0	–	–	–
Goldman Sachs**	−7.0	8.9	7.3	6.6	5.2	5.3	–	–	–
JP Morgan	−7.3	8.4	7.6	6.2	4.8	5.1	0.9	−1.1	−1.6
HSBC	−7.3	8.4	6.4	6.2	5.4	4.8	0.9	−0.7	−0.9
Nomura**	−7.0	7.7	9.5	6.6	5.0	5.0	1.5	−1.0	−1.7
UBS	−7.3	8.9	6.5	6.2	5.5	4.5	0.9	−1.1	−1.3
평균	−7.3	8.9	7.6	6.3	5.2	4.9	0.9	−0.9	−1.1

* 인도의 회계연도(Fiscal Year)는 매년 4월 1일부터 이듬해 3월 31일까지
** Credit Suisse, Goldman Sachs, Nomura의 전망치는 Calendar Year 기준으로 평균 집계에 미포함

인도네시아 경제전망

인도네시아	경제성장률 (Real GDP, %(%p), yoy)			물가(CPI, %, yoy)			경상수지(% of GDP)		
	2020	2021	2022	2020	2021	2022	2020	2021	2022
Barclays	−2.1	3.7	5.7	2.0	1.5	2.4	–	–	–
BoA−ML	−2.1	3.0	5.0	2.0	1.6	2.6	−0.4	−0.5	−2.0
Citi	−2.1	3.4	4.7	2.0	1.5	2.4	−0.4	−0.7	−1.7
Credit Suisse	−2.0	3.3	5.3	2.0	1.6	2.8	–	–	–
Goldman Sachs	−2.1	2.4	4.9	2.0	1.5	2.3	–	–	–
JP Morgan	−2.1	4.2	4.9	2.1	1.6	2.1	−0.5	0.4	−0.7
HSBC	−2.1	3.9	5.2	2.0	1.6	3.0	−0.4	−0.8	−1.6
Nomura	−2.1	3.2	5.5	2.0	1.6	2.5	−0.4	−1.3	−2.0
UBS	−2.1	3.0	5.2	2.0	2.1	3.3	−0.4	0.0	−1.4
평균	−2.1	3.3	5.2	2.0	1.6	2.6	−0.4	−0.5	−1.6

말레이시아 경제전망

말레이시아	경제성장률 (Real GDP, %(%p), yoy)			물가(CPI, %, yoy)			경상수지(% of GDP)		
	2020	2021	2022	2020	2021	2022	2020	2021	2022
Barclays	−5.6	4.0	6.0	−1.2	2.5	1.7	−	−	−
BoA−ML	−5.6	3.5	7.5	−1.1	2.6	1.7	4.2	4.0	3.3
Citi	−5.6	4.2	6.2	−1.1	2.3	1.9	4.2	3.4	4.2
Credit Suisse	−5.6	4.4	6.1	−1.1	2.3	1.6	−	−	−
Goldman Sachs	−5.6	4.6	5.8	−1.1	2.7	1.5	−	−	−
JP Morgan	−5.6	3.7	6.8	−1.1	2.3	1.3	4.4	3.5	3.0
HSBC	−5.6	3.6	5.4	−1.1	2.3	1.6	4.2	3.5	3.2
Nomura	−5.6	4.4	7.7	−1.1	2.3	1.4	4.2	3.6	3.1
UBS	−5.6	2.3	6.0	−1.1	2.5	2.1	4.2	4.2	4.9
평균	−5.6	3.9	6.4	−1.1	2.4	1.6	4.2	3.7	3.6

필리핀 경제전망

필리핀	경제성장률 (Real GDP, %(%p), yoy)			물가(CPI, %, yoy)			경상수지(% of GDP)		
	2020	2021	2022	2020	2021	2022	2020	2021	2022
Barclays	−9.5	3.8	7.0	2.6	4.3	3.4	−	−	−
BoA−ML	−9.5	4.0	7.1	3.6	3.3	3.3	3.5	1.5	0.7
Citi	−9.6	4.9	6.8	2.6	4.3	2.7	3.0	−0.3	−0.7
Credit Suisse	−9.6	3.8	6.8	2.6	4.5	3.3	−	−	−
Goldman Sachs	−9.6	3.7	6.5	2.6	4.5	3.3	−	−	−
JP Morgan	−9.5	5.3	6.5	2.6	4.5	2.4	1.7	−0.7	−1.4
HSBC	−9.6	4.2	5.5	2.6	4.4	3.8	3.1	1.0	0.8
Nomura	−9.6	4.8	8.7	2.6	4.3	3.3	3.6	−1.2	−2.4
UBS	−9.6	4.0	7.5	2.6	4.3	3.3	3.6	−0.5	−1.7
평균	−9.6	4.3	6.9	2.7	4.3	3.2	3.1	0.0	−0.8

싱가포르 경제전망

싱가포르	경제성장률 (Real GDP, %(%p), yoy)			물가(CPI, %, yoy)			경상수지(% of GDP)		
	2020	2021	2022	2020	2021	2022	2020	2021	2022
Barclays	−5.4	6.5	5.5	−0.2	1.9	1.5	−	−	−
BoA−ML	−5.4	6.5	4.0	−0.2	1.9	1.8	17.6	19.7	18.1
Citi	−5.4	6.7	4.0	−0.2	1.9	1.9	17.6	16.7	17.4
Credit Suisse	−5.4	6.5	4.3	−0.2	2.0	1.5	−	−	−
Goldman Sachs	−5.4	6.8	3.7	−0.2	1.6	1.4	−	−	−
JP Morgan	−5.4	6.5	7.2	−0.2	2.0	1.4	14.3	13.2	13.8
HSBC	−5.4	6.5	3.8	−0.2	1.9	1.5	17.6	18.2	15.0
Nomura	−5.4	7.1	4.6	−0.2	2.0	1.2	17.6	20.3	20.8
UBS	−5.4	7.0	6.0	−0.2	1.5	1.0	17.6	16.9	13.7
평균	−5.4	6.7	4.8	−0.2	1.9	1.5	17.1	17.5	16.5

태국 경제전망

태국	경제성장률 (Real GDP, %(%p), yoy)			물가(CPI, %, yoy)			경상수지(% of GDP)		
	2020	2021	2022	2020	2021	2022	2020	2021	2022
Barclays	−6.1	0.9	3.2	−0.8	1.0	1.0	−	−	−
BoA−ML	−6.1	0.5	4.6	−0.9	1.2	1.6	3.3	0.2	1.4
Citi	−6.1	0.9	3.6	−0.8	1.1	1.2	3.5	−1.5	0.5
Credit Suisse	−6.1	0.8	4.4	−0.8	0.7	0.9	−	−	−
Goldman Sachs	−6.1	0.8	3.8	−0.8	1.5	0.9	−	−	−
JP Morgan	−6.1	0.8	4.5	−0.8	0.6	1.3	3.3	−3.3	0.3
HSBC	−6.1	1.3	4.4	−0.8	0.8	1.2	3.5	−1.5	3.1
Nomura	−6.1	0.6	4.1	−0.8	0.8	1.0	3.5	−2.1	0.6
UBS	−6.1	1.2	6.0	−0.8	1.1	1.4	3.5	−3.0	0.9
평균	−6.1	0.9	4.3	−0.8	1.0	1.2	3.4	−1.9	1.1

베트남 경제전망

베트남	경제성장률 (Real GDP, %(%p), yoy)			물가(CPI, %, yoy)			경상수지(% of GDP)		
	2020	2021	2022	2020	2021	2022	2020	2021	2022
Barclays	–	–	–	–	–	–	–	–	–
BoA–ML	2.9	2.2	7.2	3.2	2.5	3.3	4.6	3.0	3.1
Citi	2.9	1.5	8.5	3.2	2.5	3.8	3.7	2.3	3.7
Credit Suisse	–	–	–	–	–	–	–	–	–
Goldman Sachs	2.8	0.4	6.8	3.2	3.0	3.6	–	–	–
JP Morgan	–	–	–	–	–	–	–	–	–
HSBC	2.9	2.0	6.8	3.2	2.1	3.5	5.5	−1.1	3.7
Nomura	–	–	–	–	–	–	–	–	–
UBS	2.9	1.0	6.0	3.2	2.1	3.8	3.7	0.5	0.0
평균	2.9	1.4	7.1	3.2	2.4	3.6	4.4	1.2	2.6

위드 코로나 2022년 경제전망

초판 1쇄 발행 2021년 10월 20일

지은이 김광석
펴낸이 정병철
기획편집 박주연
디자인 강수진
펴낸곳 ㈜ 이든하우스출판

출판등록 2021년 5월 7일 제2021-000134호
주소 서울시 마포구 양화로 133 서교타워 1201호
전화 02-323-1410 **팩스** 02-6499-1411
메일 eden@knomad.co.kr

(주)이든하우스출판은 여러분의 소중한 원고를 기다립니다.
책에 대한 아이디어와 원고가 있다면 메일 주소 eden@knomad.co.kr로 보내주세요.